本书系辽宁省教育厅科学研究重点攻关项目“教师培训课程效能评价模型构建与应用研究”（项目编号：WZD201903）、沈阳师范大学辽宁省一流学科教育学建设项目“国家级科研项目培育”（项目编号：SNYJYX2020030502）的成果

Teacher's Education of the Society in Changes

变动社会的教师教育

[日] 今津孝次郎 —— 著
吕光洙 —————— 译

ZHEJIANG UNIVERSITY PRESS
浙江大学出版社
· 杭州 ·

图书在版编目（CIP）数据

变动社会的教师教育 /（日）今津孝次郎著；吕光洙译 .-- 杭州：浙江大学出版社，2022.7
ISBN 978-7-308-22649-3

Ⅰ . ①变… Ⅱ . ①今… ②吕… Ⅲ . ①教师教育－研究 Ⅳ . ① G451.2

中国版本图书馆 CIP 数据核字（2022）第 085409 号

今津 孝次郎
新版　変動社会の教師教育

published on July 10, 2017 in Japan by THE UNIVERSITY OF NAGOYA PRESS, Aichi.
Chinese (in simplified character only) translation rights arranged with
THE UNIVERSITY OF NAGOYA PRESS, Japan
through HIROGAWA CO.,LTD.
浙江省版权局著作权合同登记图字：11-2022-130

变动社会的教师教育

［日］今津孝次郎　著
吕光洙　译

策划编辑　吴伟伟
责任编辑　宁　檬
责任校对　陈逸行
封面设计　李腾月
出版发行　浙江大学出版社
（杭州市天目山路 148 号　邮政编码 310007）
（网址：http://www.zjupress.com）
排　　版　杭州浙信文化传播有限公司
印　　刷　杭州宏雅印刷有限公司
开　　本　710mm × 1000mm　1/16
印　　张　19.5
字　　数　280 千
版 印 次　2022 年 7 月第 1 版　2022 年 7 月第 1 次印刷
书　　号　ISBN 978-7-308-22649-3
定　　价　68.00 元

国际教师教育研究丛书序言

教师教育是教育事业的“工作母机”，是我国现代化建设的重要组成部分，也是提升教育质量的动力源泉，其能力和水平直接影响教育整体质量。当前，我国教师教育改革正在稳步推进。对于处在不断变化中的教师教育而言，加强教师专业发展，为教师提供一种新的探究世界和生命价值的认识视角，这一点至关重要，将成为教师教育所追求的终极目标。在关注本国教师教育问题的同时，我们也要把握世界教育的大局经验，审时度势，取长补短，在汲取各国教师教育经验的同时，尝试运用国际前沿理论来阐释本土教育问题。只有切实把握并实践“多样化”的思路，才能真正应对处在不断变化中的教师角色、标准及相应的教师教育，才能及时跟上社会和时代的发展步伐，培养出高素质、专业化、创新型师资队伍。

事实上，世界各国的教师教育正在面临着前所未有的机遇和挑战。这给我们提供了全面反思、深入研究教师教育的机会。立足于我国教师教育发展状况，在对西方教师教育进行借鉴的基础上，构建世界一流、具有中国特色的高质量教师教育体系，引领我国教育变革，是教师教育界的广泛共识。为此，我们应进行多方位的探讨和分析，就不同社会背景下的世界一流教师教育进行反思，为中国教师教育总结宝贵经验。从国际经验探讨教师教育模式变化，并从政策、学术、实践三种不同的视角进行研究，有助于我们加深对当今世界教师教育模式的认识，丰富我们对教师质量等热点问题的思考，有益于中外教师教育的发展。在我们充分交流和借鉴国外经验时，教师教育的中国模式也是世界其他国家和地区的学校变革与发展的一个重要坐标。我们更应该勇于引领教育改革的全球大潮，助力实现联合国 2030 年可持续发展教育目标。

为更好地研究和服务教师教育，我们组织了从事教师教育研究的学者，结合国内外大势精心选择有关教师教育的著作，推出了这套教师教育研究丛书。今后，我们将在不断的学习和研究中发掘更好的著作来完善国际教师教育研究丛书，从而带给读者更好的体验。我们真诚地接受各位学界同仁的建议和指正。

吕光洙

2021 年 11 月

再版前言

初版《变动社会的教师教育》(1996 年)发行至今已经过了 20 年。教师教育(teacher education)这个概念将以往分开的教师培养和教师培训结合起来，自 20 世纪 80 年代开始在世界各国被广泛使用。日本则是从 90 年代开始逐渐使用这个术语的，本书初版发行时并未广泛流行。1988 年我在泰国曼谷参加第一届亚洲太平洋教师教育会议时得到很大启发。我想要阐明这个新术语所表达的广泛领域的整体形象，因此，将其总结而形成了初版《变动社会的教师教育》。

随后，教师教育在日本成为广为人知的词语。但其内容是如何展开的？教师教育在海外又是如何发展的？要对这些问题提出新的见解，还须将教师教育作为当前研究、实践的重要领域而进行讨论。因此，应读者要求而再版本书。

教师教育大体包括两个方面，一是与国家和地方教师培养相关的政策(teacher education policy)，二是贯穿教师生涯的教师发展(teacher development)。前者是从国家和社会的视角来看，后者是从教师个人的视角分析的。两个方面有相同之处，也有不同之处或者说有矛盾之处。两者的冲突在实际的学校组织中如何表现，以及如何把握其结构及关系已成为重大研究课题。

沿袭初版时阐明教师教育全貌的目的，再版同样将整体框架分为三大部分，但对第三部分的章节构成进行了再设计。初版的着眼点为20世纪60年代后期至90年代后期约30年，而再版又包括了其后的20年，所以各章都做了大幅修改。对于序章至第五章，对常识性的内容进行了缩短或删除，增加了最近20年间的各种变化以及最新研究成果。对于第六章至终章，各章均加入了最新数据与观点，进行了彻底修改，删除了附章，增加了新章，做了全面修订。因此，本书实属“新版”。

2010年后，日本在教师教育领域开展了前所未有的政策改革，我认为是二战后至今教师政策变化最大的改革。譬如，中央教育审议会（以下简称中教审）咨询报告《贯通全部教职生活的教师素质能力的综合提高方针》(「教職生活の全体を通じた教員の資質能力の総合的な向上方策について」)，以及《今后承担学校教育的教师的素质能力提高》(「これからの学校教育を担う教員の資質能力について」)，都是以“教师素质能力”为焦点，前者强调作为学术研究机构的研究生院的作用，后者强调作为教育实践机构的学校现场以及教育委员会的作用。

关于学校现场和教育委员会的作用，相继出台了两份咨询报告《作为团队的学校及今后的改善方针》(「チームとしての学校の在り方と今後の改善方策について」)、《新时代教育和面向实现地方创造的学校与地域的合作的理想状况以及今后的推进方针》(「新しい時代の教育や地方創出の実現に向けた学校と地域の連携・協働の在り方と今後の推進方策について」)，提出不仅要在学校而且要在地区社会上整体把握教师教育。这些咨询报告具体阐述了教师培养、录用、培训一体化的教师政策。

当然，对于教师教育而言，大学（研究生院）等学术研究机构以及以学校为中心的教育委员会等各地区教育实践机构的作用都是不可或缺的，只是着重点不同，对教师教育政策和教师发展的理解，及其具体实践有所不同。有意思的是，这四份中教审咨询报告没有使用“教师教育”这个世界共用的基本术语，只是达到接受“教师培养”这个新术语的程度。尽管如此，这些咨询报告对日本教师教育提出了具体建议。在完善教师政策的背后，存在着如何不断提高学校和教师自身的质量，如何应对少子化大潮等核心课题。针对这些现实问题，从更广泛、更系统的视角向读者提供研究线索正是本书再版的目的所在。

在这里，首先要说明教师和教员的区别。两个词语虽然经常被作为同义词使用，但是如同说家庭教师却不说家庭教员一样，教师主要指专业的教育行为者，而教员主要指学校组织的一员。比如，在政策方面，《学校教育法》《教育职员资格法》《教育公务员特例法》等法律条文中都使用教员一词。而且，教师多在指向应然时使用，教员则多在反映学校实然状态时使用。因此，对于教师个人，理想的教师与现实的教员相互对立、冲突的场景时常出现，这也使教职论的理想与现实的矛盾性常常成为学术研究的重大课题。在本书中，沿着文章脉络，多处教师和教员作为相同意思的词语可互换使用，但本书基本上是要反映两者的不同之处。

贯穿本书的关键词有教师教育范式、教育质量、教师素质能力、教员培养、在职教师培训、教师发展、以学校现场为焦点、校本研修、反思、教师合作（同僚性）、学校改进、灵活的学校、学校组织文化、学校组织学习、教师评价等，这些都是英国、美国、加拿大、澳大利亚等国家共同使用的术语。教师教育是世界性议题，需要日本与世界进行对话，因此各个关键词出现时都附加了英语单词。例如，在职教师培训（inservice education）、教师发展（teacher development）、反思（reflection）、教师合作（collegiality）等。希望能够以世界为视角提供探讨教师教育的线索，这也是本书的目的。

目 录

序章

教师教育概述——从教师培养、教师培训到教师教育

第一节　教师教育概念与范式

本书的主题是，着眼于日本现状，从理论角度阐述变动社会的教师教育（teacher education in a changing society），同时引用政策研究（policy study）观点进行深入考察。即关注微观层面的教师与宏观层面的教师所处的社会环境之间的各种关系，并且为不断吸收相关研究领域见解的教育社会学及学校临床社会学奠定基础。首先，论述这个主题出现的理由和目的，然后对这个主题所设定的具体课题，在回顾国内外研究的同时加以阐述。

一、从教员培养到教师教育

首先，以两个英文百科全书为例梳理一下教师教育这个词语的含义。1985 年发行的《国际教育百科全书》对教师教育做了如下论述。

> 教师教育或教师发展（teacher education or teacher development）可以从职前培养（preservice）、入职培训（induction）、在职培训（inservice）三方面来考虑。这三个方面具有相辅相成的关系。培养医生、工业技术人员、农业技术人员的专业教育，在世界范围内基本是相通的，但

> 教师教育很大程度上依赖于经济发展程度和社会性文脉。而且，教师教育常常被限定为教师培训（teacher training）。

但是，教师教育起初并不包含如上含义。例如，1959 年发行的《教育百科全书》认为其表示“教师培养”，而且与教师培训（teacher training）同义。另外，在职培训包括在职教师教育，两者不同，不能合二为一（Good，1959）。

其次，选取日本百科全书中的几个记述来看一下。

1955 年发行的《教育学事典》中，将教师培养和教师在职培训（inservice education of teachers）都作为项目，却没有教师教育项目（海後等，1955）。1990 年发行的《新教育学大事典》，将培养教育（教师培养）和在职培训（教师研修）合并为教师教育并作为一个独立的概念出现。其对于这个概念有如下解释。

> ……将培养教育（教师培养）和在职培训（教师研修）统一为教师教育是在 1960 年后。……一直以来，倾向于将培养教育（教师培养）和在职培训（教师研修）区别开来。但是，随着社会急剧变化，教育内容的高度化、多样化促使学校的作用发生变化，国内外逐渐认识到，不应将二者分开来看，而应将二者结合起来兼顾其一致性，还应考虑后期培养与研修的作用。从这一点上来看，可以说，20 世纪 70 年代后联合国教科文组织和经济合作与发展组织（OECD）联合推行的教师教育相关计划起了很大作用。

另外，1993 年发行的《现代学校教育大事典》，也将教师教育作为一个独立项目提了出来，并指出了其提出的背景，“教师的素质、能力是以人类整体的素质能力为基础的，因此，它无法与贯穿教师终身的成长和发展过程截然分开”（伊津野，1993）。此外，今津（1993a）在《新社会学辞典》中，对教师教育做了如下论述。

> 作为教师，应学习必要的知识、技术及价值观，并应按照社会对教师的要求的变化，不断提高专业能力。一直以来，人们都以就职前的教师培养为主，以就职后的在职培训为辅，现在应将二者联系、统一起来考虑，教师教育这一概念、术语也就应运而生了。因此，教师教育包含职前培养（preservice）、入职（induction）和在职培训（inservice）三个阶段，其中在职培训尤为重要。这样，教师成长契合了终身学习这一观点，替代了原来的、只限于一次性的培养教育观点。这一用语之所以于20世纪70年代后在世界各国被广泛使用，是因为60年代学校教育规模扩大后，提高教师及学校质量的要求也随后被提了出来，特别是教师教育被认为是学校教育革新的原动力。

二、教师教育视角

通过对以上几个百科全书中相关概念的探讨，我们可以看出，传统上会使用“教师培养”一词，而“教师教育”一词和其含义是20世纪七八十年代新出现的，从中可以看出如下意图。

第一，教师培养制度（机构）和在职培训制度（机构）不能站在各自的立场考虑，而应立足于教师，全面系统地探讨教师教育。

第二，应明确教师个人的发展路线。《国际教育百科全书》中描述的“教师教育或教师发展”体现的就是这一点。教师教育促进了教师发展，教师发展在教师教育中实现，二者表里一体。但严格来说，教师教育包括制度和政策，教师发展只意味着教师个人的变化，二者不尽相同，这一点应注意做进一步探讨。

第三，从教师的供求方面来说，教师培养不应只在量（quantitative）上把握，更应从质（qualitative）上整体把握教师教育。这里的质是指教师的专业性、素质和力量。《国际教育百科全书》中提及的教师教育与教师培训的区别，也与质的问题有关。

第四，探讨如何建构主要负责培养教师的大学等教育研究机构与开展教育实践的学校教育现场协作的体制。

因是跳跃性地读取百科全书的部分内容，所以，围绕以上四点，有必要回答如下几个基本问题：为什么不是教师培养而是教师教育？培养教育与在职培训统一起来意味着什么？为什么要特别重视在职培训？为什么出现了教师教育这个新词语？可以把这些问题归纳为两大类。

第一，教师教育与教师培养不同，那么教师教育包含着什么样的观点、内容和方法？而且，教师教育既然包括在职培训，那它与教师培养相比，就是联结教师和学校教育中的各种问题的更广议题。因此，必须分析教师教育与学校教育有什么关系。

第二，与教师教育这一新术语相关的社会背景是怎样的？日本的百科全书提及了 20 世纪六七十年代这种年代背景，《国际教育百科全书》也指出“教师教育很大程度上依赖于经济发展程度和社会性文脉”。换句话说，必须考察社会变动与教师教育的各种关系。

总之，教师教育是欧美在 20 世纪 70 年代以后、日本在 80 年代以后正式使用的比较新的术语。学者们以前虽然也研究了教师培养问题，但直到最近才开始研究从学生时代接受教师培养教育、就任教师职务、教学期间积累各种经验、通过在职培训学习和开展教职活动直到退休这一教师发展的漫长过程。正因如此，围绕着这两个问题，有很多地方需要探讨。

日本的教育社会学，不只在学校教育研究方面有自己独特的研究成果，还对学校教育出现的社会背景和与社会变动的关系进行了各种各样的讨论，并且高度关注教师问题。但是，研究教师，多是用历史资料和实际调查、意识调查得来的资料来阐明教师的各种行为，虽然也对教师培养问题进行了相当多的探讨，但只把教师教育放在相对次要的位置上。与教育史学、教育行政学、教育经营学、比较教育学相比，与教师教育相关的教育社会学方面的尝试和努力还不够。教师研究要向包含学校研究的教师教育研究方向发展，而且如果不将教师教育应用于实践则毫无意义。基于研究与实践相结合的方法，教师教育应属于“学校临床社会学”（clinical sociology of the school）（今津，2012a）。后面对学校临床社会学领域的说明（第八章第三节），以及依据实际学校现场的微观视点来考察教师教育也是本书的目的。

第二节　教师教育研究的开展

下面，我们要回顾一下20世纪60年代至今学校教育的发展情况，同时归纳国际教师教育研究的大体趋势。教师教育这个术语表明，无论是发达国家还是发展中国家，只要有学校存在，教师就必不可少，如何进行教师培养，以及如何完善教师录用和在职培训是世界共通的重要课题。

一、国际教师教育研究

正如“教育爆发”（educational explosion）一词所说，20世纪60年代是包括日本在内的世界各国的学校教育规模扩大的时期。第二次世界大战结束后，出现了生育高峰，青少年人口普遍增加。发达国家扩大了后期中等教育和高等教育，发展中国家的义务教育就学率也在上升。这些都是学校教育规模扩大的原因。“教育爆发”引发了教师不足的问题，推动教师培养成为各国紧迫的政策课题。正如国际劳工组织（ILO）和联合国教科文组织发布的《关于教师地位的建议》（1966年）所述，提高教师的经济、社会地位的呼声高涨，以教师专职化问题为中心的教师研究开始兴盛起来。

进入20世纪70年代，发达国家的“教育爆发”平缓下来，而教师质量问题开始凸显，原因如下。

第一，教师供求关系的变化。20世纪60年代，随着学校数量的增加，教师需求增多，造成供不应求的局面。为了确保教师数量，就很难考虑质量，出现了相当严重的鱼目混珠的现象。但这之后，教师需求减少，也就具备了追求教师质量的条件。

第二，提高在学校数量增加时期大量录用的教师的质量成为必要。

第三，伴随着学校数量的急剧增加，出现了诸如学力低下、学校秩序混乱等各种各样的教育问题，提高教师指导能力成为下一个政策课题。

第四，当时的社会变动是以脱工业社会乃至信息社会的到来为中心的，教育变革是以高学历化为中心的，而“生涯教育”（lifelong education）或“学习社会”是以与这两个变革相对应的形式提出的。“生涯教育”或“学习社会”的基本理念要求从根本上追问学校的理想状态、教师的作用及实践。“生涯教育”出现于 1965 年在巴黎召开的联合国教科文组织的成人教育推进委员会议上，当时联合国教科文组织继续教育部部长兰葛朗发表了工作文件《关于生涯教育》。生涯教育的思想既源于西方，又源于东方，但从它是由联合国教科文组织这种国际机构提出的作为未来教育改革的一种理念的意义上来说，这一术语最早是在这次会议上提出的（Lengrand，1965，1970）。教育不局限于人的前半生，而应当是终身活动，这个朴素的想法，通过在国际会议上的讨论形成了基本理念，即建构让学习主体拥有多种学习机会的环境，使作为生存权之一的学习权利被广泛理解。20 世纪 90 年代以后，关注学习者的生涯学习（lifelong learning）便成为新术语。

另外，学习社会理念被提出的背景是，20 世纪 70 年代以来，以“脱学校”论为主的学校批判论和教师批判论在世界上流行起来。似乎是与这种批判相呼应，在加入 OECD 的各发达国家中，也开始探讨是否应重新界定变动社会中学校教师的作用。各国探讨了从传统的自我完结型学校体系中的教师作用到变动社会中建立的变革型学校体系中的教师作用的转变，研究内容包括教学—学习过程、教学技巧、教师与学生的关系、教师权威、教师之间的关系等。这种探讨，与生涯教育理念相关，也是在学校改革中进行的（OECD，1974a）。

接着，20 世纪 70 年代后期到 80 年代初，为了研究教师作用的转变，

OECD 和 CERI（教育革新研究中心）开展了在职教师培训实践性调查研究项目（Hopkins，1986）。在这个研究项目提出的众多论点中，如下两点较重要。

首先，“以学校现场为焦点的在职培训”（school focused inservice education）的有效性。以往教师培训的方法是，教师离开学校，在大学等研究机构学习专门的讲义，然后晋升一级。但是，这种方法研修不出解决学校出现的各种问题所需的态度及对策。因此，说到底，教育研究的基础如果能符合所在学校的实际情况，就能将研究与学校改进的实践相结合。现在需要的是在校内、以眼前的实践现场为研究范围，和同事们合作进行的日常研究活动，“以工作校为基础的在职培训”（school based inservice education），即“校本研修”。

其次，在职培训是学校组织的需要和教师个人的需要互相体现的地方。在 OECD 研究项目的报告中，虽然是将前者需要中较强烈的部分和后者需要中较强烈的部分分开来论述的，但更关注教师个人的需要（Hopkens，1986）。也就是说，如果把教师作为成人学习者，把教师的职业发展作为问题研究的话，那么就应从教师需要出发，重点探讨在职培训项目。但实际上，在职培训看重的却常常是学校组织和教育行政部门的需要。为了重视教师需要，就应更加重视“以学校现场为焦点的在职培训”和“校本研修”。

二、教师教育的国际合作研究

20 世纪 70 年代至 80 年代的新的教师教育研究是在宏观的社会变动中，从微观的角度重新解读学校教育以及教师的作用与实践，同时还开始探索构建包括教师培养和教师培训在内的新的教师教育过程论。80 年代，在日本国内探讨的教师教育问题，成为各国间开始相互交流的共同议题。在世界性的经济发展与工业化、技术革新、信息化等社会变动中研究教师教育，已成为研究者和教育工作者的共识。

体现这种共识的现象之一就是，从20世纪80年代开始，世界各地多次召开有关教师教育的国际会议。在这些国际会议中，笔者参加了第一届亚洲太平洋教师教育国际会议。

20世纪70年代后期，以联合国教科文组织亚洲太平洋地区教育事务所（在曼谷）为中心进行了许多教师教育活动，在此基础上，1988年，泰国的朱拉隆功大学为承办方，在曼谷召开了国际会议。本次会议的宣传册子彰显了举办宗旨，也强调了相互讨论各国教师教育异同点的必要性。

> 教师教育是教育过程的重要因素之一。……今天，颠覆世界的、科学的、技术的以及社会的变动大潮，要求教师教育有新的方向。……在这个过程中，各国教师教育的发展有共同性和特殊性。当然也需要东西比较。每个国家将有关教师教育的知识、想法、经验及活动进行交换，对教师教育质量的提高有极为重要的意义。

此次会议除泰国外，韩国、菲律宾、印度、澳大利亚、加拿大、美国等约20个环太平洋国家的300人参加，约有40人发言。报告涉及从教师培养到教师教育，再到大众化的大学教师教育等很多问题，可以看出在世界性的技术革新、社会变动中，教师教育发展的新方向成为共同关注的问题。变革（innovation）在各报告中常常出现。正因为实质性地推进学校教育改善的是教师，提高教师质量的教师教育工作的任务量之大是参加者的基本共识。

这些国际会议和国际研究的成果在20世纪90年代以后相继出版发行。下面简述其中5个主要的成果，从中可以看出世界性的教师教育问题直至今天仍被广为关注。

第一，收录了20世纪80年代12个国家的教师教育研究成果和课题，并于1990年出版的《教师教育研究——国际的视角》。编者Tisher和Widden（1990）对出版过程做了如下表述。

一是20世纪60年代后期，教师教育研究开始在全世界活跃。二是20世纪七八十年代，积累了更多的实证研究。三是各国都建立了研究组织，国际会议也经常召开，世界范围的教师教育问题的信息交换和研究活动更加活跃，该书的出版也是基于1987年在华盛顿召开的教师教育国际研讨会报告。

第二，1990年发行第一版，1996年发行第二版，2008年发行第三版的《教师教育研究手册——变化的各背景中的持续性问题》（Marilyn，Sharon，Mclntyre et al.，2008）。虽然称作手册，第三版却是1300多页的巨著，可以看出教师教育领域有很多课题。对于技术不断革新的现代社会中教师教育发生了怎样的变化，作为教师的教育者所要解决的课题是什么，教师教育的价值和目的是什么，教师需要具备哪些知识，教师教育的场所是什么，如何提高教师质量，如何教学，如何进行教师教育研究等问题，立足于国际视野在宏观和微观两方面提出了很多课题。

第三，2003年，莫纳什大学作为承办方，国际教师教育协会（International Council on Education for Teaching，ICET）和澳大利亚教师教育联盟（Australian Teacher Education Association，ATEA）在墨尔本召开的国际会议的成果《教师教育手册——变动时代的全球化、标准、专职性》（Townsend & Bates，2007）。这是750多页的巨著。ICET是以在国际合作上推动教师教育发展为目的，1953年设立的非政府组织。此次国际会议有澳大利亚、美国、中国、英国等多个国家参加，对各国教师教育的多样性以及国际共同课题进行了广泛深入研究。先是对走向全球化的世界各国的教师教育质量问题进行概括性的讨论，另外还包括少数民族教育、督导分析、教职实习、教职发展、学习社区（学习共同体）、教学研究、教师的指导者、学校改进等很多项目。由日本向世界发起的课例研究（lesson study）是重要的国际项目，第八章第五节会对其进行论述。

第四，莫纳什大学的洛朗同美国堪萨斯大学的汉密尔顿共同编著，2016年出版的《国际教师教育手册》第一、二卷（Loughran & Hamilton，

2016）。两卷合计 1124 页，除澳大利亚和美国外，欧洲各国都有很多的大学研究者投稿。第一卷主要涉及基本项目，包括教师教育的概念、历史、方法、评价等。第二卷则涉及更深层次的项目，包括反思实践、指导、社会变革中的教师教育、社会公正与教师教育、教师教育与奖学金等。

第五，近年来，发行了以亚洲为中心的国际共同研究成果，代表性的著作有《教师教育的亚洲展望》（Suzuki & Edward，2010），介绍了中国、韩国、越南、日本等国教师教育的独特性，也有关于在全球化进程中教师教育是如何变化的等共同研究成果。该书约 180 页，有趣的是，各国开展的 ICT（信息通信技术）教育、英语、音乐等具体教育，对于教师教育有什么样的影响等也成为重点。

三、日本教师教育研究

面对这种国际大趋势，日本是怎么做的呢？

在 20 世纪 60 年代的政治与教育论说的背景下，以教师职业的经济地位、教师的社会地位和教师专职化为中心的教师研究取得了进展。国际劳工组织和联合国教科文组织《关于教师地位的建议》对这一研究起了促进作用。

进入 20 世纪 70 年代后，一方面，随着教师需求增加、教师待遇改善，有志于成为教师的学生也在增加。另一方面，升学竞争加剧，学业不振、校园欺凌、不上学等教育问题成为社会化问题，日本开始探索学校及教师的理想状态。中央教育审议会于 1971 年和 1978 年提出了提高教员素质能力的问题，有关提高教师素质的讨论也日益高涨。尤其是 70 年代后期，日本各大学都开展了更为广泛的教师培养问题探讨，也确实进行了很多诸如教育实习、改善教师培养的实际状况、开发新项目等实证性调查研究。

进入 20 世纪 80 年代，国立教育研究所的日本比较教育学会教师教育共同研究委员会在比较研究了各发达国家的教师教育发展情况后，确定了教师教育这一术语。这一术语不只包含教师培养，而且包含在职培训。围绕教师教育，明确各问题和各课题的系列期刊相继发行；从教师教育整体出发，试图将教师培养与在职培训有机联系起来的大规模调查研究的成果相继发表（現代教職研究会，1989；鈴木，1989）。

20 世纪 70 年代以后的教师培养研究和 80 年代以后的在职培训研究，在讨论教师和教师教育之际，也使素质提高、力量形成、职能成长等词语也成为关键词。素质、力量、职能等词语的共同点是都涉及教师质量问题，而提高、形成、成长等的共同点是涉及提高教师质量的必要性和重要性。这些关键词，不只论述了今后教师教育的课题是教师质量的提高，同时还表明要打开“教育荒废”的学校教育局面，只进行制度改革是不够的，还必须重视教师问题。

1984 年召开临时教育审议会后，以 1987 年的教育职员培养审议会的咨询报告为基础，1988 年陆续实施了《教员资格法》《新任教师培训制度化》等一系列政策，日本教师教育又进入一个新的阶段。在这种背景下，1990 年后，教师教育研究得到切实发展。

其中，有代表性的是，1991 年成立了日本教师教育学会，这是以教师教育为研究对象的跨学科的、研究者与教师联合进行的实践性学术研究组织。每年发行一次学会纪要《日本教师教育学会年报》，每期都由特集、研究论文、实践研究论文、书评文献介绍等构成，其中实践研究论文作为独立版块，显示出研究与实践相融合的特征。

日本教师教育学会特别值得大家关注的是，作为其研究课题重点进行的国际比较研究。2005—2009 年，主要对欧美国家的教师教育改革和教师素质提高政策进行比较研究。2010—2013 年，又大力进行对东亚教师教育的比较研究，第一年是中国，第二年是韩国，第三年是泰国、马来西亚、越南。主要针对各国教师教育发展的历史、现状、教师质量提高政策等多方面进行比较研究，得出的结论是，无论各国背景如何不同，但都以质量提高为目标。

回顾了各国的教师教育研究，可以归纳出教师教育的焦点问题：第一，教师的质量意味着什么？第二，提高教师质量的教师教育又是什么？有必要针对这两点进行深入探讨。

第三节　教师教育研究的方法

接下来，更细致地观察一下各项研究，整理教师教育研究的方法，明确本书的立场。

一、理论化视角

教师教育研究中经常提到的问题是理论化较弱。例如，正式开始教师教育体系研究是在 20 世纪 60 年代后期。约 10 年后，英国学者 Tayler（1978）指出，“教师教育研究严重缺乏理论”，并阐述了如下理由。即，大约 10 年间进行的各项研究大多规模较小，选定主题的方法与其说是分析出的，倒不如说是想到的。各项研究以实验心理学、发展心理学、社会心理学作为研究基础，但很少有社会学、哲学、历史学、比较研究等方面的方法，更没有政治学方法等。为了尽量对教师教育的经验事实进行一般化分析，Tayler（泰勒）建议进行模式化研究。

这个建议提出的 10 年后，理论化较弱的问题依然存在。例如，荷兰的 Kieviet（1990）对日本 1980 年所做的研究进行了总结，认为其中大部分是有助于解决个别问题的研究，理论方面的贡献极少。此外，引入国际比较的视角对理论研究有益。国际比较的视角，要求成立比较机构、超越国界进行普遍性工作，也可使研究先进国家的理念、理论成为可能。

不可否认的是，教师教育在政策上带有实践性质，而研究则容易脱离这种性质。以往所谓的教师教育研究，不过是教师培养和在职培训的实践记录，或者是个别实践的粗糙的实证研究报告，或者是停留在个别实践的零散的实证研究报告。但这种理论化较弱的情况一直延续至今。因此，本书将从以下三个视角探讨新的研究方法。

第一，尽量从原理角度考察理论，尽可能地克服长期存在的教师教育研究的弱点。当然，抽象的理论若不能和具体现象相对应，就会成为空论。这就要经常探讨，对照具体现实，推敲出模型和分析框架，形成理论，这样才能成为变动社会中的教师教育理念。

第二，教师教育是世界各国共同的重要政策课题，也是教育问题之一。在脱工业化乃至信息化的现代社会中，各国之间很多方面的交往都超越了国界。但在文化的差异上，日本教师教育非常特殊，这一点在比较探讨时需要注意。

第三，从教师培养到教师教育背后隐藏着社会变动的因素。因此，不能单纯地考察具体的教师培养实践和在职培训实践并对其进行微观叙述，而应将教师教育放在各种社会文脉中，从教师作用和学校状况等宏观角度系统阐明。这才是推动教师教育研究的方法，也是《变动社会的教师教育》这个书名的由来。

Hargreaves（1994，2003）提出了一个大模型，他在教师教育研究中总会综合宏观和微观视角。例如，现代知识社会中怎样对应学校与教师的关系问题。知识社会指的是，在信息化高度发展的过程中利用不断扩张且可转换的知识改变产业和消费结构，人们也更加要求教育和学习，进而引起持续创新。对于这样的知识社会，学校和教师是成为“催化剂”，还是成为“对抗者”，或是“牺牲者”，在这样的框架中对学校和教师的几个微观事例进行仔细分析的手法成为典型。

下面，围绕教师教育理论化，整理一下其基本模式和分析框架，明确教师质量的捕捉模式和教师教育的整体框架。

二、教师质量的两大模型

有关教育质量（quality in education），正如 Wilson（1988）所整理的，从国家教育体系（national system）的整体质量，到学校教育（schooling）的质量和教室内授课（teaching）的质量，均有各种各样的水平，教师的水平就是“教学质量”（quality in teaching）的问题。

根据 Wilson（1988）所说，教学质量与三个方面有关：第一，针对作为学习者的学生们，做一个教学计划（planning）。第二，针对学生们授课（delivering）。第三，评价（evaluating）授课是否成功。重要的是，这三方面要结合具体的师生关系，以及与具体的学生之间的相互作用过程来考察。

针对这三个方面，可做如下探讨。日本的学校，在公开授课后会召开反思会议，评价教学质量。但大多数情况下，这只能考察可以观察到的授课现场——第二个方面。这不能代表教学质量，教学质量是由上述三个方面，并恰当地制定下一个授课计划等一系列过程构成的。就授课而言，所谓教师专业性，是指能够使这一系列过程顺利进行的能力，既不是指掌握了某学科高深的知识，也不是指显而易见的高超的授课技巧。

一般认为，教师质量是教师个人所具有的素质的体现。Woods（1992）将其定义为“教师个人质量模型”（personal quality model）。他批评这种模型没有明确的内容，同时又提出了“学习机会模型”（opportunities to learner model）。所谓学习机会，包括教学内容、时间分配，教材选择，教材提示，对学习成果的评价等多个方面。

在以上讨论的基础上，从教师教育整体视角出发，对提高教师质量的两个模式进行总结。

第一，教师质量要在教师个人所掌握的知识、技巧，以及态度中寻求。其中，态度更受重视，人们常把人品、性格、意愿、使命感等作为教师的判断标准。在这种意义上的提高质量，重点在于教师选拔（特别是面试），“教师培养”阶段结束即可完成这项工作。此外，即便是在职培训，也是在学校以外的地方研修［相当于产业界的脱产集中培训（Off-J.T）］。

第二，改善以师生关系为中心的教师作用行为，来提高以授课为核心的学校教育质量。这种情况下，在职培训非常重要，而且以研修为中心，这里所说的研修是以解决日常授课过程中出现的教育问题为目的的。通过这种在职培训，教师不断成长发展。

这两种提高教师质量的方法可分别称为“教师个人模式”和“学校教育改进模式”（今津，1988a）。运用这两种模式，可将有关教师教育的讨论整理为如下三点。

1. 教师教育研究的动向

世界教师教育研究在提高教师质量的问题上，是从以“教师个人模式”为中心转向以“学校教育改进模式”为中心。这种转换的契机是，20 世纪 70 年代至 80 年代进行的 OECD 研究项目（Hopkins，1987）。21 世纪后，教师培养的焦点不只是在大学，而且也有中小学，这是发达国家的新动向。

2. 日本的教师教育和教师教育研究的特征

在日本，“教师个人模式”根深蒂固。教师质量包括教师的素质、力量、职能。其中，素质常作为“教师个人模式”的基础。力量是指从实践角度考虑与学生的关系以及校内问题的解决，虽然也属于影响“学校教育改进模式”的因素，但因其主要体现的是教师个人的实践能力，所以也属于“教师个人模式”。日本的 OECD 研究项目出现的时间不长，校内研修还停留在传统模式。问题是，这与“学校教育改进模式”有什么样的直接联系呢？如果脱离了本校的实际问题，也就只能局限于听听笼统的教育讲话、观摩校内授课、模仿授课技巧等形式上的研修。

教师形象是文化的反映，島原（1986）对日本和美国的教师的社会期待进行比较研究后发现，日本教师对学生人格的形成负有很大责任，而且起着等同于父母的作用。因此，日本教师的地位比美国教师高，日本学生教育对教师的依赖度比美国高。在日本一般认为，教师质量关系到教育质量，教师个人的素质关系到教师质量。但现在也有种疑问，提高了教师质量就能解决现代学校的各种问题吗？反过来是否会增加教师的压力呢？

3. 理论（theory）与实践（practice）的关系

日本教育社会学的很多研究都取得了关于教师的各种问题的实证成果。那么，这种教师研究的目的到底是什么？教师调查的目的是什么？答案很简单，就是为了阐明教师与学校的现状。但重要的是，对现状的哪一部分进行阐明？为何阐明？是否能够深入挖掘进而阐明？阐明后怎么办？换言之，与同样研究教师的教育行政学、教育经营学、教育心理学相比，教育社会学对阐明教师问题的有效性如何呢？对提高教师质量有什么样的作用呢？

可能只顾解决眼前的具体问题，根本就无暇考虑这些原理性问题是实情。那么，有必要停下来对这些问题进行反思。这种反思不是为了研究一般性的教师，而是研究教师教育问题。因为，教师研究必须深入到教师教育里去。

因此，针对“学校教育改进模式”的各种研究，可以提供三个反思材料。一是学术研究与教师实践的交流情况，二是对其实践的理论说明，三是在此基础上对学校改进和改革的具体研究。

英国教育社会学者也关注这种不断探索学校教育过程的教师教育，近年来重新探讨教育社会学理论与实践的关系、社会学者和教师的协作关系、社会学和教师教育的关系等。例如，Woods 和 Pollard（1988）研究在教师教育中教育社会学理论与教育实践的关系、在教学改进方面教师和社会学者应建构怎样的协作机制、在学校改进方面社会学者应向教师提出什么样的建议等问题，也对在实践场所出现的教育社会学（者）的有效性进行了讨论。当然，对于通过这种形式追求有效性，也有反对的声音。但如果不深入教师的实践场所，就无法深刻阐明教师和教师教育问题进而阐明质量问题。强调这一点的话，研究的对象和方法更加接近学校教育改进模式。这是因为，与强调宏观视角的教育社会学相比，从关注微观实践层面的学校临床社会学来看更为合适。

三、教师教育过程框架

除了教师教育研究理论化，教师教育过程也需要弄清楚。Klinzing（1990）主要总结了 20 世纪 80 年代的教师教育研究成果，指出“研究常常脱离教师教育的各种场景，因此有必要更加关注教师教育的整个过程”。加拿大的 Wideen 和 Holborn（1990）指出，“虽然认识到了教师教育是一个连续的过程，但新任教师培训和在职培训研究在大学仍受到了制约”。新加坡的 Kam（1990）也指出，“这 20 年间，只进行了教师培养的计量研究，有关在职培训的研究较少，也没有进行理论性总结”。这里我们要阐明教师教育过程的整体框架，及其与社会条件的关系问题。

对于包括社会条件的整体框架，教师教育可分为三个层次来讨论。第一个层次是和广泛的社会体系相关的外部条件，第二个层次是直接关系教师教育的内部条件，第三个层次是教师教育过程。

根据如上划分可以看出，包括日本在内的世界各国所进行的教师教育研究，只是探讨了第二个层次的内部条件，并部分地讨论了第三个层次的教师教育过程。但这些讨论只是局限于微观探讨，没有形成国际比较，也没能探求变动社会中的教师教育革新。反过来说，随着国际比较研究逐渐兴盛,教师教育的整体结构成为研究对象。今后主要是以第三个层次为核心，探讨包括第一、第二层次在内的三个层次之间的相互关系。

1. 外部条件

的确，在学校教育十分发达的国家，单纯讨论其国内的教师教育时，也许并不怎么关心外部条件，充其量也就是在记述该国教师教育历史时稍微关注一下。然而，这些与社会体系有关的各种条件，在国际比较中成了极其重要的变量。如 Sharpes（1988）所述，对发展中国家来说，教师教育不是学校教育的补充,而是“一国的政治、经济、社会的发展过程的一部分”。而且，在急速的社会变动中，如果探究教师教育的新课题，绝不容忽视这种宏观的外部条件。

关系到社会体系的各种外部条件，又分为如下四个方面。

（1）政治：首要问题是这个国家是否独立。如果是殖民地、半殖民地国家，其学校制度和教师教育制度受其宗主国支配；即使已经独立，其国民教育制度尚未健全,正处于脱离宗主国的强制制度、建立本国独立制度的阶段，那么其教师教育就要经历比较大的变动。特别是第二次世界大战后独立的亚洲国家，大多经历过殖民统治，因此，首先面临的问题是克服殖民地教育（馬越，1989）。即使是独立国家，教师教育的制度、目标、内容、方法等也不尽相同。

（2）经济：经济发展水平关系学校和教师教育的发展。前者制约后者，后者促进前者，二者相辅相成。政治因素影响着教育预算在经济发展中的变化，而教师教育费用在教育预算中的占比决定着教师教育发展。而且，经济发展引起学校教育的发展和劳动人口的变化，教师的供求关系也随之变化，这些是关系教师教育的基本问题，也属于“内部条件”。

（3）社会：教育水平和人口结构决定着教师教育。“内部条件”指的是社会范围的大问题，它不仅和政治、经济要素有关，更直接关系教师在国家中的地位。教师地位主要是与其他职业相对而言的，可以看作是一个关系整个社会体系的外部条件，也是与教师作用和地位密切相关的重要问题。社会期待教师不只是学校的指导者，还能对地区社会起领导作用。教师的作用本来就具有扩散性，不是被限定的，即使各国对教师作用的期望是基本相通的，但每个社会都有其独有的特征。教师教育受制于各国教师的地位与作用，反过来教师教育改革也能改变原来的教师地位与作用。

（4）文化：根植于社会体系中的人们的认知体系与价值体系也对教师教育起决定作用。其中，宗教占很大部分，影响着教师地位与作用。人们的认知体系和价值体系发生变化，教师教育也会随之发生变化，反之，教师教育发生变革，也会引起认知体系和价值体系的部分变化。

2. 内部条件

内部条件是对教师教育直接作用的条件，指作为教师教育研究主要对象的问题群（特别是学校教育制度和教师教育组织）。内部条件又可以分三个方面，我们将在与教师教育过程的关系中进行说明。

（1）学校教育制度。教师教育制度与学校教育制度密不可分。教师培养制度、教师资格制度、教师录用制度、各种形式的在职培训等都是教师教育过程的相关变量。

（2）教师教育组织。教师培养阶段的大学、教师资格授予机构、教师录用机构、在职培训机构、学校、教师工会等各组织的构成和活动，及其所有相关的内容都是研究对象。这些都是具体记述教师教育如何开展时的变量。

（3）学生和教师的需求。教师教育中学生和教师的需求是对应上述的学校教育制度和教师教育组织的问题。只是这种需求没有一定的形式，制度和组织上也没有正式的途径，充其量也就是具体展开教师教育项目时所反映出来的程度。尽管如此，学生和教师的需求仍是非常重要的变量。不考虑这个变量则无法进行具体项目的设计与评价。前一节我们提到，应以教师为成人学习者，以其专业性的发展为问题，从其需求出发来探讨在职培训项目。但实际上，在职培训往往会偏重于学校组织和教育行政部门的要求。

3. 教师教育过程

教师教育的一系列过程为：学生选拔→教师培养（专业教育、教育实习）→教师录用→在职培训（新任教师培训、骨干教师培训）→管理人员选拔→在职培训（管理者培训）。

这一系列过程，由选拔和培训组成。从个人角度看是教师专业发展过程，从社会角度看是教师的培养、选拔、提高其能力以适应变动社会的过程。

以上是教师教育过程的阶段划分，各阶段的内容构成又分为如下两部分。

（1）教师教育范式。所谓教师教育范式，是指学校教育（schooling）、教学（teaching）、教师和教师教育的性质、与诸目标相关的理念和假设的矩阵，在教师教育实践中有各种明确的形式（Popkewitz，Tabachnick，Zeichner，1979）。这个矩阵在内外条件下经过较长时间而形成，教师教育者间具有默契，意识化的东西较少，使教师教育的内容和方法得以有具体方向。固然应当关注具体的教师教育项目，不过更应当关注产生这些项目的范式。抽出这个矩阵，放于国际比较视角之下，则宏观、微观均可观察。这项工作的开展需要有明确支持着关于本国教师教育具体实践的基本观点。

（2）教师教育项目。教师教育项目具体指与教师教育有关的内容和方法，以上已介绍了很多项目，是教师教育研究中出现得最频繁的议题，是教师教育过程中的核心问题。将项目作为研究对象的话，则有很多课题值得探讨。例如，项目是为解决学校和教师的何种问题而定的、项目设计背后的教师教育范式问题是什么，项目标准化的妥当性和可靠性问题是什么，项目在转向实践时应考虑的问题是什么，项目给教师教育带来什么样成果等评价问题。评价问题包括最终是否提高了学生的教育效果、怎样进行评价等，这些都是重要的课题。如能围绕其中某个问题展开国际比较研究，则能使教师教育项目的研究获得很大发展，如能考虑与外部条件、内部条件的关系，则更有望在整体中进行教师教育研究。

综上所述，我们从作为中心的教师教育过程，及其内部条件、外部条件等三个层次，整理了整个框架，描述了问题的概要。

第四节　变动社会与教师教育

一、教师教育与社会变动

回顾以往的研究趋势可以看出，20 世纪 70 年代以来，世界教师教育研究开始重视宏观的社会变动。80 年代以来，原先在一个国家内探讨的教师教育问题开始成为世界各国共同探讨的课题。经济成长和工业化、技术革新、信息化等一系列社会变革在世界范围内发生，研究者和教育工作者都认识到，应在世界范围内及社会变动文脉中研究教师教育。

当然，伴随着社会变动，出现了许多新课题，例如信息化中的 ICT 活用和项目设计技术、女性地位、国际化中外国劳动者的人权、民族纠纷等，因此也开始要求教师教育增加关于这些新课题的专业知识。本书想要关注的不是涉及个别教师的问题，而是要考察在社会变动中，学生的学习内容和教育指导方法的基本思想、教师和学生的关系、教师和教师的关系、学校和地区的关系、教师的培训方法等，研究它们发生了什么样的变化，从而导致教师专业性，以及教师教育范式又发生了什么样的变化。

二、变动社会的内涵

社会变动与教育的关系可分为三个方面。这只是理论上的区分，实际上各个方面又是互相渗透的。

第一，社会变动，是指宏观的社会变化，包括所有外部条件的发展。例如工业化、脱工业化或信息化，以及国际化。

第二，社会和教育变动，与社会变动有直接关系，特别关注教育领域的变动。在外部条件中，指教育水平、教师供求关系、教师地位等与教育相关的变动，我们称之为社会与教育变动。学生数量、教师数量、升学率、教师工资等数值是表现社会与教育变动的指标。这些数值变化的背后，潜藏着政治、经济、社会、文化的相关变动。

第三，前述的内部条件中的教育制度和组织、教育者的行为方式和价值信念体系等，是教育领域中更微观的变化，我们称之为教育变动。在教育相关法律和政策修订时，所发生的制度和组织的变化、学校教育内容的变化、人们的学校教育观的变化等大幅度的变化也都属于这个层次。

然而，日本教育社会学会于 1979 年 9 月召开第 31 届大会时，举行了题为“变动社会当中的社会化和教育”的国际研讨会。研讨会上所用的“变动社会”一词的含义是，“对现代社会价值的信赖缺失，因而逐步探索新价值过程中的社会”（門脇、原、山村，1980）。即，在社会变动中也关注价值体系的变化。研讨会的目的是探求现代教育制度在后现代主义社会中的社会化特征。

与此相对，本书所揭示的变动社会的含义更广。第一，不仅关注社会变动的价值体系，也包括政治、经济、社会领域，还包括社会和教育变动，以及教育变动等方面，其中涉及脱工业化阶段的整个变动。第二，重视现代社会发展特征：发展速度快、变化频繁。

只是，本书不是探讨与脱工业化有关的严密的社会学，仅对以上两点做如下说明。

关于第一点，如 Giddens（1993）总结许多研究者的社会变动论后所说：所谓“脱工业社会”（post-industrial society），又叫信息社会、知识社会、服务社会，是以信息为生产体系主要基础的生活模式取代以动力机械和工厂为中心，以物质财富的大量生产为基础的原有的生活模式。本书遵循这个定义。

第二点，也是 Giddens（1993）所论述的，但比第一点更重要。

> 过去的半个世纪内，变动的步伐非但没有减缓反而加速了。所以我们所面对的未来，比以前任何一个时代都更加不确定。

对这种变动倍加关注的 Bennis 和 Slater（1968）认为，现有的官僚组织能高效地处理社会常规性及可预见性事项，但却不能适应变动社会，因此，应建立以解决问题为中心的临时性（temporary）组织。他们还提到了如何形成新的人际关系，即同时学习将人际关系密切化和放弃人际关系两种截然不同的方法；学习加入团体和退出团体的方法；培养既能保持自己的个性又能与他人合作的能力；争取包容性与持久性一体化；等等。

因此，如何教授日新月异的信息和知识？如何培养适应不确定未来的各种人才？这些都是变动社会中学校面临的难题。前述的 Hargreaves 的观点也是要解决这个问题。随着学校数量增加、官僚制发展，这一问题也变得越来越重要。随着发展中国家的工业化也在适应着发达国家的脱工业化，两种不同类型国家的学校课题出现了重合的部分。

三、社会变动与教师教育

对以往研究中的教师教育是否曾以现有的各种问题为课题，是否能以未来各种问题为课题的讨论加以整理，则如表 0-1 所示。当然，这并不是将前述的教师教育的各种条件及各个方面均置于社会变动的文脉中。整个社会的变动形态分为农业社会、工业社会、脱工业社会及信息社会。如果要把握这些社会形态中的学校教育、教师供求关系、教师教育、教师教育研究等各个方面，就不能只对内容、突出特征进行简单描述。各个方面大体上的变化如下所示。第二到第五点反映了从工业社会向脱工业社会及信息社会过渡过程中的特征。

表 0-1　社会变动与教师教育的课题

课题	相关内容变化
社会	农业社会 ⟶ 工业社会 ⟶ 脱工业社会及信息社会
	传统的社会、固定的社会 ⟶ 革新的社会、技术革新、信息化、全球化、学习社会化、常态化社会
学校教育	量的扩大 ⟶ 质的提高 教育低水平 ⟶ 教育高水平
教师供求	多子、需要增加 ⟶ 少子、需要减少、 教师不足 ⟶ 教师削减
教师教育	教师培养 ⟶ 教师教育（包括教师培训） 教师的职业地位 ⟶ 教师的教育行为（实践问题解决能力） 智力、技术 ⟶ 技能素养 教师个人质量 ⟶ 学校教育质量 停止学习的教师 ⟶ 持续学习的教师
教师教育研究	一国的教师培养制度 ⟶ 教师教育的国际比较

第一，社会。从变化缓慢、传统、稳定的社会转向变化幅度大且速度较快的革新社会。并且，走向脱工业社会及信息社会的发达国家的信息化和技术革新，也影响了走向脱工业社会及信息社会的发展中国家，两者有重叠的部分。

第二，学校教育。随着学校数量的增加、国民教育水平的提高，对学校教育质量的提升提出要求。少子化趋势要求改变学校基本框架，即改变小学、初中、高中、大学的教育划分方式，产生了小学初中一贯教育和初中高中一贯教育，以及高中大学合作的新制度。

第三，教师供求关系。教师供求关系由青少年人口及其教育水平、劳动市场等宏观的“社会变动”和以学校教育制度及教师培养制度为“教育变动”媒介的变量构成。

第四，教师教育。在教师教育制度和教师教育项目变化的背后，存在着包含基本教师观和教师专业化在内的教师教育范式的变化问题。

第五，教师教育研究。从一个国家内的研究发展到国际比较研究，不应只被单纯地认为是研究面的扩展，还应意识到这种研究反映着教师教育本身的变动。

将与教师教育有关的各种问题与变动社会相对应，对近年来日本所讨论的“转换期（或变动期、变革期）的教师教育”进行讨论并加以分析。

第一，提到“转换期（或变动期、变革期）”的时候，需厘清“社会变动”“社会和教育变动”“教育变动”之间的层次变化。是关于整个社会变动的宏观层次呢，还是侧重《教育职员资格法》修订及新任教师培训、在职培训等微观教师教育层次呢？这些必须明确，否则，讨论就会陷于混乱。而且，所谓转换期（或变动期、变革期），是旧与新、传统与革新、保守与变革的复杂混合，不仅呈混沌状态，还经常摇摆变动。因此，有必要采用同样的标准分选性质不同的各种要素，以时间为序进行客观的位置评定。

第二，即便注重微观层次，也应探讨它与宏观变动之间有何种对应关系，从深层次把握微观变动的含义，因此，也应明确各变动层次之间的一致之处或不一致之处。

第三，如经过上述分析过程，则不难将一个国家的教师教育变化与国际比较的文脉接轨。反之，通过国际比较，也能更客观地考察本国的变化情况。

上文概述了变动社会与教师教育研究的基本框架，但本书的中心问题是探讨从工业社会到脱工业社会及信息社会的过渡时期，围绕教师教育发生的各种变化。尤其应展开对以教师教育范式为中心的原理性、理论性探讨。当然，应以日本学校和教师、教师教育的实际情况为基础，并参照其他国家的教师教育实际情况和教师教育研究动向。

第五节 日本的“社会和教育变动”与“教育变动”

一、学校教育的规模扩大

本书为展开理论考察，将1960—2010年的变动社会的具体情况作为现实依据。其中，以日本的经验性现象为主要研究材料和考察对象。对于近半个世纪的变化，首先对学校教育的规模进行梳理，可以考虑有关规模变化的升学率、学校数量、学生在籍人数、教师人数等数据。这里我们运用1960—2010年每5年“小学校”（小学）、“中学校”（初中）、“高校”（高中）的在籍学生人数和教师人数的统计数据。每年的统计数据总会有细微的变化，因为要把握大的变动方向，所以我们使用每5年的数据，如图0–1和图0–2。

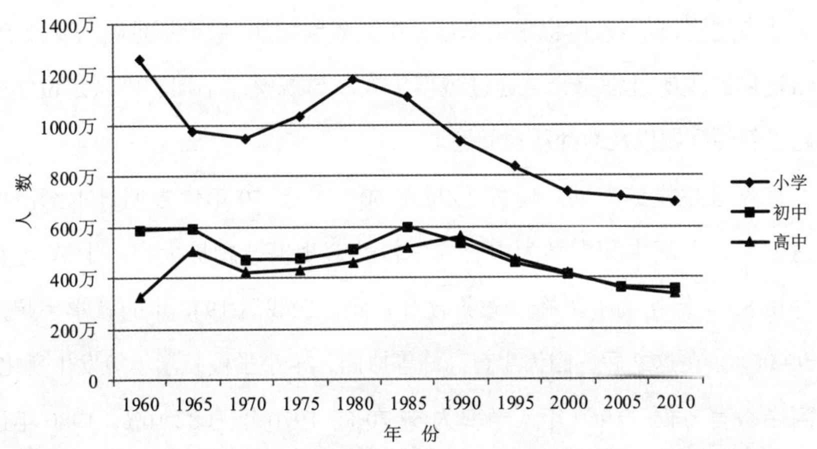

图0–1 日本中小学生在校人数变化

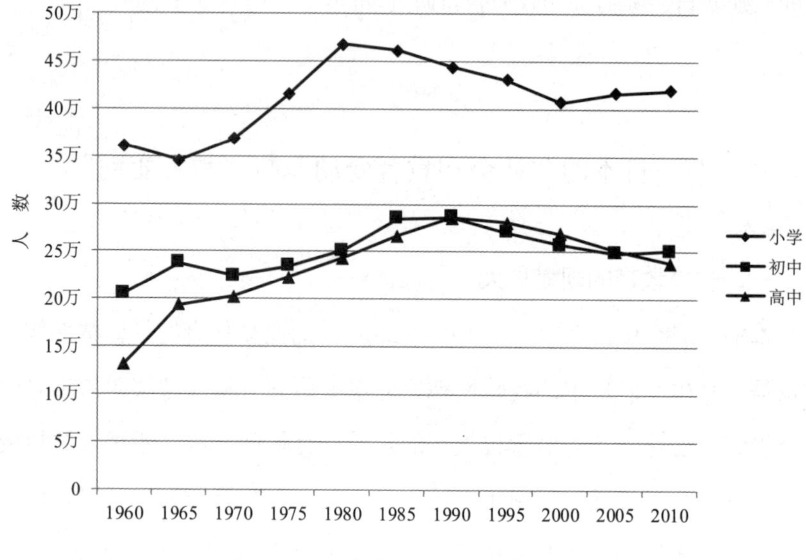

图 0-2 日本中小学教师人数变化

以 1980 年为临界点，大体分为前期的“规模扩大期”与后期的“规模缩小期”。这个划分与表 0-1 所示的社会部分中的工业社会向脱工业社会及信息社会过渡，以及教师供求关系部分中的需要增加、供给不足向需要减少、供给过剩过渡的过程重合。通过规模扩大期与规模缩小期，可以定位学校问题、教师问题以及教师教育问题。

首先是规模扩大期。随着 20 世纪 60 年代至 70 年代中期日本经济的高速发展，以高中和大学为中心的学校教育规模急剧扩大，并于 70 年代后期至 80 年代达到了顶峰。义务教育方面，二战后 1948 年的就学率超过了 99.00%，在这之后，因为生育高峰等原因，中小学校就学年龄发生变化；在高中教育方面，1960 年入学率为 57.70%，1970 年为 82.10%，1980 年达到 94.20%，短短 20 年间上升了近 40.00%。在包括短期大学在内的大学入学率方面，1960 年为 17.20%，1970 年为 24.20%，1980 年达到 31.90%，在 20 年间上升将近 15.00%。大学(包括短期大学)入学率迎来持续升高的局面，20 年后的 2000 年达到 45.10%，2010 年达到 54.30%（ 文部科学省，2015 ）。

学校组织的膨胀也反映在教师的数量上。小学教师（ 专职教师)，1960

年为36.06万人，1980年迅速增长到46.80万人，初中从1960年的20.60万人，迅速增长到1970年的22.45万人，1980年达到25.12万人，高中1960年为13.17万人，1970年增长到20.24万人，1980年达到24.35万人，接近初中教师人数。

教师中女性教师的比例也持续升高。在小学，1960年占比45.00%，20世纪60年代末超过半数，70年代末达到56.00%，之后继续上升。在初中，1960年的比例为21.00%，80年代超过30.00%，之后也继续上升。在高中，1960年为17.00%，80年代末超过20.00%，之后也略有增长。

小学、初中、高中的规模扩大，以及学校数量的增加、学校教育的选择多样化、官僚制化等的变化，使得20世纪70年代以后产生了各种机制障碍（今津，1986）。例如，学校规模与保障学校的人力、物力上的差距（班级规模过大，教师不足等），教育目标的混乱（初中、高中教育的目标是完善教育还是升学准备教育等），教师与学生关系以及教师间相互关系的式微化，教育效果降低（学业不振＝出现掉队学生）等。1975年《教育社会学研究》发行了特辑，以“教育中的社会问题”为主题，开始了教育讨论（日本教育社会学会，1975）。

学校规模的急速扩大，与20世纪60年代起至70年代日本社会的高速经济发展，以及70年代中期出现的消费社会（大量生产、大量消费、大量废弃社会）化重叠，而且由于家庭以及地区社会的各种环境变化，各种学校教育问题不断出现，这不单纯是教育问题，已经成为深刻的社会问题，从而引起了舆论的高度关注。

二、学校教育问题的社会问题化

社会问题（social problems）是社会学术语，是指被很多人深刻感受到不应当存在，且需要尽快解决的社会现象，包括失业、贫困、污染、犯罪、歧视等各种问题。近年来有关学校教育的许多现象频繁地被列入社会问题，例如，不上学、考试竞争、学业不振、校内暴力、校园欺凌、犯罪等。在学校教育的各种教育病理现象演变成舆论对象的社会问题的过程中，报纸、杂志、电视等媒体的作用是不可忽视的。《每日新闻》从 1965 年 6 月开始长期连载《教育的森林》(「教育の森」)，这成为一般性全国报纸在 20 世纪 60 年代后大量报道教育问题的开端。这个连载是以二战后 20 年为背景，重点对战后的民主主义教育进行再探讨。《每日新闻》在 70 年代后期长期连载的《追踪教育》再次取材于教师问题。为了维持及提高学校教育水平，主要对义务教育阶段学校教师的工资采取特别措施以确保优秀教师队伍的稳定，因此制定了《教员人才确保法》(1974 年)。这带来的教育待遇改善，引起了教师职业热现象，引发了教职高潮。连载根据现场采访，报道了教师培养、教师录用、在职培训等内容（村松，1965；每日新聞，1979）。

另外，1972 年 10 月起，《朝日新闻》开始长期连载《现今的学校》(「いま学校で」)。其系列规划是呼应家长对教育现状的不安，和很多教师一起探讨日本教育，而且不只是讨论教育，还关注当时学校的现状（朝日新聞，1972）。这篇连载，以小学为起点，同时取材于初中和高中，发挥社会部负责人的作用，以教师为中心，收集大量事实，向读者介绍了 20 世纪 70 年代动摇的学校现场。

以上述报刊的连载为代表，媒体在 20 世纪 60 年代后期至 70 年代，将教育问题作为社会问题讨论“社会和教育变动”，同时也提及了关系人类教育的认识与价值体系的变化。国家也开始重视社会问题化的学校教育问题。对于 80 年代初日本初中的校园暴力问题，舆论对学校和教师的批评成为直接的契机，全面的教育改革得以实行。当时，根据立法，中曾根康弘首相主导的临时教育审议会于 1984 年在总理府召开，经过大约 3 年时间，探讨了小学、初中和高中教育的所有事项。

对于学校和学生的混乱，舆论首先集中于对不能应对问题的教师的批判，这被称为“教师攻击”，这个词语不同于陈述不满和批评的态度，而带有极为强烈的感情色彩。当然，学校和学生的混乱不只是学校和教师的应对能力问题，对包括家庭和地区的当时日本社会大变动等多角度的研究也不可缺少，但舆论没有来得及涉及这些视角，不满和愤怒都朝向了教师。

临时教育审议会面对教师攻击风潮，正式展开了对教育制度改革的讨论。“不合格教师”(「不適格教員」)的表述也出现在这场讨论中。1985—1987年的4次临时教育审议会后，大约30年间，教师制度改革不断进行。关于各项改革将在本节的第五点中介绍。

三、成为社会问题的“不上学”

在规模扩大期中成为社会问题的教育问题之一的“不上学”，在规模缩小期中也继续存在。“不上学”作为年度缺席天数总计50天以上的一个现象，最早出现在1966年的学校基本调查（1991年开始，调查基准为年度缺席天数总计30天以上）。至20世纪70年代中期，不上学者每年呈减少或平行状态，但是到了1975年，高中升学率和大学升学率在急速上升中迎来高潮,不上学者的数量也同时呈现激增倾向。“不上学”行为起初被称为“厌学”或“拒绝上学”,其缘由被认为是个人精神问题或者是个别的家族病问题。然而，后来的研究结果表明难以确定拒绝上学者的个人性格特征和家族环境特点，因此，关注点渐渐地转向学校状况和社会状况。由于无法识别“拒绝上学”和“厌学”的情况，出现了单纯指不去学校的“不上学”一词。考虑到1975年开始情况急速恶化，其成为动摇有关学校存在价值等人们观念的根本性问题（今津，1991）。

此后总是存在着一定数量的不上学者，2010年后，相对于如何解决异常的不上学问题，是否应当把承担不上学者教育的自由学校等校外机构看作是学校，成为新的问题。由原有的“正规学校为绝对”观点，向保障“多样化学习”方向转换，学校存在变得相对化。这个转换所带来的是，不考虑学校标准，而是以学生为主体，思考为满足其学习需要提供什么样的学习环境，显示出终身学习的基本思想。重视每一个学生,在少子化的大潮中成为可能。因此，对于在学生指导中很重要的“不上学”问题，要从根本上重审教师自身的儿童观、学校观和指导观。这正是改变教师教育矩阵的因素。

“不上学”调查结果最初发表后，直到2016年的国会，超党派议员联盟为支持在校外机构接受教育的不上学者，提出了《教育机会确保法案》。该法案规定为确保全国约12万不上学的中小学生的教育，国家和自治体有责任实施措施，而且要努力采取必要的财政措施。虽没有将民间的自由学校定位于义务教育学校，但使“多样化学习”的必要性形成法案，这是对以往“正规学校为绝对”的基本思想进行的重要修正，引人关注。

四、规模扩大期向规模缩小期转移时的学校制度改革

下面介绍在规模扩大期向规模缩小期转移过程中的学校教育制度改革与教师政策。规模缩小期以少子化的推进为背景。众所周知，合计特殊出生率（以下简称为出生率）低于人口置换水平（联合国估算为2.1）表示人口减少，可以看作是少子化。1973年，日本的出生率达到顶峰，为2.14，1975年低于2.00，其后持续下降，1985年达到1.57，低于1966年（丙午）的1.58，被称为“1.57冲击”而引起极大的社会关注。2005年达到1.26，总人口在二战后初次减少。其后是平行状态，2010年再次出现减少倾向。年少人口（0～14岁）的减少每年都很显著，2012年高龄人口（65岁以上）首次占到一半。这是最近“超少子高龄社会”的人口动态。

在这样的人口动态中，1990年以后，学校空教室增多、学校合并、学校关闭等成为话题。与此同时，新的中高一贯教育和小中一贯教育也常常被讨论。

国立、公立的中高一贯教育，不是以严格的高中入学考试分隔初中和高中，而是以青年前期全面发展为目的的6年一贯教育，同时，是为了与私立的中高一贯教育相对抗，也为使人口稀少地区维持初中、高中数量。通过“同一学校型”（中等教育学校）、“并设型”（从其他中学进入高中）、“联合型”（教师互相授课，共同活动）等各种类型，学校制定6年课程并且使初高中的运营一体化。2012年，日本国立、公立、私立的中高一贯校共计441所。1999年开始，中等教育学校每年都在增加，2012年合计49所。

另外，9 年小中一贯教育，是为了缓和“初一问题”，为适应近年来学生的快速成长。与中高一贯教育一样,有“并设型”(从其他小学进入初中)、“联合型”(教师互相授课，共同活动)等类型。2014 年，日本国立、公立小中一贯校共计 1130 所。义务教育学校从 2016 年开始出现，预计今后会继续增加。以前明确的“6–3 制”的 9 年教育，正在探索成为“4–3–2 制”和“5–4 制”的教育，可能出现大规模学制改革。

联合型和并设型学校，是学校实现合理化改革的具体方案之一，是少子化为背景的规模缩小期发生的学校教育制度改革。只是，虽有学校组织运营合理化的一面，但规模扩大期中教育行政部门致力于扩大教育规模，20 世纪 80 年代前期出现学校、学生混乱问题，进入规模缩小期后，才真正开始考虑教育质量。

总之，调查学校数量时，把新增加的学校——义务教育学校和中等教育学校也考虑进去十分必要。必须关注包括这两种类型在内的小中一贯教育和中高一贯教育。

第一，不再像从前一样将学生划分成小学生、初中生、高中生，而要对应学生的发展阶段特性，采取必要措施提供多样且弹性的学校教育形态。初等教育与前期、后期中等教育的一般划分不再通用，要求教师转换基本的学校观和教育观。不是从学校阶段开始评价学生，而是要求掌握科学理解每个学生的成长发育过程的知识与技术。

第二，教师有必要同时取得小学和初中，或者初中和高中的复合资格。为此要改变教师培养制度，迫切需要改编教职课程。

第三，建立超越小学、初中、高中的学校组织，确立可能进行密切交流的教师团队文化。

第四，小中一贯教育和中高一贯教育，有课程早期化、升学差距缩小、课外活动一贯化等优点，也有人际关系固化，小学、初中阶段的领导能力的式微化，义务教育学校和中等教育学校校长一人管理运营的负担增加等缺点，如何克服这些缺点，是教师教育的新课题。

以上是随着从规模扩大期向规模缩小期转移，对学校制度改革和教师政策的整理。这个转移是伴随对教职概念的基本把握和能力观的转换，从是否是专职教师的职业地位与作用的讨论，转向具体教育行为是否具有专业性的多样讨论。教师能力，从个人掌握单纯的知识技术，转向能把握学校现场的各种问题，并且能够解决。这与前述的教师个人模型、学校教育改进模型重合。

五、规模扩大期向规模缩小期过渡时的教师政策

对二战后教师培养的行政政策的重新审视，开始于1958年的日本中央教育审议会咨询报告《关于教员培养制度的改善方案》(「教員養成制度の改善方策について」) 和1962年的教育职员培养审议会咨询报告《关于教员培养制度的改善》(「教員養成制度の改善について」)。在要求提高教师质量的时代背景下，很早就提及教师质量问题，这一点令人关注。而且，中央教育审议会在1971年发布的咨询报告《今后学校教育综合扩充整备的基本政策》(「今後における学校教育の総合的な拡充整備のための基本的施策について」) 和1978年咨询报告《关于教员素质能力的提高》(「教員の資質能力の向上について」)，正式提出了通过教师的培养、录用、培训过程提高素质的必要性。值得注意的是，现在全面强调的培养、录用、培训一体化改革，在近40年前就已经被提及。20世纪70年代以后相继提出的教师政策大体可以分为：一是确保教师的数量与质量，二是对不断扩大的学校组织及其管理提供法律保障。

针对教师的数量与质量，为维持并提高学校教师的水平，确保义务教育学校的教师质量，根据《教员人才确保法》(「教員人材確保法」) 提高教师工资，为教师进行在职培训设立了新构想教育大学和研究生院。针对学校组织的管理，通过《学校教育法》(「学校教育法」) 实现了教职法制化、主任制度化。通过《学校教育法》的再修订，新设置"副校长""主干教师""指导教师"等三个职务，强化了教师组织的分工和管理体系。

教师数量得到补充后，开始提出提高质量的政策。临时教育审议会在1986年的《教育改革第2次咨询报告》中，提出要提高教师素质，这成为之后大力完善教师政策的契机，其内容大体上继承了1978年的中央教育审议会咨询报告，由此而促进了法制化。如根据《教育公务员特例法》(「教育公務員特例法」) 修订案，实现新任教师培训制度化；根据《教育职员资格法》(「教育職員資格法」) 修订案，实现资格证分类化；根据《教育职员资格法》修订案，实现教师资格更新制等。

其中，对于从未公开讨论的不合格教师问题，经临时教育审议会的正式讨论后采取了两个不同方向的措施。一方面，对部分"指导力不足的教师"(根据《教育公务员特例法》第25条第2款"被认定为指导不适切的教师等")，各地的教育中心（综合教育中心、教育研究所、教育培训中心等的总称）将进行"指导改善培训"；另一方面，开设旨在提高全体教师（部分可免除）知识技能的"教师资格证更新讲习"。2015年的中央教育审议会咨询报告《今后担当学校教育的教师的素质能力提高》(「これからの学校教育を担う教員の資質能力の向上について」) 是二战后对日本教师培养制度的补充和完善。

1960年前后的教师质量提高政策，被认为是通过职务等级制强化教师的分断统治，迎合当时的文部省，培养出易受管理的教师，而这遭到日本教师工会的强烈反对。但是，日本教师工会的教师比例持续下降，1960年初为80%以上，20世纪70年代下降为50%，在成立40周年的1987年，更下降到49%，2000年低于30%，之后继续微减。新任教师加入日本教师工会的比例在60年代初超过70%，70年代末低于40%，80年代末降至20%，之后基本保持不变。

对于提出"教师是劳动者"这一论题，意识到自己是二战后民主主义社会建设的担当者，对教育实践也发挥主导性影响力的教师工会，其向心力日趋下降。为克服20世纪70年代后表现为"教育荒废"的学校教育问题，在各地建立教师社团进行自主性教育实践研究活动。这也可称为由教师自己进行的提高专业性的探索，后来成为日本教师的惯例，继承了独自研究教育实践问题的传统。

对近年来的教师政策进行梳理，与其从提高质量和加强学校管理两方面分别考察，将两者结合而进行探讨更加重要。具体来说，要考虑将一般企业和政府作为模型，在学校引进职阶制能否对提高教师质量做出贡献。例如教师评价，评价教师个人业绩，将升职和加薪作为回报，这只是简单地套用公务员改革的方法。发挥校长的领导作用和明确组织决策等虽然能提高组织效率，但首先要考虑将学校组织与一般企业和政府同样对待是否妥当。这一点会在终章第三节详细讨论。

每个学校都是小规模组织，追求利润、减少预算、提高效率都不是最终目的，而确保每个学生的学校生活，尽可能保障其学习能力，促进健康成长才是目的。顾客（学生和家长）不是在组织外而是在组织内，专业的教师不是随时听从领导的指示行动，很多时候是在教室里，在学生前面独立判断行动（有时要在事后向领导汇报）。学校组织有自己的特点，有必要在这些特点之上探讨教师质量的提高。教师质量是属于教师个人，还是指学校的教师集体的质量，这个问题也含糊不清。

六、围绕教师增减的政治

1980 年后，在从学校规模的扩大期转向缩小期时，针对如何阻止教师减少的趋势，出现了减少教师与增加教师两种对立的主张。

一种主张是，从负担教师工资的国家财政的健全化观点看，与少子化相对应，应当减少教师。2015 年度公立学校义务教育阶段的教师约有 69.5 万人，国库负担预算达 1.5 兆日元，财务省要求尽量减少支出。另一个主张是，在发达国家中日本的班级规模过大，在少子化的今天更应当加以调整，而且最近学生情况越发复杂，如患有发育障碍及心理灰色区、外籍、被虐待、来自重组家庭和贫困家庭等，减小班级规模，配置额外的教师进行细致的指导和干预，可减轻教师负担，因此有必要增加教师。这是以文部省为首的全国联合小学校长会、全国特别支援班级设置学校协会、全国家长教师联合会等的立场。

认为应当减少教师的财务省，要求提出增加教师能使学生学力提高的科学根据。当然学力是重要的根据，但是学力判断和测定方法各不相同，很难一概而论。不仅是教师增加对提高学力的效果难以测量，而且在稳定的学校环境中，和教师进行充分的活动，使学生能力充分发挥的数值也很难测定。只着眼于提高学力效果，就会导致对教师增加效果的讨论停留在表面。

具体来说，针对 2017 年起 10 年来的教师人数，财务省的主张和文部省的主张完全对立。财务省提出未来 10 年间削减 5 万名教师的计划，文部省则认为，伴随少子化，学生自然减少，最多可减少 1.5 万名教师。两者间虽然相差 3.5 万人，但教师减少的政策不变。还有一种观点认为，与其增加教师，不如使支持教师工作的学校社会工作者和课外活动指导教师等加入“团队学校”(「チーム学校」)，使学校的任务顺利完成，减轻专职教师负担。这是上述两个对立主张的折中方案。

增加教师、减少教师以及强化教师支援团队等主张，是以国家财政健全化的压力为背景，围绕提高学力、对不同学生进行细致指导、使学校平稳发展、减轻教师负担等问题，各种主张相互冲突。这种冲突是在相互的力量关系的磁场中所展开的政治博弈。这里的政治是政策研究的关键，是在一定条件下有权者和无权者之间进行的各种交换所导致的事物的决定和进行的过程。

这个政治过程一般有以下三个方面的含义。一是集体和各种组织中存在的力量关系的冲突；二是国家和自治体的政治；三是有时指国家和自治体的具体政策。对于第二点，媒体和网络上的处理有巨大影响力，舆论也可左右具体政策。围绕教师增减的政治与第二点和第三点相关，同时学校组织中的教师和家长的意见交流也会构成舆论，对政策决定产生不少影响。所以说，这个政治过程与三个方面都相关。

到此为止的序章，概略性地叙述了涉及教师教育的诸概念，学校教育与教育实践的研究方法，20 世纪 60 年代至今约 50 年间教师教育的变化，以及日本社会变动中的教师教育所面临的问题和课题等。正文第一章至第八章分为三大部分，第Ⅰ部分是教师教育目标与对象，第Ⅱ部分是学校环境与教师教育，第Ⅲ部分是大学和大学院与教师教育，本书将分别详细论述。终章将从终身学习的观点出发进行总括性的研究，并且对《变动社会的教师教育》的研究加以总结。

第 I 部分

教师教育目标与对象

概要

第 I 部分重新探讨教师教育的主要目标，尤其是常常作为重要问题的教师专职化。20 世纪 70 年代到 80 年代，以欧美国家为中心的专职化论发生了很大转变。90 年代后，教师专职化论的发展使对变动社会所需的教师形象的讨论日益明确，并演变成了教师终身发展问题。

第一章，以教师专职批判论为线索，追踪针对变动社会所需的教师形象的讨论，关注日本教师的忙碌化问题，探究捕捉教师专业性的新方法和提高教师质量的模型。

第二章，提出“教师发展”概念，阐明教师生命周期的基本问题，考察协作的教职状态，探讨教师团体的价值和意义。

第一章

教师专职化的再探讨——教职专业性的诸概念

第一节　从地位论到作用实践论

一、教师专职的问题领域

在论及“专职”（profession）的含义时，要列举其中许多特性来作为专职的必要条件，根据这些特性，可以将专职与其他类型的职业区别开来。例如，Lieberman（1956）提出的几种特性经常被引用：①提供无与类比的、明确的、不可或缺的社会服务；②提供服务时，重视知识性技能；③有必要进行长期的专门训练；④各个职业人及其职业团队具有自律性；⑤各个职业人对在职业自律性范围内进行的判断及行为负有广泛责任；⑥个人所得到的经济报酬也是能提供的服务内容；⑦组成广泛性自治组织；⑧有用具体事例明确并解释疑问点的伦理纲领。

然而，完全兼具如上特性的专职是理想中的，实际上并不存在这种专职，现实中的专职是以理想型为目标的，且不是作为实体而是应当作为过程去把握，这种想法是另一学派的主张。

Ozga和Lawn（1981）把这种根据特性把握专职的方法称为“特性方法”（trait approach），与此相对应，称实现理想专职的过程为“过程方法”（process approach），这个“过程方法”具有现实性说服力。

从这种过程方法的观点来看，现实中教师就是“准专职”（semi-profession）（竹内，1972）。现今，专职化成为重要课题，这也成为教师职业团体的运动口号。国际劳工组织和联合国教科文组织发布的《关于教师地位的建议》也主张“教职可以认为是专职”。

因此，以教职为理想专职的教师“专职化”（professionalization）问题，现在仍是教师专职论的中心，是教师研究甚至是教师教育研究中的重大课题，特别是对于研究教师教育范式来说是不可分割的问题。

本来，有关“专职化”是“专职性”的高度化，还是“专业性”高度化的讨论就很混乱。这里，参照 Hoyle（1980，1982）的观点，进行如下整理。

“专职性”是指教职作为职业，获得了怎样的专职地位；与此相对，“专门性”是指教师对学生进行教育时，运用了多少专门性知识和技术。前者是与教师职业的“地位”有关的概念，后者是与教师的“作用”或“实践”，以及“知识技术”有关的概念。因此，“专职化”问题可以从“专职性”和“专门性”两个方面考虑，只是，不管是专职性还是专门性，教师在政治性统治和拘束，以及自由立场上都具有自律性。如要明确以上概念，则可将围绕教师专职的多种讨论，分为如下三个问题领域：第一，教师是否为专职（专门性职业的地位问题）？第二，教师专门性包括什么（专业性知识、技术的问题）？第三，师生关系是什么样的关系（针对学生的专门性实践问题）？

根据这三种问题领域的分类，可将世界性讨论的动向整理如下。

20 世纪 60 年代至 70 年代，有关第一点的讨论较盛行，80 年代后，将第二点教师的专业性知识（professional knowledge）与第三点专业性实践（professional practice）相结合探讨专门性的研究成为主流。

以 1980 年为界，讨论的方向发生变化，如果把这之前欧美国家的教师专职化研究称为“第一期”，之后的研究称为“第二期”，这样就出现了如下问题：第一，在第一期向第二期推进过程中，教师专职化论到底是什么，发生了怎样的变化？第二，第二期讨论的内容是什么？第三，在以上两点的基础上，日本关于教师专职化以及教师教育提出了怎样的新讨论？

二、教师专职化论的变迁——20世纪60年代至80年代

起初，教师专门性或教师专职化，是把教师这种职业与其他职业相比较，讨论其当时的地位及地位提高的问题；教师的专业性知识与专业性实践的结合，是关注教师作用或教育实践，讨论“教师发展”（teacher development）和“教师专业发展”（professional development of teachers）问题，二者是有区别的。

例如，从20世纪70年代后期开始，Stenhouse（1975）、Carr和Kemmis（1986）、Kincheloe（1991）主张赋予教师以“实践研究者”（teachers as researchers）的新特性，引出对教师的专业性知识与专业性实践的探讨。他们提出与其强调教师专职地位，不如通过以学校实践为对象的研究，达到教师发展的目的。因此，不应只局限于教师研究这一狭小的范围，还应与教师教育研究、学校教育研究，甚至学校教育调查研究方法论产生密切而广泛的联系。

以1980年为界，教师专职化的研究重心发生了转变。换言之，是从教师地位论转向作用论及实践论。观察日本的研究动向发现，关于专职地位的研究，在学校教育规模扩大的20世纪60年代至70年代前期，与世界的研究方向相呼应，成为当时教育研究的中心问题之一。然而，之后的讨论却逐渐减少，现在对教师的专业性知识、技术和专业性实践的研究成为中心。而且，从教师的专职地位向教师的专业性知识、技术和教师的专业性实践过渡阶段出现的值得关注的论点是教师专职化的界限。

例如，河上（1980）在20世纪70年代就已经注意到了教职专职化论的转变，注意到了英、美的一部分研究者所说的“脱专职化”（deprofessionalization），并提出了有关专职化界限的重要问题。并且，河上（1986）将70年代的转变定位为“从教师的专职化是以教育的提高和改善为关键的时代，向批评其利己性和欺骗性的时代的转移”。

另外，永井（1986）也指出了专职化的问题，认为其关系教师文化的现状，教师未必就将实现专门性职业团体的自律性只寄希望于教育改革，“学校不

应只是关注专职人员，还应在生涯教育化、学习社会化的基础上，让专职人员和非专职人员一同发展”。

在欧美国家，论点从教师的专职地位转向教师的专业性知识、技术和教师的专业性实践，讨论从第一期转向第二期的原因是什么？理由可以举出很多，其中，最不容忽视的是 20 世纪 70 年代到 80 年代教师界及其周围环境发生了很大变化。Woods（1990）梳理了这些变化，二战后不久，学校教育规模扩大和教师不足造成了卖方市场，也由于教师工会的影响力减弱了，政府对教师再次行使统治权，教师地位也随之下降。

在这种大背景下，出现了两种有关教师专职化的新讨论。第一，围绕专职化问题，展开了对教师无力应对因学校教育规模扩大而产生的学校教育混乱问题的批评。第二，提出了教师的“单纯劳动者化”（proletarianization）。首先看一下第一点。

第二节　专职化批判

一、学校批判和教师批判

学校教育规模扩大的 20 世纪 60 年代，是教师专职化要求高涨的时代，对学校教育和教师的期待推动了教师专职化论的发展。当时，在日本，教师专职化这一新概念超越了围绕教职性质进行的“圣职”和“劳动者”之间的对立讨论。而随着学校教育规模扩大出现学校教育机制障碍的 70 年代，则是怀疑教育的时代，对学校和教师的批判也喷薄而出。

McPherson（1985）认为，“在教育危机时代，教师始终是替罪羊”。他在 20 世纪 60 年代中期至 70 年代中期，整理了美国教育改革论者的教师论，将其分为“教师批评派”和“教师拥护派”，并整理了两派的主张，做了如下说明。

前者主张，教师势力强大，独占了教育，虽希望通过工会活动明确其专门性，但却没有向公众进行责任说明。而且，教师善良，不愿自发变革。后者主张，教师不拥有政治力量。大多数教师是善良的，问题出现在特定的教师工会，它体现了学校系统的官僚制化。只要稍微给教师一点自由，教师就会积极改革。相对于前者，后者对教师更宽容，但都认为教师有些欠缺。因此，如果改革论者不能将含研究立场在内的对教师的观察进一步客观化的话，则很难了解他们为什么要改革，何时能与他们直接对话。

Illich（1971）在这个时期，提出了脱学校论，此时的学校批判愈发激烈。Illich 同时开展了专职批评，在教育、医疗、法律、福利等领域主张，从自由性专职向支配性的、权威性专职转变剥夺了人的能力。

> 专家，从过去的商人、职业技术人员或者有学识的助言者转变成了十字军式、指挥官式的博爱家。他知道应如何养育幼儿，什么样的学生应接受高等教育，什么样的学生不应接受，人吃什么药好，吃什么药不好。教师引导你背诵课文，从学习助言者变成了教育家。教育家凭着其合法的身份，给予了想学习的你以开展道德性活动的权利。……新专职是有支配性、权威性、独占性的，法制化的同时也使个人无力化，独占公众福利，排他。

受普遍的专门性批判论的影响，英国和美国的一部分研究者讨论起教师的“脱专职化”（deprofessionalization）来。教师的脱专职化是在 20 世纪 70 年代教育怀疑和专职怀疑的时代大背景下产生的。下面，探讨脱专职化论。

二、脱专职化论

脱专职化并没有成为被普遍认可的概念。接受学校批判和教师批判，通过学校教育改革实现教师职业发展的理论性、实践性研究，1980 年后开始兴盛起来，但脱专职化的说法仍难见到，常用的词语仍是“专职”“专职化”。

重要的是，教师的脱专职化讨论并不是暂时性的，而成了教师专职论的基本问题。今后若主张教师专职化，就不能忽视这一论点。日本的脱专职化，一般是指本来应当是专职的教师，在现实中“堕落”于非自律的、零碎的劳动。这里要注意，以专职化为目标的教职，是在对封闭的、尖锐化状态批判时对应使用的用语。

美国的 Corwin（1974）为解决学校和教师对教育的独占问题，提出了分散行政权力、削弱官僚化使巨大的学校体系中的教学活动脱专职化的方案。他重视非专职人员对教育的辅助作用。因为，授课助手的存在，可避免教师脱离地区（特别是脱离劳动阶级子弟的教育）和学生缺课。

英国的 Hoyle（1980）整理了专职化批判论者的主张，指出了两个主要的脱专职化论点。第一，对高度专业化的知识、技术体系的追求与为学生（及其家长）服务出现了矛盾的一面。第二，专职团体的自律性的加强，只局限于本团体的利益，忽视了学生（及其家长）的利益，有脱离地区社会和民众的危险。但与其说 Hoyle 不主张脱专职化，倒不如说他在考虑如何适应专职化批评。即重新探讨专门性知识、理论与实践的关系，不是在远离学校的大学接受与实践毫无关系的在职培训，而是为解决学校存在的问题，以工作校为焦点进行研修（school focused inservice training），通过这些，可实现教师的职业发展即专职化。

如上所述，脱专职化论者的观点是，专职就代表较高的地位，可以独占业务，拥有高度专业化的知识和技术，可获得专职团体的利益，这也反映了当时专职化运动的目标及内容。然而，如以社会性服务和职业伦理这一本来意义来看“专职”，脱专职化论者对“专职”的理解是相当肤浅的。尽管如此，脱专业化论认为专职论存在如下问题：第一，太关心教师的“地位”，有关“作用”（和学生的关系）与“实践”的讨论较少。第二，虽然强调教职的“自律性”，但对教职在社会变动中如何进行自我变革考虑得较少。第三，专职化是一个非常理想、乐观的词语，对专职的困境不够重视。

教师专职化论具有如上弱点，这也是出现脱专职化论的原因。其实原有的教师专职化论中也有其他的批判性的专职化论。

例如，Magsino（1990）在20世纪70年代至80年代，接受了加拿大的教师批判。为回应“教师能教书育人吗？”“教师为什么会失败？”“学校有可能救济吗？”等舆论，他提出“道德需求性的专职化”（professionalization as a moral imperative），强调哲学、历史学、心理学、教育社会学等原理性科目在教师培养方面的重要性。

如果说第一期的讨论中对专职的理想化阐述太多了的话，那有必要就专职自身的根本问题加以讨论。

第三节　学校官僚制与教师的教育行为

一、专职困境

专职存在几种困境，经常处于紧张的关系中。因此，对“过程方法”专职化来说，如何正视并摆脱这些困境以达到专职化，是一个经常出现的课题。在这个意义上，教师专职化运动存在的问题不是专职化本身存在障碍，而是对专职的理解有问题。

第一，现代的专职，在官僚机构中大多是被雇用者的身份。因此，专职活动多与官僚制的要求不相容。市川（1969）和新崛（1973）指出，具有自律性特征的专职在官僚制组织中工作的时候，就产生了专职要求和官僚制要求之间的矛盾。特别是因为对教师的官僚控制较强，专职的工作要求与教师绩效的不一致，教师生存出现困难。Lieberman（1956）认为，如果对“自律性”（autonomy）的追求稍有松懈，则教师自身就会使“自律性”从官僚制机构中消失。出现这种难处，如序章中所述，是因为作为教师教育内部条件的教师需求与教育组织的要求经常对立。

第二，专职以“自律性”为前提，其活动是针对公共服务，如过于强调“自律性”，则会与“顾客利益”相对立。以“自律性”为中心的专职论，往往集中于教师职业团体的“地位”问题，疏忽了对教师的“作用”和“实践”的讨论。即不能明确学生（及其家长）作为顾客，其利益是什么？针对他们的教育活动是怎样的，应当如何去做？以及，教师的作用在社会变动中应如何变化等问题。这些作用与教师专门性是什么的问题当中的作用相互重叠，对两种“作用”的讨论比较含糊，也正是由于以上两种作用被官僚制机构的要求缠绕所至。

第三，不断追求与官僚制相对抗的“自律性”，并确认是否已脱离学生（及其家长），这是“职业伦理”。如果不能确立这种伦理并使其有效，则专职者们就易成为特权团体。教师方面,有关“职业伦理”的讨论还没有成型。石村（1969）认为，“职业伦理”既保护学生（及其家长）利益，也包含对专职者的保护。即遵守职业伦理，有时会与市民社会的伦理相抵触，会出现因为要遵守职业伦理而职业团体要求免责的情况。以教职为例，教师团体把认真负责的教师对学生实施的“体罚”作为“惩戒”，并认可这种方式。如果想解决这些问题，石村认为，首要的是需要职业团体自我反思。

如上所述，专职有几种困境，经常处于矛盾的关系中。专职化就是克服困境的过程。官僚制支配问题是讨论教职时的最大障碍。官僚制支配使教师的职业活动片断化,削弱其自律性,剥夺了其追求职业伦理“自我反思”的空间。

二、学校教育的官僚制化

Weber（1921，1922）指出，“官僚制”是扩大化、分工化、机械化、合理化的近代社会中不可避免的组织与人的特殊关系。近代社会的各个组织转化成一个巨大的机械装置，成员就是其中的部件，为迅速准确地达到组织目标，就要放弃整体性，遵循事先定好的规则，共同机械地、合理地工作。这要求削除个人的自由权利、明确个人在命令与服从关系中的位置以达到共同目的。官僚制就是办公室支配,官僚制组织常以文书这种间接的、客观的沟通手段来运营和维持。官僚制机构具有精确、迅速、持续、统一、摩擦少及节约人力和成本等优点，因此在政府、企业、工厂、工会、军队、大学等广泛的社会生活的各个领域推广开来。

然而，如同 Merton（1957）所说，官僚制同时有如下缺点：制定规则是合理地、高效地处理事务的手段，但必须严格、绝对、无条件地遵守规则。规则是不可变通的死板规定，易沦于形式，不能迅速应对现实，最终成为实现目标的障碍。文书主义也一样，虽然是有效的沟通手段，但文书本身的目的化，易导致只是文书和电脑增加，但处理事务的效率降低。还有，权限和职责太明确易出现对管辖外的事情不关心、争夺地盘、部门主义、消极主义等情况。

官僚制组织有消极作用，学校也不例外。莫说规模巨大的大学组织、初中、高中等各种大型学校，规模较小的小学，也是官僚制组织。但学校尤其是国立、公立学校被纳入了巨大的文部行政组织中，特别是日本自古以来就确立了中央集权制度，由文部省和教育委员会以相关法规为基础进行运营。因此，教师也是官僚制组织的成员。新崛（1973）认为，非官僚制的学校现场，是巨大的官僚制组织的末端，即学校官僚制的特征是扩散化。把“非”官僚制的学校现场表述成“前”官僚制学校现场更贴切一些。虽被置于文部行政组织之中，但学校现场的人际关系历来复杂，其运营能稍有变通，因此可以说是“前”官僚制组织。但随着 20 世纪 60 年代至 70 年代，学校教育规模急剧扩大，它使“前”官僚制学校现场实现了真正的官僚制化。

那么，学校现场的官僚制化究竟有什么样的问题呢？ Webb 和 Sherman（1989）讨论了在规模变大的美国学校中，教师经历的各种官僚制化的问题，大体如下：第一，在学校运营和教育实践的决策上，教师发表意见的机会少了。第二，教师自身感觉到，与其说他们是向学生提供教育的人员，倒不如说他们是维持学校官僚制组织的人员更贴切。用于事务性杂事的时间比与学生和同事相处的时间多，还要小心提防外界对学校的批评。第三，授课时，变得更依赖技术（technology），教材、教师用书、试题集的使用频繁起来。

以上三点中，从前两点就能马上明白这是官僚制化的问题，第三个问题较容易被忽略。官僚制化的发展，要求各种教育技术，而技术的推广又促进了官僚制,理清这二者之间的关系是很重要的问题。这里所说的“技术”与序章所说的技巧不同，它是指在指导基础上做出具体成品。

的确，各种技术都以其研究开发为基础，合理地进行标准化，可以被迅速利用，能缩短授课的准备时间，有一定的学习效果，极其便利。但是，如果误用了这些技术，则效果很小。对谁适用，怎样适用，这就需要每一个教师设定目标，充分把握学生的状况后加以判断，不能因为其方便就机械地运用，这样毫无意义。例如，在远离教育现场的办公室，教育行政人员来决定采用什么样的学习项目，这种事情在教育官僚体制中可能发生，但这种学习项目实际上是否有效与各个教师能否根据自己的技巧在实际教学中灵活运用有关，如果只机械搬用现成教材，那就不敢说有学习效果了。

以上三点，讲述了官僚制化剥夺了教师的专职性和专门性，即剥夺了教师的自律性和对学生的教育指导。教师通过自身的学习获得的专门性知识和技术等力量与官僚制化同时在学校内蔓延。

第一期的教师专职化论（本章第一节第一点），旨在解决前述的 Webb（韦勃）和 Sherman（谢尔曼）提出的官僚制化的第一个问题。因此，改革中有教职工反对政治运动。另外，第一期中并没有官僚制化的第二、三问题。官僚制化可以说还没有发展到第二、三问题的程度。

与此相对，之后第二期的教师专职化论中，包括了第三个问题。通过解决第三个问题，可增加在第二个问题中指出的“与学生和同事相处的时间”，以此解决第一个问题。解决第三个问题，不能简单地依靠“技术”，而应重视教师各自设定的指导目标，准备适用的教材，掌握学生的学习状况授课、评价授课效果这一系列教学过程，重视自我反思。这种观点是以发展了 Dewey（1933）讨论的、Schön（1983，1987）倡导的“反思性实践者”（feflective practitioner）概念为基础的。近年来日本广泛讨论的这个概念将在第 6 章第 3 节中详细讨论。

三、日本学校的官僚制化与忙碌化

怎样描述官僚制在日本学校的渗透情况呢？在日本的学校，一方面，教育行政者对教师的勤务评定、职务等起着支配作用。另一方面，为迎合考试体制，不只要高效地消化很多教材和指导内容，还要承担起家庭教育和社会教育工作。因此，在学习指导和生活指导上出现各种问题，为能高效地处理这些工作，就要追求官僚制。规则和“文书主义”加强，管理主义色彩浓厚，也是官僚制化扩散和渗透的表现。不容忽略的是，教师忙碌化和长时间劳动的问题。当然，长时间劳动是日本产业界各领域一直以来的惯例，但对教师来说，与其说是惯例，不如说是劳动形态的新变化，所以有必要从多方面认真探讨。

现代学校与以前相比过于繁忙，这是所有骨干以上教师的观点，而且教师更加忙碌。虽然少子化浪潮使得教师数量减少，但教师工作量反而增加，再加上“文书主义”的强化，忙绿化更加严重。

这里有很有趣的国际比较研究结果，从 2013 年实施的 OECD 国际教师教学调查（Teaching and Learning International Survey，TALIS）中可以看出，日本教师的教学在国际上有很明显的特点。此次调查对象是包括日本在内的 34 个国家和地区的前期中等教育的教师，日本有 192 所学校，3,484 名教师。在这个调查结果中值得注意的是教师的工作时间。

对于一周的平均工作时间，各国平均是 38.3 小时，日本长达 53.9 小时，但其中教学时间只有 17.7 小时，比各国平均值 19.3 小时略少，而在学校内外，每个教师在制订教学计划和准备中使用的时间，以及与同事共事和对话的时间都超过了各国平均水平。日本教师工作时间最长的原因是，教学外的工作时间较长。学校事务、一般事务工作、课外活动指导等工作所占用的时间比各国平均时间长 2 ～ 3 倍。长时间劳动和忙碌化的原因有以下 5 点。

第一，教职原本就有作用扩散的性质，工作范围没有界限，在日本尤为显著。除了教学，午餐和扫除等日常的指导，还有对其他各种问题学生的指导等很多工作都在教师职责范围，而且对于“特别活动”之一的课外活动，在早晚和休息日的指导也很多，越是认真的教师越会彻底发挥其作用。

第二，20 世纪 80 年代出现“学校荒废”现象后，教师对学生的指导更加细致。与学生家庭的沟通占用更多时间，实施各种调查、制作指导资料、在校内委员会研讨、参加校本研修、作为代表参加校外研修等的时间大幅增加。

例如，1985 年，文部科学省开始对“欺凌”情况进行调查，当初的评判标准为“身体的、精神的攻击”，2006 年则修改为“受到身体的、精神的攻击，精神上感觉痛苦”，评判标准从外表能够判断的欺凌转向对被害者内在进行判定，其评判因为要收集各种信息而遇到困难。2013 年制定《防止欺凌对策推进法》(「いじめ防止対策推進法」)，对欺凌的评判和防范成为学校的重要工作。

第三，20 世纪 90 年代末至 21 世纪初，以提高教师质量为目的的在职培训，除了法定的新任教师培训和教职 10 年教师培训，各教育委员会对教职 5 年、7 年和 15 年的教师都增加了培训。这些培训以离开工作学校的校外培训居多，而且完成培训报告书需要很多时间。

第四，20 世纪 80 年代出现“教师攻击”风潮，同时在席卷全日本的消费社会化中消费者主义也涌入学校，90 年代开始，家长投诉学校成为“家常便饭”。投诉有很多种形式，如质问、批判、抗议等。应对投诉大多是从班主任到校长等管理者的职责。当然城市学校与农村学校的投诉多少有差异。大体来说，过去传统存在的家长与学校之间默契的信赖关系已经崩溃，成为需要满足每个家长的诉求从而建构新的信赖关系的时代。

第五，21 世纪 10 年代，根据时代要求，在教学中增加了新的内容。小学增加了道德和英语。周五日制再增加新的指导内容，不仅导致教育课程过密，做准备的教师的负担加重，学校忙碌化加剧，为什么要提高学校教育的质量受到质疑。

对于这种忙碌化，可以从“作用—时间构造”和“作用—时间意识”两个方面来探讨。首先，从“作用—时间构造”来看，教师工作明显增多，大多是因为文部科学省的要求，如第二点和第三点所示，文书和会议增加，但对组织不可缺少的“报告、联络、商量”工作不能顺利进行，学校组织出现僵直和非统一问题。

当然，处于底部的各学校仍然有加强组织运营的余地。不流于“文书主义”，随机应变地彻底执行“报告、联络、商量”工作，重新分担校务，整理合并委员会及其会议，有效运营学校，由此而节省的时间和劳力就可以用于学生的教育上。官僚制和忙碌化的最大弊端是使师生关系疏远，降低了教师专门性，其结果是教师向“单纯劳动者”方向发展。

其次，有必要从“作用—时间意识”方面进行研究。如果教师能心情愉快地工作，即使工作增加，可能也不怎么觉得忙，也不怎么烦恼。“忙碌”不只是物理上的时间结构问题，还有心理上的时间意识问题。教师在疲劳过度,又得不到心理满足的情况下,就忙得烦躁了。“忙”意味着“心的死亡”，工作忙的同时若能得到相应的报酬，从而感觉到满足就会减轻压力，令人烦恼的忙碌意识会变少。

这里稍微讨论一下“报酬”（rewards）。Lortie（1975）认为教师报酬可分为三种。第一，薪金和地位等“外部（extrinsic）报酬”。第二，通过提高学生的学习带来的满足感，与学生和同事的交流、教育实践研究及读书带来的“心理（psychic）报酬”。第三，收入和地位稳定，空闲时间多、竞争压力小等“附加性（ancillary）报酬”。

根据Lortie（洛蒂）的调查，与“外部报酬”和“附加性报酬”相比，教师更重视“心理报酬”，其中，了解到每一个学生都学到了知识的时候，那种工作满足感最强烈。日本教师也同样重视“心理报酬”。但在官僚制化下，繁忙的工作却难以得到“心理报酬”。处理事务性杂事的时间增多，和学生的日常接触减少，不能充分授课，与同事相处的时间减少，这些就造成了疲劳的“忙碌”。

教师专职化讨论的第一期中,“外部报酬”为主要讨论点。第二期中,“心理报酬”为主要讨论点。重新探讨“专业性知识”和“专业性实践”，讨论发展教师、赋予教师以与“反思性实践者”相关的“实践研究者”的新特性等，都能作为提高教师“心理报酬”的方案。

四、单纯劳动化与减低技术主义

Apple（1982，1986）指出了教师的“单纯劳动者化”（proletarianization）与“减低技术主义”（deskilling）的问题。

联系前面所讲述的内容，“单纯劳动者化”是指在学校官僚制和“技术”发展中部门体制推进、教师的工作分割和局部化情况下，教师成为学校官僚组织的单一部件。教育决策与教育实践相分离，学生教材和试题集的制作者与利用者脱钩，工作脱离教育整体。这些都是教师专职化面临的问题。其结果就是，教师以概念和理论为基础的自律性实践——“整体性能力与技巧”被剥夺。

“减低技术主义”是指，脱离贯穿教育整体的概念和理论，“堕落”于片面地肤浅地使用细小“技术”。Woods（1990）说，“单纯劳动者化”与“减低技术主义”阻挡在教师专职化前，强化了学校官僚制组织的管理控制。

美国和英国的教师环境与日本相似。例如，校规问题，在20世纪70年代以后的初中和高中，大多由负责生活指导的老师进行生活指导。学习指导和生活指导分离，也是教师工作部门化、分段化的表现。而且，如果全体教师都负责生活指导，整天检查服装、头发、携带物品的话，这就只能是“减低技术主义”，表现了教师的整体能力被剥夺，也可以说是教师的“单纯劳动者化”。

在学习指导方面，20世纪80年代以后，工作指导手册在教师工作中普遍存在。指导的手册化，具有普遍性、合理性、确定性、学习效果的预见性等特点，在“忙碌”的“作用—时间构造”中，或进行多样化的学习指导时，可以节省时间，节约劳动力，减少试验失误，特别是对年轻教师来说，能消除不安情绪，尽快获得稳定性、满足感，获得这方面的“心理报酬”。但是，即使教师采用某种技术，将其作为手段和线索而利用，如果使其固定化，就会依赖技术，产生“单纯劳动者化”和“减低技术主义”危险。

以“综合学习时间”为例，2000 年度文部科学省开始采用《新学习指导要领》，阶段性地开展新型学习方式，其目标是“通过跨领域的、综合的学习和探索性的学习，让学生自己发现课题，自己学习，自己思考，进行主体判断，更好地培养解决问题的素质能力的同时，掌握学习方法和思考方法，在解决问题和研究活动中，培育主体的、创造的、协同的处理态度，进而能够考虑自己的生存方式”。

“自己发现课题，自己学习，自己思考，进行主体判断”，这是最近从小学到大学的所有教育阶段都强调的学习方法“主动学习”的思想，也是文部科学省在近 15 年来一直坚持的教育基本方针，适应于 21 世纪全球化竞争社会的人才培养要求。但是，针对这个目标，学校要具体进行什么样的教学,这一点容易出现问题。习惯原有的学科学习方式,不能充分理解“跨领域的、综合的学习”的宗旨，而且还要发挥各学校的特点，因而对综合学习的方法感到困惑的学校和教师很多。创造出超过学科界限且适应各地区特点的课程，实际上是非常有魅力的挑战。

“综合学习时间”需要考虑的事项包括，“积极引入自然体验和志愿者活动等社会体验，还有制作、生产等体验活动，以及观察、实验、参观调查、发表讨论等学习活动”，结果模仿示例题目和方法的教学不断涌现。提出关于国际理解、信息、环境、福利等方面的题目，在教室内进行活跃的讨论，去野外活动，这些都被视为是综合学习。不同专业的教师协作创造出新的课程，验证学生能否“自己发现课题，自己学习，自己思考，进行主体判断，更好地培养解决问题的素质能力”，但这个目标实际上并没能在整体上实现。针对综合学习能否提高学力的批判高涨，“综合学习时间”渐渐削减。在这个过程中需要注意的是，在学校官僚制组织之下，无论提出何种理想的教育目标，其结果都是偏重技术，极端地说，陷入“单纯劳动者化”和“减低技术主义”的危险非常大。

返回到前节脱专职化的讨论。讨论的出发点是，教师们作为专门职业团体的自我主张，有时会与作为顾客的学生及其保护者的利益冲突，有脱离地区的危险性。然而，这并没有马上跨越到“脱专职化”的主张，先不要问专门职业团体的自我主张是起到了维持、强化包括授课“技术”在内的官僚制体制的作用，还是起到了瓦解官僚制体制的作用？应该先让各个教师自我反思一下。也就是说，追求自我主张是教师专职化的课题。

第四节　新的专业性

一、专业性的新局面

当然，教师劳动条件的问题和官僚控制问题依然存在，以提高教师地位的“专职化”，在教师专职化论中还没有失去其重要性。为解决脱专职化论中的问题，就要重新讨论“专业性”的内容。

关于这个讨论中，有两个观点在世界上有广泛影响，它们是从不同的角度提出来的。第一，在探讨教师作用中对专业性进行再探讨，这关系到教师专业性的内容。第二，由教师来推进授课和学校教育研究，这关系到提高教师专业性的方法。这两点都同样重视教师的实践。第二点将在第六章第三节介绍，这里先探讨第一点。

20 世纪 70 年代以后，联合国教科文组织和 OECD（1974a，1974b）等就重新认识（看待）变动社会中的教师“作用”问题展开了很多讨论。这些讨论背后的基本点就是“终身教育（学习）”。这一概念，不是一般意义上的接受学校教育之人的继续教育，是关于个人学习和教育机会之间关系的变革观点，指“不是个人迎合教育机会，而是教育机会迎合个人的需要”，这是教育关系的新原理（今津，1993b）。

自 Lengrand（1965）提出“终身教育”这一概念以来，世界上终身教育论中关于学校变革的讨论主要集中于教师的作用。首先讨论的是教学方法，联合国教科文组织教育开发国际教育发展委员会的报告书曾做了如下论述。

> 如果考虑终身教育的立场及人类知识的现状的话……教师教授知识的义务越来越少，鼓励思考的义务越来越多。也就说，有别于其典型功能，教师逐渐成了助言者即谈话对象，不只是分析现有真理的人，更重要的是成了矛盾讨论探求者的帮助者。教师必须在生产性及创造性的活动，即相互作用、讨论、刺激、理解、激励中奉献更多的时间和能量。

随着科学技术的进步，知识也不断更新，学校的教学内容也不只是单纯地传达一定量的知识，更应将尽早培养学生知识革新的应对能力作为不可缺少的目标。关于这一点，在联合国教科文组织活动的 Cropley 和 Dave（1978）从教师教育的立场做了如下论述。

> 教师的作用，比在形式上传授根据课程计划整理来的知识更重要的是，促进学生习得知识的一般性原理。

教师不仅要掌握很多新知识，更要掌握知识的一般性原理即有关知识组成的学习、知识的习得方法、知识的开发方法等。这就是专业性所追求的能力。当前，日本以“主动学习”为关键词，开始强调贯穿小学到大学的学校教育的基本方法。

研究教师作用的下一个问题是师生关系。Cropley 和 Dave（1978）继续做了如下论述。

> 教师具有判定学生的需要和能力，并根据学生的实际情况，将

他们的学习经验组织化这种特殊作用。这能促进每个学生的成长和自我实现，并使其达到最大限度。为达到此目标，帮助学生们把自身的潜力变成现实的东西，教师必须学会与社会工作者、心理学家、医生紧密合作。教师本身需要起到比社会工作者和心理学家等更广泛的作用。

在这里所说的教师的新作用，是对学生展现权威。近年来，日本有不少学校咨询和心理咨询方面的重要话题，但这都是针对相继发生的校内暴力、不良行为、不上学等问题，作为对症疗法从形式上展现给学生的。这种情况只是使“单纯劳动者化”与教师的教育行为陷入“减低技术主义”的状态，而不能成为专业性的内容。

我们要从师生关系方面，再探讨专业性。在教室内的学习现场，Marklund（1976）主张改变传统的师生关系。从“同等授课、灌输知识、重复同样的学习课题、给予否定评价”等教师作用行为，改变为“对每个学生分别进行指导，使学习计划化、组织化，给予积极评价”等作用行为。他把这种改变称为是从以旧的作用观为基础的专门性向“新专业性”（new professionalism）的改变。

另外，Combset，Avila，Purkey（1978）提出了“援助专职”（helping profession）的新概念。教师、医生、社会工作者、护士、顾问等职业具有各自的特点，注重帮助人们达到可能的最高水平，这是一个针对人际关系的专职概念。援助专职的特征是，有知识，重实践。要达到专业援助者的要求，光有知识和技术是不够的，还需要一个漫长的过程，即为了帮助别人，需要自己亲身实践成长过程。

从以上援助专职的角度考虑，教师不能脱离作为顾客的学生来单纯追求专业性，而应追求教师作用的改变，即从以往占支配地位的教授者—被教授者的师生关系，转变到能够调动各方面的人力、物力资源对学生的成长和发展提供综合的新的作用上。Cropley（克罗普利）和Dave（戴夫）的主张，

“帮助学生们把自身潜力变成现实东西，教师必须学会与社会工作者、心理学家和医生紧密协作。教师本身具着比社会工作者和心理学家等更广泛的作用”，就说明了这种新作用。追求这种作用的新专业性，要防止教师的权力化和自以为是，呼应脱专职化的讨论。近年来帮助者、提升者、促进者等词常常被用来说明教师的新作用。

21 世纪 10 年代，中央教育审议会咨询报告（2015b）中提出“团队学校”思想，这是为了支持忙碌的教师，强化顾问、社会工作者、课外活动指导者、事务职员的作用，采取的团队承担学校运营工作的政策。然而，这个政策把教师的作用局限于以教学为中心，并没有对师生关系的本质进行探讨。援助专职的概念是对教师的专业性进行更深入的探究，与“团队学校”的思想不同。

至今为止的教师专业性，常常只是要求教授高度专业的知识。根据原有的专业知识的观点，与医生等专职相比较，教师专业性的高低成为问题。只是以援助专职的观点看，专业地位的差别不成为问题，但这样对作为准专职的教师的研究失去了意义。如果像审视医患关系那样去审视师生关系，医生与教师同样都可以看作是专职。这是教师专职化论发生的大变化，教师教育基本的目标和方法都要改写，即要求教师教育范式的转换。

那么，就要提到教育实践的问题。教育实践（educational practice），与一般所指的教师有意或无意的教育行为（educational action）不同，教师被当作反思的对象。如果教师自身不进行反思，只是面向学生们进行活动，这只是教育行为却不是教育实践。教育实践一词多用于学生的教育效果和切实的变化，同时教师自身也发生了变化的行为模式。但教育实践并不一定会成功，有时会出现与预想中不同的结果。这种情境下，如果教师成为反思的对象，就可以看成是教育实践。有关教育实践和反思的问题将在第六章第三节中详细论述。

二、新专业性与教师教育范式

前面提到，20 世纪 70 年代，在学校教育规模达到顶峰时，学校教育迎来了质量时代。提高教师质量，成为学校教育的重要课题，并在世界各国成为教师教育的中心课题。教师质量可以分为三个层次。

第一，教师个人质量。包括教师个人拥有的专业性知识和技术的特征；对教育是否有积极性、对学生是否有爱心等，即教师的态度和人际关系方面的特征。

第二，教育实践质量。教学能使学生的学习达到怎样的目标、如何解决学生们学习之外的各种问题等属于教师实践的特征。

第三，学校教育质量。由各个教师的教育实践综合构成，学校教育能让学生们达到怎样的教育目标，如何解决学生们学习之外的各种问题等属于学校教育的整体特征。

另外，关于序章提到的提高教师质量，有两种方法。

第一，教师个人模式。提高教师的知识、技术，改善态度等，通过选拔拥有丰富的知识、高超技术和良好态度的教师，达到教师质量提高的目的。

第二，学校教育改进模式。通过以师生关系为核心的教师作用行为，与同事合作解决教学和学校教育上的各种问题，从而改变教师的认识、价值观和行动等使教师质量的提高。

这两种方法与上述的三种质量的关系是：教师个人模式是从教师个人质量出发，再回到教师个人质量，局限在个人框架中。与此相对，学校教育改进模式是从教育实践质量或者学校教育质量出发，在探讨教师个人质量的过程中，回到教育实践质量或学校教育质量中进行总结，突破了个人框架。因此，教师个人模式认为教师个人质量是不变的、固定的，而学校教育改进模式认为质量是可变的，有成长可能的。

这种基本观点左右着教师教育的方法。教师个人模式中，教师在教师培养完成阶段就成为一个完整的教师了，重点是教师的选拔。即使是在职培训，也常是在学校外进行个人研修。而学校教育改进模式中，重视成为教师之后的教育实践和学校教育问题的解决，在教师培养阶段学习与同事合作，共同钻研基础知识、技术、态度等。而在职培训更为重要，通过在职培训，实现教师的不断成长。这种教师教育的差异，也带来了教师专业性目标的差异。与教师个人模式中的以一定水平的知识、技术体系为基础相比，学校教育改进模式更重视通过教育实践，在与各种各样的人交流的过程中产生新知识、新技术，不断改进教授方法，这成了实现专业性的核心。

感性（sensibility）在词典中解释为“对于外界刺激的知觉、感觉的感受性”。教师感性可这样理解，“正面接受学生的具体状况，感受其状况，判断如何对这些状况进行实践干预的反应能力”。这种反应能力与直观感觉相重合。直观感觉不是臆测的反应，而是根据前人经验，省略追寻的过程，能快速综合掌握眼前状况。针对教室里学生的流动状况，要求瞬间的认识与实践干预，教师的感性和直观感觉非常重要。

感性的教师无处不在。然而在学校官僚制化和忙碌化不断加剧的情况下，容易陷入文书主义和单纯劳动者化的今天，教师的这种感性容易被弱化。实际上，20 世纪 80 年代因“学校荒废”问题而困惑的教师团体常常使用“感性”一词，但在 21 世纪开始逐渐减少。在职阶段通过互相磨合而提高的教师的感性，与知识技术相比更多追求的是教师素质。

有关提高教师质量的两种方法，日本仍然重视教师个人模式。教师对学生的人格形成负有重大责任，应起到父亲的作用，学生对各个教师的依赖性很强。这是日本教师的特征。正因如此，教育质量被认为是由教师个人素质左右的。但这种想法由于对教师期望过大，反而增加了教师的负担，最终将教师推向管理主义的漩涡中。

教师工会和教师团体主张学校教育改进模式。对于这两种意见，在教师、教师工会、教师团体、家长、教育委员会、文部科学省、大众媒体以及大学研究者之间出现分歧。他们的观点是教师个人模式还是学校教育改进模式，左右了围绕学校问题的教师批评论调及有关教师教育的议论。因此，这两种模式成为“教师教育范式”的基本构成要素。从这个观点出发，我们来探讨一下近年来日本教师教育制度。

《教育职员资格法》及以新任教师培训为中心的教师教育制度修订的目

的是，提高教师素质能力。具体政策是，在教师培养阶段，增加学分，延长培养时间，根据学校内学科培养要求制订教学计划；新任教师进行一对一研修，脱离学校在教育中心进行研修等。这些政策确实为提高教师质量优化了“教师教育项目”，也从政策上反驳了当时批判学校和教师的舆论。但考虑方法仍继承教师个人模式，背后的“教师教育范式”本身并没有发生根本变化，往细处说，有以下两点。

第一，没有吸收教师自身发展的观点。重视与教学内容有关的具体知识的习得和技巧的训练，明确了教师培养和在职培训各自的功能，却没有将两者联系起来形成“教师教育”的基本概念。最近日本终于在中央教育审议会咨询报告中真正提及了“持续学习的教师”(「学び続ける教員」)概念，这个概念若从最初开始就包含于教师教育，则不必在现在又被提及。“持续学习的教师”这一概念，为教师培养、录用，教师培训的一体化改革制度建立提供依据，带有行政色彩。

第二，轻视在二战后开放制度下受尊重的“大学研究”的观点。尽管设立了新构想研究生院和教职大学院作为在职培训的基地，但却没能提出以“教师是实践研究者”为基础的提高“教师教育范式”的各项对策。

总而言之，学校受社会变动冲击，立足于与教师教育有关的传统性范式，是非常重要的问题。岛原和酒井对日美教师教育进行了比较研究，将日本小学新任教师培训中的民族志作为研究内容，提出新任教师培训的根本目的在于对新任教师的教学方法进行正确引导。新任教师培训不是针对时下教育危机提出的新的应对方法。

教师教育项目不管形式上有怎样的变化，其实质都是传统意义上的教师教育范式，这种项目难以适应变动的现代社会。具有讽刺意味的是，与“素质提高”政策的目标恰好相反，教师教育在提高教师的质量上失败了。改定后的“项目”，是忽视教师需要的管理主义，这虽是政策批判论之一，但却忽略了变动社会中教师教育“项目”与范式之间相互矛盾的问题。

三、教师素质能力的构成

关于提高教师质量，在学校教育改进模式中提到，“与知识技术体系相比，要通过教育实践，在与学生以及各种各样的人的交流中产生新知识、新技术，并且不断改善获取方法，这成为实现专业性的核心”。在这里，再探讨一下把握教师素质能力的方法。抽象的专业性与涉及具体项目的素质能力相重合，专业性通过素质能力而发挥，素质能力则基于专业性。在中央教育审议会咨询报告等相关文件中可以看到，教师政策中最重要的词是素质能力。

在序章里教师的素质能力只用素质来表达，或称之为职能和力量等，也就是说并没有定位成一般术语或者是学术概念，或许关于质量的教师个人模式与学校教育改进模式互相混合是其中的原因。在这里，为区别二者而记为素质、能力。素质是扎根于教师个人特性、比较固定的一面，而能力是在教育训练中成长的、比较可变的一面。

二者不是完全不同的东西，可互相渗透。例如，基本上喜欢学生却不喜欢班级里某个学生时（素质面），研究那个学生的发育特性和家庭背景的相关信息，探索与其接触的方法（能力面），在加深对他的理解的同时，教师会渐渐地开始喜欢那个学生，使得素质和能力相结合（今津，2012b）。

重新考虑素质、能力的构成要素，迄今常被提到的是，①与教学指导、学生指导相关的知识技术，②与班级、学校管理相关的知识技术，③教学观、学生观、教育观的培养。但若遵循学校教育改进模式，下面的三要素更加重要。④与学生、家长、同事交流的能力，⑤教师成长的态度、探索心、研究心，⑥解决工作学校问题及完成课题的能力。将以上的六要素进行分类，属于能力的是①②⑥，属于素质的是④⑤，两者都是的是③。以往涉及教师的专业性会考虑①②③，现在需要综合考虑①～⑥，这是学校教育改进模式的主张。

其中⑥是基于①～⑤的最重要的构成要素。对学校产生动摇的学生指导上的重要问题需要尽快解决，此外2017年公开发表，2020年小学、

2021 年初中、2022 年高中实行的《学习指导要领改订》中，提出了“课程管理”。因小学英语增加了教学时间，对早晨和暑假的时间分配进行了调整，在发挥各个学校特色的同时，各学科的横向结合以及与地区人士合作教学等，都要求提高各学校的教育质量。虽说一方面，重视了各学校的自主性，另一方面，在限定的教学时间内学习内容却又不断膨胀，这个难以进行的调整工作最终还是交给了学校现场。因此，对于这个“课程管理”，如果不是在校长领导下全体教师进行合作就不能达到学校改进的目的。教师的素质能力的六个构成要素，将在终章第三节从教师评价的视点进行论述。

素质能力翻译成英语，是 20 世纪 80 年代后期开始以英美两国为中心频繁使用的 competence，这在《英和辞典》中译为“能力”和“力量”。作为学术用语是指教师综合知识和实践的广义的力量。具体来说，不局限于教师个人所具有的知识、思考能力和技术，而是指在新的状况下能够正确发挥知识和技术的作用且能取得确实的成果，具有与教师、环境相关的以技能为核心的更广的含义，即在激变时代的学校现场，无论是什么样的学校环境，每个学生都能取得成果的积极的应用力量。competence 是相对于学校教育改进模式的词语，与教师个人的能力相关，更是与所工作的学校相关，表示能够取得成果的实践性的能力。

关注与学校环境的关系，素质能力是人际关系能力、研究学校问题和课题的能力，以及实践并取得成果的能力，所以包括④⑤⑥要素。这种新的素质能力不仅要求在教师培养阶段，而且在在职培训阶段也要不断追求新的专业性，这也成为教师教育范式应当设定的目标。

第二章

教师的终身发展——持续学习的教师

第一节　教师的职业社会化到终身发展

一、教师的职业社会化与终身发展

《国际教育百科事典》中，对教师教育的解释以“教师教育或教师发展是……”而开始（Landsheere，1985）。《现代学校教育大事典》对教师教育的解释是，“教师的素质能力是以人的素质能力为基础，因此它与教师自身的终身成长与发展过程不可分割……”，这里的表述用了“终身成长与发展的过程”一词（伊津野，1993）。

在过去的教育社会学中，教师发展的过程被称为教师的“职业社会化”（occupational socialization or professional socialization），或者简单地被称为教师社会化（teachers socialization）。在欧美文献中可以看到，20 世纪 70 年代开始对教师职业社会化有了一些真正的研究。对这个术语虽然也用发展（development）一词来进行说明，但是落脚点却是社会化（socialization）（Anderson，1974；Lacy，1977）。日本的教育社会学在 20 世纪 70 年代也开始对教师职业社会化进行研究（池田，1974；田中，1974；永井，1977；今津，1979）。

然而，在 20 世纪 80 年代以后的欧美文献中可以看到，即使是教育社会学者也不大使用“教师职业社会化”，而是开始使用“教师的专业发展”（professional development of teachers），或者简单地表达为“教师发展”（teacher development）。这种变化意味着什么？从结论上来说，这与教师专职化论从第一期转向第二期的社会背景变化是一致的。日本很少使用“教师发展”一词，而是使用类似的“教师的力量形成”，它提出价值的方向性，具有实践意义，但客观解释方面较弱，表明属于第二期的真正研究在日本还不充分。

教师职业社会化的概念，一般在下述意义上使用，即“获得能够达到将来从事的，或者现在从事的职业的地位、作用所必要的知识、技术、价值规范，而确立其职业同一性（identity）的过程”。根据个人的经历，追溯变化过程，在这一点“教师职业社会化”与“教师发展”相似，但如果深入剖析，可以看出以下几个不同点。

1. 作为对象的个人经历的不同

Moore（1969）将教师职业社会化分为：①学校教育的选择与预期社会化（anticipatory socialization），②职业选拔与职业选择，③持续从事职业等三个方面。这个划分是将教师职业社会化与人长期从事的职业联系起来。

但是，实际进行的教师职业社会化研究，只涉及了第一点，将个人如何获得一定的职业地位、其作用结构是什么作为主要研究内容，以学生进入职场作为核心的研究对象。阐明除了教师，律师、医生、护士等的职业变化过程，以及与劳动市场的关联，是教师职业社会化研究的主要课题。（Lortie，1959；Becker et al.，1961；Simpson，1979）。这是在教师数量扩大时期，有必要实际研究应当进行怎样的职业训练时所提出的课题。

与此相对，教师发展成为问题对象，这涉及进入职场后的教师的转型过程，这个过程是对应于预期社会化的持续性社会化（further socialization）。持续从事职业，是以通过获得职业经验的自我社会化（self socialization）为焦点，从个人立场出发重新认识。在学校教育规模扩大之后，在要求学校教育和教师质量提高的时期，不得不进行实际研究。总之，教师专职化论以 1980 年为界，在从第一期向第二期过渡时，教师职业社会化作为教师发展的问题，转换了表达方式。

教师职业社会化是成人社会化（adult socialization）的一个方面，如Moore（1969）所述，如果进入某个职业后仍继续发展，或许没必要使用“发展”一词，但是比较以下两点，教师职业社会化显然不恰当，教师发展更恰当且有更积极的理由。

2. 对个人变化的分析视角的差异

虽然是说明个人变化，教师职业社会化却是从社会角度进行。这是社会化概念本身所具有的基本特点。从社会角度进行，可以阐明平时所熟悉的个人观察所无法说明的现实结构，这就是社会学方法的妙处。如同柴野（1977）所指出的，社会化注重人被塑造以及被社会化的一面，而容易轻视人的自我形成和社会化的一面，以及生成社会的一面。

当然，在教师职业社会化论中，也有重视后者，那就是从主体经验角度（subjective experience）审视社会化过程（Davis，1968）的研究。不仅从外部客观地观察外在职业生涯（external career），也有采用重视伴随外部变化的自我身份转变的内在职业生涯（internal career）的主观方法（subjective approach）（Stebbin，1970；Berger & Berger，1972；今津，1988b）。使主观方法的问题意识独立，进而使其升华是发展的概念。

教师如何把握职业态度的多样性，以及包括心理因素等个人原因，是确立教师一体化基础之上不能忽视的变量。对应于脱学校论和脱专业化论等学校批判和教师批判，如果将教师质量作为问题，就不能忽视“教师的素质能力是以人的素质和能力为基础”这一点。除了职业自我，还有必要看到全部的自我。这些问题，如果不是从社会方面而是单从个人方面进行研究，就无法进行追踪。这里要求立足于发展的个人方面的视角。

在教师职业社会化的概念中，对于前半部分的“获得能够达到将来从事的，或者现在从事的职业的地位、作用所必要的知识、技术、价值规范”，人们容易把握社会化的概念，而对于后半部分的“确立其职业一体化的过程”，人们更容易用发展的概念去把握。

3. 适合与适应性创造的差异

职业社会化中，如果能注意到社会中的优势或一体化的职业知识、技术、价值规范，且处于相对持续安定的社会，那么朝这个方向发展的个人的变化被认为是适合的。在急剧变动的现代社会中，如果要求创造超越以往的优势或者超越平均状况的新职业知识、技术、价值规范，那么朝这个方向发展的个人的变化称为适应性创造。研究变革和改善，与观察适合过程的职业社会化相比，包含新的创造意义的发展概念更加恰当。

对于社会和个人而言，是方法论的意义还是思想上的意义，有必要进行区分（今津，1973）。方法论上，要考虑是把社会或者团队、组织的视角还是个人的视角作为分析视角。思想上，是考虑维持一定的社会秩序而去观察适合过程，还是考虑秩序的崩溃和变化以及新秩序的生成而去观察适应性创造。发展概念可以用于适合过程和适应性创造过程，在方法论上是站在个人的角度，思想上是作为探讨适应性创造过程的工具而去把握发展。当然作为分析视角，也可以从社会和团队、组织的角度进行研究。

这里要说明心理学领域使用的职业发展的概念。从个人的角度来看，其表明人生经历中有关职业生活的个人变化，是心理学领域中的职业发展（vocational development）的概念（Super，1957），对于职业本身的知识、技术和态度的变化按年龄进行一般研究是核心内容，而不是针对一定的职业和特定的职业人的变化进行具体的特性描述研究。教师发展是沿着教师个人的教职经历，追溯以教育实践为基础的变化过程的独立的研究观点。教师发展不停留于教师个人的变化，对于教师所处的学校环境的变化也进行研究，这与从职业发展提出问题的方法有所不同。

二、终身发展概念

一般来说，发展是指在一定的环境下，每个人从诞生至死亡期间，身心的形态、结构、功能等的变化过程。但这里需要增加几个说明（今津，2008）。

第一，以传统的心理学为中心，发展主要是针对婴幼儿和儿童期，至多是到青年期为止。而近年来兴起对终身发展的思考，成人期以后出现的变化，尤其是中年期、衰老期和高龄期发生的变化备受关注。因此，“从诞生至死亡期间”成为发展的对象。

第二，身心的形态、结构和功能的发展，不仅是指身体的变化，还包括精神活动和社会生活等个人生活（生命活动）的全部变化。发展不仅是医学和心理学领域的课题，也是包括教育学、社会学、经济学、法学等社会科学的跨学科课题。

第三，转变有容易在外部观察的数量的变化和不易观察的质量的变化两个方面。前者称为成长（growth），后者称为成熟（maturity），由此容易理解日常生活中发展的意义。前者代表个人的生物学上的变化，伴随着年龄增加对身体和智力的变化有可以进行测量的一面。以往只对成长进行调查研究，但今后成熟也不应当被忽略。

例如智力，以前认为年轻时期发展的智力随着年龄增加（aging）会下降。但是在人生经验中积累的智慧也不能被忽视。智慧是指不停留在问题表面而去把握本质，能区分短期问题和长期问题，区分中心要素与意识形态及修辞，以及对重要事物的各个方面、选项和解决方法进行识别的能力。这种能力一般来说相对于经验较少的年轻人，有丰富经验的年长者占优势（高橋、波多野，1990）。这种能力不能够进行量的测量，与成长相比更应当称之为成熟。成熟是通过对人关系和集体生活的经验所发生的质的变化。第一章第四节提到的教师的素质能力中的能力就是成熟的表现。

转变并不是单纯的变化，多指朝着一定的价值方向的变化发展。发展是对变化的现象进行客观解释的经验科学术语，有人甚至认为捕捉变化事物的视角也属于发展的概念（小嶋，2006）。其包括适合、适应性创造，因此，有必要明确价值方向的内容。

补充说明一下，在社会科学研究中梳理终身发展观点的 Featherman（1983）指出，20 世纪 70 年代后改进了终身发展的研究方法，使其在多个学问领域共通，包括以下命题：①发展变化不局限于特定的年龄，随着年龄的增加终身持续；②伴随年龄增加的发展的变化，受到生物的、社会的、心理的、身体的、历史的等事项的影响；③影响的方式相互关联且效果累加，其结果是因影响的方式不同而形成因人而异的人生经验；④发展的主体是个人，因发展的诸因素与人类主体选择性反应结合的方式不同而形成因人而异的生活史；⑤诞生的时代不同，随着年龄增加人生经验的轨迹也不同；⑥改变发展方向的援助和干预，不仅对年轻人，对老人也有效果。发展的表现形态有可塑性，研究范畴和社会政策有必要及时反思。

以上 6 点在考虑教师发展时会起作用。对于变动社会中的教师，与教师职业社会化相比，用包含适应性创造的终身发展概念描述更为适合，其理由将在下一节进行整理。

第二节 教师发展概念及其有效性

一、教师发展概念

发展及终身发展的观点运用在教师研究中，可将教师发展的意义做如下定义，即个人从想要做教师到接受职业准备教育，取得资格，通过录用考试而成为教师，体验教师生活直至退休，在此期间是作为个人的教师的转变过程。这个定义，需要加上几个说明。

第一，教师发展是直至退休（包括中途退职）才停止教师活动的教师转变过程。在价值上看，是指在加深专业性而提高质量的方向上促进发展的转变。这个转变过程中，一方面，有以教师培养和在职培训为核心的公共的、正式的（formal）制度化的教师教育，另一方面，有短期的非制度化的援助、干预以及通过各种教师团体的非正式的（nonformal）或者非公共的、私人的（informal）培训、研究活动。在这里，关于“公共的”例子有在教育中心举办进行教师培训讲座等，“非公共的”例子有教师团体自主举办学术研究会等。“私人的”是指教师们在学校内的个别交流，或在学校外的咖啡馆和小酒馆的谈话等。

第二，当然，这个过程不仅会出现人们所希望的变化，有时也会出现不理想的变化，即教师的同一性减弱、消失等，出现危机和挫折。20 世纪 80 年代后期，世界上更为关心的是针对教师的情绪低落、精神疾病、倦怠综合征（burnout syndrome）的研究，这些问题会导致教师停职休养、离职甚至自杀（宗像，1988；Dworkin，1987；Cole & Walker，1989；Gold & Roth；1993）。这些现象不是从最初就作为特例而被排除，而是要朝否定的方向弄清实际情况，关注克服或者没有克服危机和挫折的过程，这是发展研究的意义。阐明这个过程能够对教师发展以及与和影响发展的环境之间的关系得到新的见解，对援助和干预问题能够得到新的启发。

第三，作为个人的教师，不仅要看到“职业的自己”，还要看到“全部的自己”。从这个视点出发，针对小学教师的教育指导与教师的自己（teaching and self）问题一直进行研究的英国学者 Nias（1985，1989）将专业发展（professional development）与个人发展（personal development）联系起来，研究教师的个人发展，并提出了以下的分析框架。

全部的自己（self）可以分为实质自我（substantial self）与境况自我（situational self）。前者是“作为个人的教师”（teacher-as-person），后者是“作为教师的教师”（teacher-as-teacher）。虽然明确区分二者实际上很困难，因为它们相互重合，但教师发展研究大多只把作为教师的教师作为研究对象，而忽视了作为个人的教师。关注两方面的相互作用，对教师工作的以下三方面进行考察，就可以更加充分把握教师发展。

第一，新任教师要克服教师工作能否走上轨道的不安，这是生存（survival）阶段。

第二，走上轨道后，站在班级里各种各样的学生面前，在时间、教材、设备等限制当中思考如何进行指导，这是精通阶段。

第三，作为中坚教师，在常规工作中，是否不反抗惰性，或者针对每个学生的指导、实践效果、社会的要求更加认真准备相应课程，这是选择阶段。

虽然这个框架是根据英国的实际情况而建构，但大体上适合日本，只是在对自己的状态进行详细研究时不应当忽视文化差异。日本教师传统上被看成是“圣职”，尽管现在已经弱化，但是教师对特殊的自己的状态要进行反复强调。学校组织的不同也左右着教师观，这一点也不能忽视。如果对教师个人不进行完整把握就不能明确教师发展，这一点是超越文化差异的共通课题。

第一，教师工作虽有与同事合作的部分，但基本上是一个人在教室面对众多的学生进行指导，这种孤独与教师个人的整体性相关联。第二，教师作用有扩散性，明确地限定于职业的自我方面而进行观察很困难；第三，20世纪70年代后期出现的学校批判、教师批判等学校教育的各种问题，不仅需要境况自我的应对，也关系实质自我的应对，以至于教师的素质与实质自我相关。

实质自我与境况自我意义不同，将二者相区别，就有可能针对日本教师工作活动的各个方面，对教师发展提出问题。教师的实质自我与境况自我之间是否相背离？相背离时会呈现什么样的教育状况？或者教师会有什么样的发展局面？在背离状态下如何分别使用二者？还是在消灭背离的方向上重构自我？支撑境况自我的实质自我是否存在？境况自我是否会使实质自我受到压力？通过解决境况自我的问题是否会使实质自我得到发展？等等。

具体来说，在学校面对学生指导等困难状况时，教师的实质自我与境况自我的关系如何变化？教师的感性是不是在二者最初结合时会出现的反应？精神压力和倦怠等教师精神健康上的问题是否是从二者的矛盾关系中产生的？换言之，对于教师个人，理想的教师与学校组织一员的教师有怎样的关系？以教师为素材的日本文学中，描绘实质自我与境况自我问题的作品对于理解教师提供了很好的材料（石川，1961）。

第四，因不理想的变化在第二点中有所涉及，这里要论述人们所希望的变化。教师发展的方向，当然是提升专业性从而提高教师质量，所以从数量上来看不是有优势且大多数的教师的适合过程，而向适应性创造转变是发展的方向。这个方向性重要的不是教师个人模型，而是学校教育改进模型，即教师发展要从工作学校的教师团队中进行把握。

第五，第一章提到，日本在 2012 年中央教育审议会咨询报告《通过全部教师生活的综合提高教师素质能力的方针》提出了“持续学习的教师”概念，此后这个概念在教育界反复被提及。教师教育是以持续学习的教师的各个变化过程为对象。中央教育审议会提出的持续学习的教师出现于培养、录用、培训一体化改革的政策背景下，以大学与教育委员会的合作为支撑，宗旨是从政策方面把握持续学习的教师。这里有必要从教师教育的政策与教师的终身成长两方面来考察，前者是国家和社会的视角，后者是教师个人的视角。政策提出的宗旨与教师个人的终身发展的视角不同，本章是从教师个人角度理解持续学习的教师。

二、教师发展与所属团体

在美国公立学校有丰富实践经验的 Barth（1990）从学校管理的角度出发，在将作为学习者的教师（teachers as learners），与学校内的校长及其他同事紧密联结的基础上，对教师发展做了如下论述。他认为学校内大体有三个教师团体类型。

第一，对于自己的教学实践（teaching practice），不能主动进行批判性的检查（examine），而且对于自己的教育内容和教育方法不能接受其他教师、校长和家长批评的教育群。很多学校都存在这样的教师，在学校内其他教师开始研讨活动时，他们会加剧防卫姿态。

第二，对于自己的教学实践，主动持续仔细检查（scrutinize）所得到的成果能否再次运用到实践，能够根据今天的实践结果制订明天计划的教师群。但是，这类教师对于他人的研讨并不能虚心接受。

第三，对于自己的教学实践，主动进行批判性的仔细审查（critically

scrutinize），能够很高兴地让他人研究的少数教师群。这个团体是与教师中心（teacher center）、大学的成员或校长等让学校教师得到发展的人（staff developers）在一起时间最长的教师。

这三个类型中，教师发展是从第一到第二，再到第三个群体的变化过程。而第三个是理想型。理由如下：一是第三个群体中的教师很少感到不安。第一个和第二个群体的教师，总是不安，这种不安会传递给学生和其他教师，在不安的状态下不会有效学习。二是第三个群体中的教师会给学校带来更多教师专业发展的契机。三是第三个群体能够提供愉快的讨论并且与同事合作。这样，同事互相成为促进教师发展的契机，同事的相互依赖可以克服教学的孤立性（the loneliness of teaching）问题。

三、教师合作与教师发展

"教师合作"翻译于20世纪80年代至90年代前半期教师教育英语文献中常常出现的collegiality一词，近年来日本一般称其为"同僚性"广泛使用，但这里要注意对于同僚性出现的背景，欧美国家与日本有所不同。

当时的欧美，开始反思以往带有很强的个人主义色彩的教师形象，重新认识教师间合作的重要性。Collegiality是校本研修所提出的革新性的词语。但是，日本一直以来强调教师合作。因此，欧美的革新性在日本并没有新意。21世纪后，在日本"同僚性"一词常被使用，以下三点可以说明。

第一，日本学校的惯例就是通过学校全体职员会议和学年会等，促使教师合作，尽量减少教师的孤立性，这与欧美的个人主义教师形象有所不同。教师原本就应分工合作而不是"单打独斗"。分工合作是日本的传统，然而除了团队指导，授课是由班主任或任课老师一个人进行，班级范围内考虑教育指导问题，存在着其他教师不干预的所谓"教室王国"的情况。那么，教师工作容易局限于"单打独斗"，如最近学校在学生指导关系等方面存在着很多问题，甚至组织运行中基本的"报告、联络、咨询"也被疏忽。典型的例子就是，班主任虽然发现了欺凌的征兆，却没有使其成为学校组织的共通课题，导致出现最坏的结果，这样的案例很多。这反映出教师合作式微，学校没有真正成为组织。

第二，教师合作有三个类型，一是全体教师步调一致的“共同型”，二是朝着统一的目标合力的“协同型”，三是承认各教师的目标与实践的多样性并交换意见，在学校整体建设有多方面目标的“协动型”。日本学校后来重视“共同型”，现代重视“协动型”，而在转换过程中提倡“同僚性”。

第三，从“教室王国”和学校组织全体的共通课题的角度考虑，在教室和学校组织的封闭性当中很难得到教师发展。而应从社会变动的角度研究前述的三个教师团体类型，在无变化的传统社会，教学内容固定，教学方法也是以教师为中心，第一个教师群体的孤立态度或许适用，但在变化多端的社会，教学的内容和方法以及学生指导都要求改革，第三个教师群体的开放态度更为适合。教师发展是从第一个类型向第二、三个转变，这种想法适合于日本。因此，同僚性是现代新教师发展的基本课题。

四、教师发展概念的有效性

现代变动社会所要求的教师形象从结果上来说，是“未完成的教师”。传统上认为的“完成的教师”很难适应时代的变化。在变动社会中，学校时常期待着对新知识和新技术的学习，也期待着对学习新方法的学习。学校不断出现无法预期的各种各样的新问题，为了对应这些问题，教师必须要有持续发展的基本观念。发展原本是关注个人与环境的相互作用的概念，教师发展也可在具体的儿童、学生集体、教师团队、家长团队所形成的学校组织，以及管理学校组织的教育行政组织，或者是地区社会和更广泛的信息环境中实现。教师发展重视与围绕教师的各种环境之间的关系，所以对于环境的研究成为重要课题。

与此相对，以往使用的素质提高、力量形成、职能成长等词语，是指教师能力，而对与环境的相互关系的研究不足，教师培训是第一课题。当然，关于教师教育的具体方针和实践是重要课题，但是在此之前需要尽量客观分析教师个人伴随教职过程，或者说在一定的教师教育下发生了什么样的变化，这个分析就是教师发展研究。这里要对教师教育和教师发展进行区分。教师发展研究为教师教育提供数据，教师教育实践性地推进教师发展，其发展成果被客观研究，然后新的教师教育项目被立案，二者表里一体。

以往发展是作为青少年时期的问题来考虑，而现在在成人期也同样重视终身发展。把握教师发展，就可以更容易积极引进生命周期论、发展课题论、成人发展论、成人学习论等关于终身发展的研究成果。国外也已经广泛使用教师发展的概念，虽然也常常使用力量形成、职能成长等词语，但一般使用 teacher development。共同的关键词使国际研究交流更加容易，在比较研究中也更加便利。

观察日本的社会科学状况，终身发展研究多采用心理学方法。除了常使用发展概念的教育学，以及在终身发展中的社会（成人）教育，教育社会学和社会学领域对于终身发展的研究并不太关注。对日本社会学的生命历程进行研究的森冈（1993）指出，世界生命历程研究的一般观点是，①以个人为中心，②关注人的发展，③将个人编为队列进行整体观察，④重视历史事件的冲击。回顾日本的生命周期研究和生命历程研究，他认为缺少对发展的关注成为研究的最大弱点，社会学者的生命历程研究与心理学者的终身发展研究虽不容易统一，但若将人的发展概念作为共通命题进行跨学科讨论，生命历程研究可能会受到很大启发。

研究教师发展不仅与教师质量提高的实践课题相关联，还会推动阐明发展问题与生命周期和生命历程的关系而促进社会科学研究，特别是会成为教育社会学中引入终身发展研究的契机。

第三节 教师生命周期

一、教师的生命周期与生命阶段

观察教师个人的全部变化，教师的个人史或者生活史（life history, teachers' lives and careers）会成为主要问题。20 世纪 80 年代后，世界上教师发展研究兴盛的同时，有关教师生活史的很多研究成果得以发表，这些研究采用了生命周期或生命阶段的概念，在观察教师个人的变化时阐明了一定规律。

对比个人的人生周期，教师的生命周期是指作为教师的职业人的生活周期，即从新任教师的就职到成长为中坚教师，然后成为专家教师，最后离开教职等一系列规律的变迁。这种变迁，出现在个人成为教师之后，是教师个人较长期的职业生活变化过程，因此，在教师发展研究中引入了成人发展及终身发展的观点。例如，瑞士学者 Huberman（1993）认为人的发展过程适用于教职，针对从入职至离职的教职生命周期（professional life cycle of teachers），并根据 160 位教师的采访调查，将其划分为职业开始期—安定期—挑战与变化期—再评价期—平静期—不满期—离职，并对各阶段特点进行分析。

对教师生命周期的关注，不仅阐明了教师发展过程，同时也包含了教师教育的实践课题。近年来，在日本经常见到，全国教育委员会在独自研究法定培训外的教师培训计划时，以教师的生命周期为核心，对教职第 3 年、第 5 年、第 7 年、第 15 年的培训进行立案。教师职业生活的变化过程中包含着几个职业生活阶段的生命阶段规律。

日本近年来开始使用“教师的生命历程”（稻垣、寺崎、松平，1988；山崎，1994；安井，2014）一词。生命历程研究原本诞生于家族变动论领域，在探索个人生活轨迹的社会学研究中得以发展。生命历程研究重视历史变迁，关注个人生活轨迹的多样性，阐明个人轨迹在社会的形成方式，以析出一定模式为目标（今津，1995）。

教师的生命历程研究成为教师历史研究或教育史研究的参照。只是考虑到从生活轨迹的社会形成观点观察多种多样的职业，且根据年龄序列抽出一定的社会模式的生命历程方法论具有独立性，而教师的生命历程问题的确立方法，最初就限定于教师职业，也是“个人史”的代名词，因此，很难发挥生命历程研究方法论的优势。

这里不使用教师的生命历程，而是使用生命周期。生命周期有以下三个含义：一是指个人教职生活阶段移动的规律。二是指阶段移动时期存在的危机。三是关注不同时代的人之间的关系。从变动社会的教师教育的观点来看，对这些变动社会中的特点进行研究对于教师发展与教师教育非常重要。

二、生命阶段的划分方法

教师的生命周期中的各个阶段，即生命阶段的划分方法一般采用以下三个标准。

1. 根据年龄划分

英国学者 Sikes（1985）将教师生命周期分为五个阶段，研究包括职业的自我侧面（作为教师的教师）和自我的侧面（作为个人的教师）的教师的全部生活史。

第一阶段：21—28 岁。热心的年轻教师大多对把教职作为自己的终身职业还没有充分把握。新教师学习学校和教育指导的内容。

第二阶段：29—33 岁。是否继续当教师，或是改为其他职业，尤其是已婚女教师在生育后是否恢复教职等，是职业身份动摇的时期。

第三阶段：34—40 岁。已婚女教师怎样处理职业和家庭的关系是重大课题，这也是男教师以教务主任、校长为目标进行工作的时期，也有对升职和管理工作不关心而喜欢在教室授课的教师。

第四阶段：41—49 岁。40 岁以后，男教师的升职速度变缓，有的女教师在培养完学生后开始考虑领导职务。这个年龄段的教师开始想要对年轻教师进行指导，这也与教师的成熟有关。

第五阶段:50 岁以上。为退休做准备的阶段。临近退休,教师开始发言，对教职的态度更加自由。因为有了年长者的权威，经过经验的积累，教师认为与其局限于小事物，最应当重视学生们的学习。

以上的年龄阶段划分，实际上是根据 Levinson（1978）的成人发展年龄阶段论对教职进行的研究，并增加了对男女差异的考察。Levinson 根据对 40 名劳动者、企业管理者、生物学家、小说家等职业的男性进行面试调查，对男性的成人发展阶段做出以下划分。

①“向成人的过渡期”（17—22 岁），②“进入成人世界的时期”（23—28 岁），③“30 岁过渡期”（29—33 岁），④“安家立户时期”（34—40 岁），⑤“人生一半的过渡期”（41—45 岁），⑥“中年时期”（46—50 岁），⑦“50 岁过渡期”（51—55 岁），⑧“中年鼎盛期”（56—60 岁），⑨“向老年的过渡期”（61—65 岁）。

将 Levinson（莱文森）的成人发展年龄阶段论用于 Sikes（赛克斯），以下前两个是肯定的评价，后三个是对其的批判。

第一，与其他职业人相同，教师追忆过去的生活经历也有其意义，可以打破将教师作为特别职业的倾向，不仅能看到教师独特的一面，也能看到其作为职场人的一面。理想与现实的矛盾、体力下降、与年轻同事意识上的差异、女性的生育与育儿问题等，与其他职业者一样，生活主体的所有问题都会影响教师的生命周期。忽视这些方面，就不能理解精神压力和倦怠及其所导致的离职等问题。

第二，用年龄这个一般且普遍的指标更容易进行国际比较。根据教职的社会地位以及传统的教职观，可以比较职业选择的流动性或者职业变化的幅度，在赛克斯所说的第一阶段，日本的教职选择比英国更为稳定，但是对于第二阶段，日本有如下的事例。担任教育委员会指导主任的资深男教师，在 1990 年追忆 20 年前的自己时，讲述了以下内容。

师范大学毕业后，自然而然地成了初中的社会科教师。但在快到30岁时，开始烦恼是否应当一直做教师。教职生活是否有些千篇一律？自己的人生是不是也能有别的可能性？一直从事既定的工作自己是否能够满足？当时产业界很有活力，所以也曾考虑辞职去公司工作。结果最终还是继续走在教师的道路上。

这段话至今仍感觉言犹在耳。这就是30岁的过渡期。从年龄的观点看教师生涯，能超越国家差异看出一定的共同点。针对高中教师的中年期危机与教职身份展开详细的案例分析，涉及的就是同样的问题。

第三，莱文森的成人发展年龄阶段论的最大特点是关注生命阶段的过渡期。生命周期和生命阶段论中的重要一点是，与区分各阶段相比，更重要的是研究从一个阶段转移到下一个阶段时的危机问题。对过渡期的关心增多，一方面，是因为长寿者增多和退休年龄的延长；另一方面，是社会变动加剧，成人也不得不面临生活上和职业上的转变。Sikes对过渡期的危机状况的讨论比较少。

在日本，常用20岁、30岁、40岁等划分教师，所以教师的生命周期也可以被这样理解。例如，某些初中教师从日常教职经验中总结出“有干劲的20多岁，有行动力的30多岁，有计划能力的40多岁，成为总结者的50多岁”。但这只是朴素地展示各年龄阶段个别的发展课题，并没有论述个人生命周期中重要的过渡危机问题。

第四，莱文森的成人发展年龄阶段研究原本是以男性为对象。要想了解这里的年龄区分是否适用于女性教师，不能停留于赛克斯提及的年龄阶段划分的性别差异，有必要通过以女性教师为对象的调查进一步研究。

第五，成人发展年龄阶段论对于围绕教师的学校组织、教育制度和历史变迁等环境变量的关注较少。因此，不仅要注意作为生活者的教师的一面，也要以左右教职观和教育观的共有历史经验的年龄序列为焦点，研究使教师的自我认同感发生变化的内在职业生涯（internal career）等。

2. 根据教职工作年限划分

除了用年龄划分外，也有用未满1年、3年、5年、10年、15年、20年等教职工作年限划分。因为有拥有其他职业经历的人中途成为教师的情况，女性教师也可能在产假后恢复教职，因此，年龄与教职工作年限也未必一致，因此年龄与教职工作年限同时考虑才更为恰当。奥地（1989）不仅考虑了生活阶段（life cycle）的特点，还增加了教职工作年限（career cycle），对调查对象的生命阶段进行了划分。但需要指出的是，按教职工作年限的划分，焦点不是作为生活者的教师或作为个人的教师，而是作为教职者的教师或作为教师的教师。教职工作年限是探讨教师生活史的线索，更是制定教师培训基本指标的有效线索。

3. 根据教职活动经验划分

如果重视教师个人经验，那么根据教师经验进行划分对教师发展有重大意义。根据个人经验划分，也能找出教师之间的共同规律。例如，在学生指导上遇到了困难，作为教师没有了自信，有了想要辞职的想法，但受到带来教师成长的前辈教师或教师团队的鼓励，对此，谁都曾多少有过体会。如果遇到历史事件，同龄人会形成共同经验。教师常常有各种各样的教职经验，遇到各种各样问题，并以各种方法去解决，这说明以各人问题及其解决为基础的教师发展过程，会成为出现更丰富的培训项目的基础。

以上是对教师的生命阶段进行划分的三个基本原则。当然，实际上这些阶段有重合的情况，第一和第二个标准是从时间的角度对年龄相仿的教师进行包括性的划分，第三个标准是从教师主体经验的角度出发对教师个人进行的阶段划分。一般来说，教师生命阶段的划分方法多用第一和第二个标准。但是，生命周期是理解生活主体的变化过程的概念，如何考虑第三个标准，如何探究个人发展过程，这些都是需要关注的课题。

对于教师的生命阶段不能忽视性别差异的观点，近年来，日本对教师的性别差异开始进行实证研究。主要包括以下结论：与男性相比，女性的教职时间较短；女性教师较难成为教务主任、校长等管理者；女性面临因生育和育儿而暂时脱离学校现场的生命阶段问题；女性教师的精神压力大，存在生命周期危机等（河野、村松，2011；河野，2014；河上，2014）。精神压力和危机是全体教师面临的重要问题，下面将单独进行论述。

第四节　教师生命周期的危机与教师集团的发展

一、教师压力与教师倦怠

不是简单从年龄划分看，从教师主体的经验看教师行为和行为移动不能忽视教师压力和教师倦怠的问题。这是有关教师心理健康的问题，对其特别关注有如下理由：第一，这是阻碍教师发展过程的重大问题。第二，这虽然作为个人的精神健康问题来表现，但却反映了教师所处的历史的社会的环境中所产生的并且在变动社会中依然存在的问题。第三，20 世纪 80 年代以后，发达国家共同认识并广泛研究的问题，也成了国际比较研究的对象。在日本东京，教师休假的首要理由在 1967 年开始由结核病变为精神疾病，1969 年因为精神疾病休假的教师占到全部休假人数的 20.00%，1970 年以后出现了增加的趋势（蓮見，1994）。全日本教师中因精神疾病休假的人数也在增加。1998 年病休 4,376 人，其中因精神疾病休假的占 39.20%，2007 年病休者增加到 8,069 人，其中因精神疾病休假的过半，占 61.90%，大幅度上升。因此第四，对于教师教育来说，找到对应策略是迫切需要研究的重要课题。

20 世纪 70 年代后期，世界上最早研究教师压力（teacher stress）的英国学者 Kyriacon 和 Sutcliffe（1978）指出，教师压力是指教师在工作中愤怒、紧张、矛盾、不安，以及压抑等不愉快的情感。工作要求成为教师的压力刺激（stressor），教师自己无法应对的时候，或者感到和自己的目标矛盾的时候，他们会觉得那种要求是对自己的威胁。除了压力刺激以外，工作以外的刺激（家庭内部的纠纷）也会对其产生威胁。而且，在为减少这些威胁而采取的措施中，伴随的不愉快的情绪和身体症状也是压力的一种状态。即使是同样的要求，也因为教师对于压力刺激的承受能力和目标的感觉和评价的不同，形成的压力也不同。

但是成功对待压力和减轻威胁的例子也有。压力既能影响教职活动也能成为活化剂。如果威胁一味地扩大，自尊就会崩溃，幻灭感增大，表现在身体上就是产生倦怠感。倦怠综合征（burnout syndrome）是 20 世纪 70 年代在美国专门保健机构的医生和护士研究心理健康的时候受到关注的。80 年代以后，一般指教师及社会工作者等专门与人打交道的职业者在工作上因受到较大压力而陷入极度身心疲劳和感情枯竭的状态，各发达国家把此作为职业健康（professional health）问题和职业者的职业危机而广泛重视。

教师的倦怠综合征主要表现为身心疲劳和感情枯竭，也伴随着教学欲望的减退，在学校对人关系上自我封闭、缺勤甚至离职等行为。美国学者 Dworkin（1987）把这种状态进一步升级，并得出结论：支配倦怠状态的是对“无意义性”（meaningless）、“无力感”（powerlessness）这种作用的忽视，而“孤立感”（isolation）和“无规范性”（normlessness）使倦怠状况更严重。

“无意义性”和“无力感”是完全得不到第一章第三节所述的“心理报酬”的状态，而且在官僚制化加深的学校组织中，教师工作被分割，被划定界限，教师可以说与学校官僚组织的“单纯劳动者化”密切相连。而且，教师基于自己的概念和理论而自律实践的能力被剥夺，也与贯穿教育全体的概念和理论强行分开，“坠落”为片面的、表面的、要小聪明的、单纯使用“技术”的“减低技术主义”。倦怠与其说源于教师个人的心理性格，不如说是由教师所处的现代学校组织环境的特质产生的，并不是一部分特定的教师所有的现象，而可能是大多数教师共有的可检查出的症候群。

美国的 Gold 和 Roth（1993）列举了导致教师倦怠的各个因素，和产生教师压力的原因有共同之处。把他们所说的六个因素重新整理一下，大致可以分为三类。超越教师所容易陷入的孤立性，找到能够缓解容易强化压力的现代状况中最有效的方针，是为了进行教师援助。

1. 影响教职特征的因素

（1）教师的作用矛盾与作用不明确性。教师如果认识到其被期待的众多作用是对立的，那么他很难采取一贯性的、明确的作用行动。而且，如果作用不明确，那么工作的目标、责任、权利、义务也都不会明确，就很难清楚地把握工作内容。这种困难形成了压力源泉，进而引起倦怠。

（2）教师的孤立性。新任教师最初认为自己是强大的专职群体的一员，但不久就开始感觉这是一个受到社会舆论批判，容易受伤的、孤立的群体，自己的身心处于孤独与孤立状态当中。此外，学校建筑就使教师在教室内处于孤立状态，几乎没有边喝茶边与同事聊天的时间，而且教师也是很少能与其他从业者聊得来的职业。

2. 加重教师压力的因素

（1）教师自我评价低。自我评价高的教师，可以预防压力及倦怠。而如果害怕自己与学生和同事不能很好相处，就容易产生倦怠。

（2）学校中的学生暴力。在教育实践中规则会产生很大影响。与小学相比，初中和高中教师较容易出现倦怠问题，这是因为调皮的学生难以管理。而且在实习期在面对规则问题的实习生容易有倦怠倾向。

（3）对教师的过多批判。特别是在20世纪80年代以后变得更加显著，对教师批判的家长增多，这成为很多教师压力的源泉。

3. 教师压力不能减轻的原因

缺少帮助。如果能有人倾听教师或者教师能得到其他形式的帮助，那么他们就不容易陷入倦怠，或者至少症状不会很严重。但是，实际情况是教师并不能充分地得到同事的帮助。单身教师的倦怠感比已婚者强也是由于身边没有帮助的人。而且，在没有家长支持和教育行政部门支持的时候，更容易产生倦怠。相反，教师在得到各种形式帮助的时候，就不容易陷入倦怠状态。

二、教师生命周期中的危机事例

为了让大家更具体地理解日本教师的压力和倦怠，介绍三个关于教师生命周期的例子。第一个是20多岁的年轻男教师A（勝俣，1983），第二个是30多岁的骨干女教师B（関根，1992），第三个是40多岁的成熟男性教师C（武籐，1994）。近年来除了这三个例子所代表的类型外，日本各地都出现了因忙碌化而超负荷工作产生倦怠感的问题。

事例A：教龄5年的男性教师，小学任教，已婚。上大学时就对自闭症儿童的教育感兴趣，在市内养护学校工作3年之后，转到当地一个相对保守的小学工作。在周围人看来，他是个剑道4段的运动员，喜欢学生，对教育热心而认真，立志于理想教育，热心指导孩子写日记。另外，他不满学校领导对学校的管理而参加了工会组织。完成3年级教学工作之后，开始教4年级学生。他允许发育迟缓的儿童加入班级，致力于实践“同和教育”。但是，有的家长对他的教育方针提出批评。在6月下旬的家长会上，部分家长提出教育进度受到影响。7月，收到署名为“全体家长”的投诉信（这只是一部分家长写的，其他家长并不知情）。投诉信中写道：请上易于理解的课，请不要因工会活动而牺牲学生等。A把投诉的事和妻子、同事商量，大家建议他把投诉的事在家长会上和大家谈一谈，但他却想自己解决。他写了一篇名为《关于学力》的长篇学级通信，希望得到家长的理解，但因收效甚微而倍感失落。之后，他不再理会投诉的事，致力于“如果教师不改变的话”的实践中。但是，从秋季开始逐渐无精打采，也开始丧失教学自信，到冬季更是处于自责与抑郁状态之中。到了第三个学期，开始失眠。1月下旬的一个晚上，在自家的浴室用刮胡刀割腕自杀，抢救无效而死亡。1982年发生的这起“热心教师的自杀”事件被当地报刊报道，成为一个社会问题。

这个例子的特点是，第一，年轻教师由于过于追求理想而陷于与现实背离的困境。第二，教育方针不能完全地被家长理解反映出了交流的不足。第三，家长的投诉使教师开始丧失自信，这时候虽然得到了同事的建议，但他倾向于自己解决，使得自己与自己过不去。

事例B：教龄15年的女性教师，小学任教，已婚。在工作第12年的时候担任了4年级班主任，有一个孩子因生病致使学业落后于其他同学而逃学。女教师鼓励他却被大家认为是她把学生逼入绝境，因此丧失作为教师的自信。在同一时期，在儿童会费的使用问题上与同事出现分歧，在职场处于孤立状态。担任年级主任第11年的时候，倦怠感和神经性腹泻症状反复出现，甚至不能出门，被诊断为忧郁症，住院和在家疗养了1年半。疗养中，明白了自己错在了哪里，过去总认为要立于人前，总要做得比别人好，把被孩子和家长说是好老师，被同事说成是努力的人视为自己生存的意义，从而做了很多勉强自己做的事。现在能逐渐站在逃学孩子的立场，理解了"我就是我，要承认自己的弱点生存下去"。B返回职场之后有全力支持的同事与不断鼓励的父母，在众人的帮助之下继续工作，之后致力于建设帮助不上学者的网站。

这是一个对比自己班上不上学的孩子和自己的生活方式，在重新审视参加咨询工作的自己的过程中，转换对教育工作的基本看法而重新振作起来的例子。同事及父母的支持是B重新振作的支柱。

事例C：教龄19年的男性社会科学教师，初中任教，已婚。大家都认为他是优秀的精英教师。大约40岁的时候，参加指导主事考试，校长要求一定要考上，但面试没有通过，因而受到强烈刺激，向校长递交辞呈，给妻子留下书信后出走。在迷惘之后回到家中，给校长打电话想要撤销辞呈，但是对今后失去自信，已不适应现在的职场。妻子不忍看他这样，与他一同去进行心理咨询。他对心理咨询师说："一直以来全心致力于工作，但是辜负了大家，因此无颜面对大家。已经没有了自信。"在县教育委员会面试的时候，认为自己肯定能担任当地的指导主事，但是却被要求去一个偏僻的地方担任指导主事。他马上就以在本地买了房子不能赴任为由拒绝了。通过与心理咨询师的谈话，他认识到过去由于想尽快地做到最好而做了很多勉强自己做的事。不久精神恢复到正常，认清“教师如果一味地争强好胜就不能看清孩子的现状,也就不可能有好的教育”。之后重新回到教育岗位。

这个例子说明了精英教师如果一味地想要出人头地，一旦遇到挫折，将会受到严重的打击。但是得到了妻子的理解并在心理咨询当中重新认识了自己，从而重新获得了工作热情。

三、从教师压力看生命周期危机的问题

从以上 A—C 的案例中可找出一般性规律，在有关压力刺激的特点以及如何接受压力刺激两方面可以看出以下 3 点。

第一,身心异常情况在各教师的生命周期中,产生于“作为教师的教师”，也产生于“作为个人的教师”的时候，预示着其迎来了生活史上的转换期。这意味着无论对于“作为教师的教师”还是“作为个人的教师”，都是走向成熟所必经的机遇和遭遇。其中要求教师进行一定的休养，对自己的状况进行反思，对所处状况与工作中的自己的关系进行自我存在反思。特别是在变动社会中，因为专业知识和技术的变化以及对价值观、人际关系等生活状态的改观，教师对于工作要求与自己的接受方式会有很多犹豫，所以更要重新认识二者的关系。

第二，对于教职来说，比起应该传授的知识、技术、价值，更重要的是与学生、家长以及同事建立良好的关系。即便是公认的耐心认真的教师，有时候也被自身的想法所束缚而忽视与其他人的关系。怎样面向教育目标，与他人相互理解，对于教师来说也是一个重要问题。但是，这个基本课题却在教师培养和在职培训中几乎不被重视。児玉等（1994）指出，掌握在人际关系中形成信赖关系并提高影响力的交际能力，在教师培养工作中还

不足。

第三，受到压力和产生倦怠属于教师危机，但是跨越危机和开拓新未来是两条不同的路。“危机”（crisis）在病理学上是病情变好或变坏的分界线。关注生命周期危机的 Erikson（1950）也认为，危机是转机的一种，决定是前进还是后退、统一还是拖延。在面临转机的时候，尽管必须要有很多人的支持，但是教师如果自己陷入了孤立主义中，就不可能越过危机，也就不可能成为一个好老师。这里介绍三个支持这一点的调查结果。

第一，1985 年以千叶县内 8 所市立初中学校的教师为对象实施的有关教师心理健康管理的调查（宗像等，1988）结果显示，情绪支援网络是减轻倦怠状态的重要手段。情绪支援网络就是你身边有“敏感观察到你情绪的人”“每天评价认同你工作的人”。也就是说，有同事的帮助，有集体的共同努力，就能减轻紧张状况，使倦怠问题不容易产生。

第二，今津和田川（2001，2003）进行的大规模教师问卷调查也展示了同样的认识。1999 年以 919 名爱知县内的小学、初中教师（校长和教务主任除外）为对象，2002 年以 2092 名爱知县和三重县内的小学、初中校长和教务主任为对象进行了压力调查。通过“易怒”和“对任何事都没有自信”等选项对身心状态进行倦怠倾向测评。在教师调查中，压力较大的教师占 3.90%，感到一定压力的占 42.20%，压力较小的占 52.30%。这个比例如果按有 30 个人的教师办公室来算，16 人压力较小，没有问题，1 人压力较大，应当就医。如果在职场中只有 1 人压力较大，我们会感觉很意外，但 13 人感觉有一定压力，这就不能忽略实际的情况。小学和初中基本没有差别，从性别上看女性倦怠倾向较强。对于 30 ~ 50 岁的教师，压力较小的占半数，对于 20 多岁和 50 多岁的教师，有一定压力和压力较大的人数较多。需要注意的是，教师类型不同，倦怠倾向的程度有所不同，如果与管理者相比较则更加明显。

在校长调查中，压力较大的占 0.10%，感到有一定压力的占 20.50%，压力较小的占 77.70%。在教务主任调查中，压力较大的占 1.90%，感到有一定压力的占 28.40%，压力较小的占 67.80%。因调查时期和地域不同，很难进行严格比较，但与一般教师相比，管理者倦怠倾向较弱的原因可以考虑归为以下几点（今津，2006）。一般教师每天的工作是同各种学生接触，而管理者与教师和家长等成人的接触较多，与学生相比交流更加容易（家长投诉除外）；管理者中校长和教务主任的自信心与从事学校经营的充实感，使得“无意义性”和“无力感”等很少；或许抗压能力强的教师才最终被选拔为管理者。

在10年后的今天，实际情况应当是更加严峻。但是，抛开时代变化，从这些调查中能够得到的特别重要的认识是，出现问题总是自己解决的教师的倦怠倾向强，在学校里有能交谈的同事的教师的倦怠倾向弱。但是，接连不断的教育改革和多种多样的事务工作，学生问题行动等压力刺激的增大等成为问题。另外，作为“压力缓冲装置”的“教师协作”（同僚性）的式微也需要注意。不是传统的同质且同调的“共同”，而要尊重各教师的意见，这样充满信赖的协作体制才能具有“协动性”，作为压力处理法的教师“协动性”已经成为重要的课题（今津，2006）。

第三，英国的Woods（2001）也认为，与其说压力是个人心理问题，更多是学校组织存在方式问题。从这个观点出发，基于小学教师的采访调查，对压力较大的学校与压力较小的学校的事例进行比较发现，前者中的教师处于孤立状态和相互不信任，后者充满了相互信赖性的团体“协动性”。

从以上三个调查结果可以看出，虽有强压力刺激，但能使其减轻的教师团体的协动性非常重要。当然，最近教师忙碌化更为显著，随之有心理问题的教师有增加倾向，因此，弱化压力刺激的方针不可缺少。这就要求文部科学省和教育委员会重审教师定义、教师作用、教育课程改革、教师研修制度等,塑造有关学生指导的地区援助体制等围绕学校的大环境。但是，“压力缓冲装置”的教师协动性成为核心，不重视学校组织等小环境，压力和倦怠问题就不会解决，因为每个学校组织的教师协动性缺乏和孤立会增加压力。每个教师可以立刻着手于小环境的改善，通过发挥教师的素质能力和专业性，解决倦怠问题。

四、缓解教师压力的教师教育

压力和倦怠并不是教师才有的，这也是所有涉及对人关系的职业共有的问题。对人关系除了涉及与上司和同事的关系以外，还涉及与学生、患者、地区居民这样单个的人进行人格的、情绪的、伦理的、持续的职业活动。而且，正因为这样的对人关系在变动社会当中多种多样且纷繁复杂，所以涉及对人关系的职业是需要耗费很大心力和能量的职业。

为了防止消耗过多能量产生压力和倦怠感，宗像等（1988）提出适合日本实际的对策，并涉及了医生教育、护士教育和教师教育等领域的课题。针对前述的生命周期危机中压力刺激的处理方法的教师教育课题，要对以下三点进行研究。

第一，在教师教育中引入加深自我理解的学习。回顾自己的生活经历，对比自己的现状，能使对人关系上和教职生活中都减少身心消耗。

第二，要进行对人感受性和对人应答性的学习。语言的也好，非语言的也好，必须反思在一定的情况下所进行的无意识的交流，在多次反复摸索试验中积累经验，以习得不同情况中不同的交流方式，这是很重要的。

第三，拥有良师益友。在专业上的进步，是在现场通过指导者的帮助来学习和都有烦恼但能互相教育的同事之间的朋友关系中实现的。

以上课题的共通点是将自己与他人的关系放在心上，保持希望获得他人支持的姿态。这个姿态，不仅是要在个人框架内把握教师发展，也要在教师团体的发展中去广义把握。更进一步，要考虑教师团队的发展。

发展不是个人发展而是集体发展这一想法并非突然出现的。致力于探索生命周期与发展问题的Erikson（埃里克松）认为，不要将问题局限于个人，而要放在从家长到学生、从年长者到年少者的连锁过程中去考虑。森（1977）和西平（1993）也指出，人不满足于以实现自我为目的完成一生，而有必须对下一代负起社会伦理责任的想法。有关生命周期，Erikson（1968）做了如下论述：

> 周期这个词表示人的一生具有两重倾向。即，一个是作为积累下的经验的自身完结的倾向，另一个是把个人优缺点传给子孙的倾向。

Erikson（1982）曾对从幼儿阶段到成年阶段的过程进行了考察，与那些论述风格不同的是，在近期的对从老年阶段到幼儿阶段的论述中，他不断地强调时代连锁反应，对于“渐成图示”做了以下论述。

> 很明显，从幼儿阶段到成人阶段的发展过程中顺次产生的希望与意志、目的与技术、忠诚与爱是可以传给下一代的，这是研究时代继承课题时不可或缺的一部分。这是因为这些是人类生活本身所积累下来的东西。

生命周期中的个人发展，特别是到成人阶段以后，同时也包含着让年少者继承这一点。如果关注生命周期的关系性和世代传承问题，那么教师发展就应该在研究年长教师和年轻教师的关系中来把握，如果研究教师专业性的继承的话就应该考虑教师集体发展。

20 世纪 90 年代后，“成为好的指导者”（mentoring）、“教师之间互相讲授经验”（peer coaching）在英国和美国的学校被认为是重要的在职培训方法，但终归是作为以工作学校为基础（school based）的教师发展的具体方法。可以说，使在职培训的具体形态更加普遍化的是后者。在这里，要对在职培训的具体形态进行叙述。

希腊神话中出现的贤人门德尔被称为导师（mentor），他作为英雄奥德希斯的顾问而受到信赖。作为奥德希斯儿子的老师，意味着他是一个“向导”“贤明的教师”“好的指导者”。Watkins（1993）以门德尔为参照，对于以把工作学校为基础的教师发展方法之一的“成为好的指导者”称为“帮助其他教师学习专业任务和提高的过程”。其既不是新任教师单纯地模仿的范本，也不是只会传递信息的官僚职员，也不是对学习者负有责任的主管，也不是对学习者的私人烦恼穷追不舍的心理咨询师。

也就是说，“好的指导者”不是封建时代徒弟供奉的师傅，也不是官僚机构中具有权威的上司，也不会起到心理治疗师的作用。而是帮助实习生和新任教师理解学校状况，帮助他们一边对自己的实践经验进行反思一边学习的人，他们就是前辈教师。其中，也有谋求改善，在学校工作并致力于使学校成为“有效能的学校”（effective school）的教师集体。促进年轻教师发展的学校集体性活动也可称为“好的指导者”，这可以作为在序章中提到的遵循“学校教育改进模式”的教师教育的具体方法之一来理解。

五、教师协作性与教师发展

在教师发展中，教师协作性是重要条件。Hargreaves（1992）对此非常关注并论述了教师文化（teacher cultures）的内容。他将教师文化分为“内容”和“形态”。前者由教师的态度、价值、信念和习惯组成，后者则是教师的关系性。他认为，教师文化中各种各样的内容是通过关系性的几个形态表现出来的，并从形态的观点论述了教师文化。

近年来，日本对教师文化（或教员文化）也非常关注。但主要是讨论上面所说的“内容”，而对作为“形态”的关系性的论述不是很多。

关于形态，英美与日本为什么会有不同的观点呢？这是因为日本平常就是通过教师集团展开教职工作的。这种比较文化上的差异，可以参考就学力进行的比较调查。从20世纪70年代后期至80年代，研究人员对日本仙台、中国北京、中国台北和美国明尼阿波利斯等四地小学生的学力（数学和母语）进行了比较调查，得出了东亚学生的学力高于美国学生的结论。在研究其背景的时候，他们注意到了专职教师受到的训练的差异。即，美国的教师培训几乎都是在大学而且是针对个人进行的，与此相对，日本和中国不期待教师培训在大学进行，对教师真正的培训是其大学毕业以后在职场中进行的。他们进一步论述了如下现象。

> 在日本和中国，各个学校都配置了一个大房间作为教师办公室，教师在办公室里有自己的桌子。在那里教师度过没有课的时间，准备教案、批改作业并共同探讨讲课技巧。美国教师与自己教授的班级是孤立的，与同事探讨工作更是困难的。……在美国，同一座城市甚至在同一个学校教育课程也许都是不一样的。其结果是，在美国，教师共有的经验以及学习其他教师在某一课程上成功或失败的经验都比亚洲教师少。

在这个论述中包含了反思美国教师孤立主义的观点。他们认为，日本和中国学生的高学力在于教师质量高，教师协作才是提高教师质量的良策。

日本学校中教师协作性很高，这一点在其他调查资料中也有涉及。1986年，在美国、英国、日本进行了初中教师职业满足度国际比较调查。其结果是，在“参加教育方针的决策”“负有指导学生的责任”“新任教师参加培训”“参加教学研讨会”“自己工作得到认可”“有与同事进行专业交流的机会”等众多项目上，日本得到肯定回答的比例比其他两国更高。从整体来看，日本学校在三国中协作程度最高。

另外，“在课程开发上与同事协作”“与地区社会协作”“为促进成长而进行学习”等项目上，与美国和英国相比，日本对协作性认识的肯定回答较少；“开拓地区社会”“学校独自进行课程创造”“接受大学讲义”等方面还需要进行课题研究（日本教育经营学会、学校改进研究委员会，1990）。

由此可见，日本对教师集体发展的关注度比美国和英国高，但是进一步详细探讨的话，并不是不存在问题。第一，以上议论已经经过了20年以上，教师集团的协作性现今是否已经弱化值得怀疑。第二，日本教师的协作性究竟是什么。这里对第二个疑问进行探讨。

提到“指导”（成为好的指导者），在日本的学校中，作为新任教师非常重要的是“遇到好的前辈教师”。在工作学校中遇到的特定的前辈教师，不仅停留在示范作用上，有时候会成为生活各个方面的标准模范（referent person）（今津，1985）。这种相遇，在教育小说中也经常被提及。例如《人类的壁垒》(「人間の壁」)（石川，1961）中主人公尾崎文子的泽田老师，《兔眼》(「兎の眼」) 中主人公小谷的足立老师等。

只是这种相遇都是从晚辈的立场来讲述的，向前辈请教就能得到指导，不向前辈请教则得不到指导，这种上下关系很容易掌握。反过来，前辈教师有没有积极地“成为好的指导者”的意识呢？不管怎么说，前辈比较容易陷入“以单纯的做法使新任教师进行模仿”的想法中，“成为好的指导者”不是指导与被指导的个别关系，而是面向学校改进。即作为参照者的前辈教师最终成了影响教师个人发展的因素，而没有成为影响教师集团发展的因素。除此以外，教师集团的发展也有各种各样问题，这将在第Ⅱ部分中讨论。

第五节　教师发展记录

一、实践记录报告

客观实证性地阐明教师发展的方法有如下两种：一是在内容上对教师的知识技术能力进行细分，并开展量和时间序列的调查，经过统计处理追踪变化过程。二是对教师进行自由采访、形成教师的个人记录（personal documents）等，并对数据进行分析。

这些都是发展心理学的方法，前者的量化研究是主要方法，后者的质化研究是次要方法。将量化研究作为主要方法时，对于包括教师培养阶段和在职培训阶段的教师发展来说，与成长相比，如何把握“成熟”成为方法上的问题，即如何对能够直观测量的能力以外的方面进行实证研究。把离开工作学校在大学接受专门的在职培训所获得的能力作为“成长”的量进行测量或许很容易，但以工作学校为基础通过实践获得的专业能力可能占大部分。另外，如果注意发展与环境的关系，脱离了工作学校所处的时代、社会背景和教育改革动向等要素，则无法把握教师实践，也无法把握教师发展。

针对这些问题，上述的第二种方法中衍生出的“撰写实践记录报告”（journal writing，journaling）是第三种方法。虽然不具有明确的方法原理，但其特征包括如下几点。

一是20世纪70年代末以后，在基于学校的教师教育发展中，美国和英国对教师教育更加关心，与其说是进行客观研究，不如说是站在教师教育立场进行实践。

二是教师记录自己的实践经验，是从经验中学习的自我评价方法，与以从经验中学习为特质的成人学习有共通之处。

三是根据本章第二节第二项的教师发展论，其是对自己的授课实践进行自我批判的方法。

四是与教师的“成长”相比，更将焦点置于“成熟”。

五是与序章第三节的教师教育诸条件相关联，是为了刻画教师需要，也是为了使教师认清自身需要。

六是从教师变化与社会和组织的关系来说，不是为“适合”，而是为“适应性创造”制定战略。

在1981—1982年“有关教室生活的教师的反思——教师的专业性发展的经验基础”项目中，指导教师“撰写个人专业记录报告”（pesonal-professional journals）的美国学者Holly和Mcloughlin（1989）认为记录报告分为以下三类。一是“行动记录”（log），是只对行动的记录。二是“日记”（diaries），纪录行动以及对行动的解释、意见、感情、思考等，是个人文档的代表。三是“实践记录报告”（journals），类似谁都可以读的报告书，可以从中学习。

其中，从教师自身的视角研究教育指导，且形成教师自己的实践记录报告，就是教师个人的专门的记录。其包含以下八种形式，且各不相同。当然，它们相互关联，一个真实的记录报告大多包含多个形式。其是何种形式，因教师写记录报告的目的而不同。而且，是否每天记录或间隔多长时间记录等记录上的技术问题也与形式相关。八种形式分别为：①如实对事件和状况进行记述的记录。②分解事件和状况，对其中各部分的相互关系进行分析的记录。③从价值的观点记述内容和分析内容的评价性记录。④关于学生如何看待学校教育和授课等，包含更深层次内容的、更细致的民族志记录。⑤类似日记里常常所写的内容，即记述自己内在的变化、自我分析等治疗性（therapeutic）记录。⑥与教师自身经验相关的反思性记录。⑦回顾自己的行为目的和结果的内省性（introspective）记录。⑧记述冒险行为，或对经历过的事情发表新的见解，是脱离以往路径的创造性记录。

从记录形式的多样性可以看出，教师的实践性、专业性和素质能力的提高无法脱离写作、记录。极端地说，教育实践必与书写相伴，否则只是单纯的教育行为。记录可以使教师对自己的行为进行客观回顾，发现工作学校的问题，作为设定下一个实践课题的契机，也是教师的自我成长的评价资料，经过与同事的交流，实践记录报告还会成为提高协作性的材料。因此，在教师教育中，要有实践记录报告的写作训练，以及以记录为基础的教师相互间的讨论。

二、作为方法的实践记录

记录实践包含方法论的意义，记录的利用形态显示出其正得到广泛应用。这里要对两个形态加以说明。

1. 作为研究内容的教师生活史

记录长年积累的教师经验可形成教师的生活史及个人史。当然，生活史有多种形态，从上述的八种记录形式来说，从对极其有限的内容的记录，到对包括许多内容的记录，与其说是实践记录报告，其实更接近日记。总之，注重教师个人全部变化的教师发展研究，从20世纪80年代开始，对教师生活史给予了极大关注（Ball & Goodson，1985；Sikes，Measor，Woods，1985）。

以20世纪20年代美国社会学为源头的生活史研究，度过低迷期后，1980年前后在方法论上重视个人与历史视角的欧洲社会学中实现了复兴

（Bertaux，1981）。对生活史和教育研究进行总结的 Goodson（1982）认为，在学校教育研究领域中，已经开始反省原有研究中的永恒（timelessness）和互换性（interchangeability）等特点。例如课例研究，忽略了时代的、社会的文脉，以与其他教师采用同样的课程为前提，忽视了每个教师和学校的个性不同。为克服这些弱点，教师生活史研究逐渐受到关注。与教师教育研究高涨想呼应，80 年代教师生活史研究高涨，并在 21 世纪以后作为有趣的研究领域在日本占有一席之地。这些研究大体分为以下两个方面。

第一，利用生活史开展教师发展研究。例如，为了探索教师身份的形成、教师与所处的时代和社会的关联、与教育改革的关系等，把教师生活史作为质的数据（稻垣、寺琦、松平，1988；山崎，2002；塚田，2002；姬野，2013）。

第二，把运用教师生活史作为教师教育的实践方法。

在这里要注意第二点。教师自己写出或说出生活史属于实践记录报告，同时也是教师发展战略，他人的生活史也会成为教师的自己反思材料，这是从教师教育观点开发的方法。

Woods（1987）认为，在教师教育中没有教师中心性（teacher-centeredness）就不能解决教师问题，从这个立场出发，他对生活史的重要性做出如下论述。写出生活史是使教师了解自我的手段。生活史不单是自己的历史，也与更广的历史的、社会的、经济的文脉相连，会使教师更加理解自己的情况。接触教师生活史的人，会与教师本人产生共鸣，同时也会注意到与对方不同的自己，以具体的生活史为素材对教职的思考会更加深入。

Aspinwall（1986）提议将教师的自传用于对教师经验的洞察，并使其在教师培训中发挥作用。方法之一就是教师培训顾问采访每个教师，让其对教职工作进行讲述，使教师加深自我认识并提高自我发现的能力。从讲述自我的内容可以明确教师的需要，防止在职培训项目陷入教育委员会主导的困境。

另外，Troyna 和 Sikes（1989）介绍了在新任教师培训中开展生活史会话的例子。30 名左右的新任教师分成多个 3 人小组，其中每个人分别担任采访者、讲述者、要点记录者，20 分钟后互换，对接受的学校教育、为何选择教职、教育的理想等问题相互进行检查。在这个过程，能提高倾听他人讲述、共同学习、记录描写、分析等能力，学习多种经验，培养客观认识自己的态度。

这三人的主张所表达的方法在日本教师教育的教师培训中都可以马上得以利用，学习效果超出想象。

2. 日本的实践记录

至此，只介绍了英美的实践记录，当然日本教师进行实践记录通常采用日常传统的方法，包括授课记录、包括学生指导的教育实践记录、年级和学校通信、教师自传、作为教学成果的学生作文编辑等各种记录，以往通常用油印的方法印刷，或把文字处理机处理过的文书复印后分发给相关人员，或出版售卖，现在也是如此。许多实践记录本身就是国际比较教育研究上的对象。

关于实践记录在二战后有很多的议论和争论（清水，1955；勝田，1955；中内，1968；坂本，1980；大西，1984）。针对这些广泛的讨论，并结合迄今为止论述的内容，可以将日本实践记录的特点和问题整理如下。

以前对实践记录的研究，多专注于实践记录的分类（例如教学授课记录、生活指导记录、教师团队记录等），对于上述八个记录形式的关注较少。因此，不能明确是个人的“行动记录”还是“日记”，或者是作为他人学习资料的“实践记录报告”。如果说是“实践记录报告”，以什么为目的且是针对谁的报告也没有明确。

“暧昧”的实践记录的记述不充分且多是随意的文章，主观性较强，往往自我正当化、美化或宣传化。实践记录因有了“魔法性格”而受到批判（清水，1955），这是由于记录的基本思想——反思教师实践并没有得到充分把握。如果实践记录只是为了提高教育实践，关注点就会集中于与实践的关系，基本没有关于教师教育的观点。除了写教案，教师培养阶段和在职培训阶段都没有对教育实践记录进行正式说明，只是在教师中和民间教育运动中传递着实践记录的精神。

实践记录在日本的教师文化中已经扎根，今后如何将实践记录与教师教育相关联而进行充分研究成为课题。

综上所述，对教师教育对象的教师从多个角度进行研究可以看出，对于教师终身发展的重大契机，与在大学进行的教师培养相比，如何面对学校现场的学生进行实践的经验对象化且进行反思非常重要。这里要考虑的是如何理解教师教育环境的学校现场。对于这个课题，从组织、组织文化、组织学习的视角进行解读较为有效。因为在研究教师教育时容易忽视这些视角，我们将在第Ⅱ部分进行论述。

第Ⅱ部分

学校环境与教师教育

概要

第Ⅱ部分主要是从组织的观点阐述教师教育所指的学校的理想状态。在概括20世纪70年代开始的以各种形态的学校批判论为基础，对学校改革的基本方针进行探讨。在追问促进教师发展的学校环境究竟需要什么样的学校组织的同时，为提高教师专业性，开启学校组织文化变革的课题。

第三章，为了将脱学校论与学校改进论联系起来进行论述，特别引入“全制式设施”学校的概念，在此基础上提出“死板的学校”和“灵活的学校”的概念，借以考察学校环境对教师发展的意义。

第四章，提出学校组织文化的概念，在分析其三要素的基础上，对学校组织文化的形成、发展和变革进行探讨。

第五章，对于学校组织文化的形成、发展和变革的过程，以学校组织学习的概念来重新认识，探讨学校组织文化的变革及其与教师发展的关系，同时思考对教师教育的意义。

第三章

“灵活的学校”——封闭的学校组织与开放的学校组织

第一节　学校批判论

一、脱学校论

正如序章第二节所述，在学校教育规模急剧扩大的20世纪60年代，教师专职化的呼声很高，人们对学校教育和教师抱以很大期待。然而，在70年代，随着规模的扩大，学校教育中出现了各种各样的机制障碍，人们对学校和教师的批判也层出不穷，此时堪称教育怀疑的时代。Illich（1971）与Reimer（1971）所主张的脱学校（deschooling）论便是教育批判的开端。仿佛为了与这股潮流相呼应，从70年代至80年代，在世界范围内掀起了针对教师专业性、教师作用、教师发展、学校改进、在职培训等与教师教育相关的讨论。

当然，对学校持怀疑态度的脱学校论与把学校制度作为应然条件的教师教育论之间也许没有直接联系。以脱学校论为首的学校批判论阐述的是一般性原理，反映的是一种理想的状态。与之相反，教师教育论则是具体的、现实的、实践的、有政策性的。二者的立场和特征均不同。但是，以学校改革为目的的教师教育研究不可能不受到学校批判论的影响，也不可能完全无视学校批判论的存在。这时，二者从正面进行对话会使教师实践和教师教育更加有力。学校批判论中的一般理念正逐步地渗透到各个学校的实际经运营和各教师的具体实践当中去，其观点和方法也不是完全不能为我们所用。本书的目的就是，让学校批判论、教师论以及教师教育论三者能够进行对话。首先，让我们来分析下以脱学校论为首的学校批判论。

在墨西哥的库尔纳巴卡设有国际文化资料中心，Illich（伊里奇）和Reimer（赖默尔）曾经在这里共同举办了主题为“教育的替代品”的研讨会。之后，两人分别出版了各自的著作《脱学校的社会》（1971 年）和《论学校的死亡》（1971 年）。这两部著作互为补充，堪称论述脱学校论的姊妹篇。“deschooling”译为脱学校，虽然比较难以理解，但就是指“教育的非学校化”。根据他们的观点，人们创造制度是为了实现其价值，但由于过于依赖制度，价值陷于不能实现的困境。不仅限于学校，他们还针对医疗、交通等的各种制度进行了广泛的批判。他们指出：特别是学校，独占了教育却白白浪费成本，并没有带给人们相应的学习成果。因此，他们主张应该结束这种独占状态，用新的教育关系来取代以往的制度化的学校。以上便是“教育的非学校化”的主张。

他们虽然没有对实现新的教育关系提出具体明确的方案，却对“教育的非学校化”提出了如下构想。以其中一部分为例，我们便可以发现，Illich（1971）认为一个好的教育体系应该有三个目的。

> 第一，任何人只要想要学习，那么无论他是年轻还是年老，无论他处于人生的什么阶段都应该有必要的手段和教材。第二，任何人只要想把自己的知识与他人分享，那么应该有必要的合适的手段使其能够找到想要向他学习的人。第三，无论什么人，只要他想要向公众提出问题，就应该给他提供这样的机会。……学习者不应该有必须按照特定的教学课程学习的义务，也不应该有证书和毕业证歧视。

另外，与伊里奇相比，Reimer（1971）从更现实的立场出发，对学校进行批判性分析，从重新认识教师作用的观点，构想新的教育关系，做了以下论述。

> 在学校制度建立以前，教师是一个非常受尊敬的职业，如果能够使学生从强制出席、课程必修、教室限制等制约中解脱出来，那么教师履行自己的职责，会重新受到尊敬。

他们的论述都表明了学校通过教师独占教育，且均要求取消针对接受教育的时间、场所，教育机会，教育内容，教育方法等的相关限制，这就是所谓的“教育的非学校化”，即脱学校论。这些主张，无论是对发展中国家的初等教育，还是先进国家的中等教育来说，都是在深入考虑了学校教育规模的急剧扩大，以及由此产生的各种教育问题的基础上提出的。

Reimer（1971）还将“强制出席、课程必修、教室限制等制约”一般化，指出学校具有“全制式设施”（total institution）倾向。至于学校为什么会有这样特征，他认为是因为学校本身包含四种相互矛盾的机制，即保护监督，社会作用的选择，灌输，知识、技能的发展。这是我们所理解的一般教育的四种机制，它们紧密结合在一起形能各种功能组合。值得深思的是，学校的“全制式设施倾向”是脱学校论者共同论及的问题。

Illich（1971）是这样给学校下定义的，“学校是以特定年龄段的人为对象的，要求他们必须在一定年限内修完特定课程，并要求全天出勤的与教师相关联的过程”，且对学校制度与生活中的其他制度做了比较分析。他将生活中的其他制度分成“操作性（manipulative）制度”和“相互亲和性（convivial）制度”，并制作了制度分类谱表，将“操作性制度”放在右端，包括监狱、精神病院、孤儿院等，它们的共同特点是具有强制性。与此相反，左端的“相互亲和性制度”包括地铁、邮局等，它们的共同特点是人们可自发使用。通过制度分类谱表，我们可以看出，学校制度处于距离右端的“操作性制度”较近的位置。

> 学校应该向着按照个人成长要求，按照自然的学习需要进行教育方向转换。个人成长如果是在他人的要求下进行的，那么这即使与商品生产相比，也显得更过于限制人们的自由意志。……学校位于制度分类谱表中距离右端的“全制式设施”（total asylum）较近的位置。学校使人们放弃了自己的成长责任，这其实是使人们走向精神自杀之路。

如上所述，我们需要注意的是，脱学校论把独占了教育的学校理解为与“全制式设施”相近的一种制度。那么，“全制式设施”是什么？学校与其相似又意味着什么？这些问题我们将在下节来讨论，在此之前，先探讨一下 20 世纪 70 年代后期在日本盛行的学校批判论和教师批判论。

二、管理主义教育论

20 世纪 70 年代后，世界范围内掀起了学校批判、教师批判的高潮，仿佛为了与这种思潮的步调相一致，日本在 70 年代后期也进行了广泛的学校批判与教师批判。“学校的管理体制”“管理主义教育”“管理教育”等词成为批判的论据。

其实，管理主义教育论，并不是在对学校教育状况进行客观冷静分析的基础上展开的，而是针对个别事件产生的带有感情色彩的反应，并把这种反应扩大到整个教育体系，因此带有一种新闻评论性质。这种评论更容易得到舆论支持，从而使得学校批判、教师批判的观点更加盛行。于是，在对“管理主义教育”到底是什么都没有进行严密论证的情况下，这个词在批判学校、教师以及文教政策时被频繁使用。如果对各种各样的具体情况进行分析的话，就会发现，所谓“管理主义教育”及其特征包括如下四个要素。下面根据事例进行一般性论述（今津，1993c）。

1. 身体的管制

“管理主义教育”通常指通过过于细致的校规（规则）或体罚进行管制的教育制度。20 世纪 80 年代以后，日本初中和高中的校内暴力日益蔓延，为了早日解决这些问题，大多数学校都制定了针对学生日常生活的细则，对于不遵守的学生不惜采取体罚的办法，期待学校的秩序恢复正常。特别是针对头发、服装、携带物品、礼节等方面的规定更是非常细致，学生的一举一动无不在规则之网的监督之下（坂本，1986）。

当然，学校也会对以往的实践进行彻底检讨，重新审视教学制度以及师生关系，对教师集团进行改革以建立新的秩序。例如，1980 年 10 月，三重县尾鹫市立中学发生了针对教师的学生暴力事件，48 名警察包围了该校，最终学校同意三名便衣警察进驻校舍才平息了这场风波。媒体对此争相报道，在日本范围内掀起了把校内暴力作为社会问题进行讨论的狂潮。由于此次事件，该学校在其后 1 周的时间内进行了针对整个教师集团的大检讨，分析了学生及地区情况，并从根本上转变了教育指导方针（川上，1983）。

但是，除了教师被打外，在校内暴力等问题所引起的学校秩序混乱的过程中，如果要教师客观分析学生状况从根本上转变教育方法的话，那么对他们来说既需要花费大量的时间和精力，又必须获得学生家长的广泛理解，这并非容易。而对学生进行管制却能收到立竿见影的效果，也最简单，最快捷，最能使人们认为其有成效。这种方法也是最能给教师带来安全感的方法，也就是“管理主义教育”。

“身体的管制”一词是各种具体的校规和管制的统称。所谓“过于细致的校规”指的是与人身相关的规定，“管理主义教育”也就意味着制约已经深入到身体各个方面（今津，1991）。学校通过校门管制等方式，对学生的服装、发型、携带物品等进行检查，迟到者或者不许进入，或者受到惩罚，这些都是身体管制的表现。教师们认为，这种身体管制就是让学生通过自己的身体来进行记忆，是正当的教育方法，而舆论也倾向于支持这种观点。

原本，身体管制在学校教育的历史当中从来都是一种传统的大家常采用的方法。正如 Foucault（1975）所论述的那样，在 18 世纪出现的针对规则、训练等的学校管制，本来就是一种针对身体与身体之间动作的约束。具体来讲，是针对怎样掌控贴身之物而进行的规定。在日本学校，从学校传统礼仪以及课堂的规则与训练（姿势、发声、打招呼等）中，我们可以发现，让身体进行记忆的身体管制已经被自然而然地采用了。也就是说，学校里总是存在着身体管制的要素，从在这个意义上来说，日本学校教育或多或少带有管理色彩。因此，在强调"管理主义教育"的时候，我们通常所指的就是"具有管理性质的、身体管制倾向明显"的学校"管理主义教育"。

2. 规则遵守的自我目的化

"过于细致的校规（规则）"不仅是针对身体的管制，同时它也是为了规则而制定规则，或者说是规则至上主义，即规则遵守的自我目的化。随着规则的过分细致化，人们变得不再去考虑为什么要制定规则，而仅仅把遵守规则作为目的，从而使教师的指导责任转变为如何让学生遵守规则。

1990 年 7 月，位于兵库县神户市新市区的县立高中发生了高中女生被校门挤死事件，从而引起了人们对包括校规、体罚在内的"管理主义教育"问题的关注。该学校成立 7 年，学生数超过 1500。其校规里有这样一条规定："8 点 30 分尚未到校者将被锁在门外，须沿操场跑步（让身体记忆）。"当天担任校门监督指导教师的是细井教师（男性，39 岁），他按时关门的时候，正好夹住了正在进门的该校女学生的头部，导致该女生死亡。该事件到底归咎于安全问题的疏忽，还是归咎于产生这种教育方法的"管理教育"呢，审判时虽然涉及了这个问题，但在 1993 年 2 月神户地方法院的裁决中，细井的罪名却是"业务上过失致死"，判处监禁一年，缓期三年执行，因为他没有提起上诉，该判决生效。之后，细井教师将关于该事件的记录和手记整理出版，其中关于校门管理的记录如下。因为包括比较重要的一般性问题，篇幅较长，在此仅引用部分内容。

铃声响起即关门，这是昭和 62 年 4 月我上任时在职员大会上做出的决定。轮到我值班的时候，我就根据铃声来关门，并以此来监督学生。贯彻校规校纪就是教育，当时我丝毫不怀疑这句话，我想其他老师也应该是这样认为的。我深信，遵守已有规定是维护师生之间信赖关系的基础，也正是基于这样的信念我像往常一样按下了关门的阀门。当然也可以不用关门的方法来监督学生，只是，如果不对迟到的学生进行惩罚（甚至有要求迟到者沿操场罚跑两圈的严厉惩罚）的话，学生就会甩开检查的老师跑掉了，从而使检查无法进行。正是为了让学生以更加具体的方式认识到自己的错误，才实施这种关门的惩罚。如果一个班一个班的检查，那么就会因为检查人员各自标准的不同使得检查失去公正性，在校门处统一检查则能保证公正性。

当然，对迟到学生的惩罚是否公正就要看教师是否严格按照规定在8点30分关门了。不过，这种惩罚性方法对防止迟到是否有效呢？这虽然是“教师容易实施，学生容易理解”的一个措施，然而这种方法是否达到了引导学生自发遵守时间的目的呢？不重新审视课堂教育，不关注学生生活问题，仅靠在校门处进行严格彻底的检查，这样的教育方法是不是有效呢？还有，怎样区分是学生自身原因导致的迟到与不可能避免的迟到呢？这些问题在学校的职员大会上都没有进行过充分的讨论。细井此前一直深信，报时的指针是铁的规则，按时关门就是教育。正因为把是否分毫不差地严格遵守8点30分关门的规定放到了最优先考虑的位置，所以忽视了安全问题的重要性。在归咎于过失之前，我们应该看到，规则至上主义使我们根本就没有产生安全确认想法，而这种基于规则至上主义的迟到监督方针才是我们应该首要论及的问题。

说到这里，学校的一般问题已经很明显了。第一个问题就是Merton（1957）指出的官僚组织的问题。在官僚制度的发展过程中，学校也必然受其影响而出现逆反机制，“规则的形式主义化及墨守成规”就是其中的表现之一。另外一个问题与此相关，是关于教师自身，也就是第一章第三节所谈到的教师的“单纯劳动者化”及“减少技术主义化”问题。迟到检查已经流于形式，如果把在8点30分将重重的铁门关上当作一项教学任务来抓的话，那么使校门开关自动化就可以做到。也就是说，教师已经把这种关门之类的工作当成一种机械工作。在学校官僚制化的进程当中，教师职业也逐渐“单纯劳动者化”，对学生的教育指导出现了“减少技术主义化”倾向，校门检查便是其中的一个典型表现。

3. 教师集团的式微化

我们应该考虑为什么要制定这样的规则，为什么基于此来确定教育方法，不能将迟到教育仅仅放在校门口来进行，而应该重新审视我们的课堂教育，充分关注学生生活问题，并在此基础上采取措施。然而，这种教育方法离不开整个教师集团的协作。如果在一个学校，教师的这种协作机制较差或者还没有形成的话，学校秩序的维持必然要依赖于细致的校规，以及对违反者的身体管制。在“管理主义教育”的背后，不是发挥专门性作用的相互合作的教师集团,而是各个孤立存在着的“单纯劳动者化”的教师。细井老师也指出，学校中学生指导的步调很不一致，仅仅由学生指导部的教师对此负责。

> 既然有60多名教师，那么指导方法上存在偏差也是没有办法的事情，但是尽管如此，教师集团也应该在最低限度内保持步调一致，而学校没有做到这一点。……教师们都拘泥于个人的教育观，很少诉诸实践。……而这些位置也大都被体育教师等行动能力较强的教师所占据，学生们会感受这些教师的态度，观察教师的面部表情而做出反应。

如果没有教师集团配合的话，学生指导部的教师必然逐渐感到孤立，其指导仅仅流于形式，陷入规则至上主义的泥潭，大家没有余力去思考为什么要进行这样的教育，从而使教育偏离了本来目标。

4. 学校与地区社会的隔绝

在上述“高中女生被校门挤死事件”的判决中，约230公斤重的铁门的关闭方法成了审理的焦点，而铁门本身的构造却没有被当作问题提出（朝日新聞神戸支局，1991）。学校为什么必须安装像这样启动后很难停止的校门？这同样是一个需要考虑的问题。这里我们需要注意的问题恰如熊坂（1993）所指出的那样，这样笨重的校门象征着学校与外部世界的隔绝。考虑到“管理主义教育”的开展大都与校门监督相联系，即使没有这样笨重，校门也总是作为学校与外部隔绝的工具。也就是说，所谓的“管理主义教育”指的就是与地区社会隔绝的具有封闭性与特质性的学校教育。也可以说，与外界的隔绝同对身体的管制这两点互为表里。封闭性与特质性正是学校为了摆脱外界的批判而形成的一种防卫机制，从外界看来仿佛学校依然井然有序。

综上所述，构成“管理主义教育”的要素有四点。第一，身体管制问题；第二，规则至上主义乃至规则遵守的自我目的化问题；第三，教师协作性的欠缺及教师集团的弱化问题；第四，与地区社会的隔绝及学校的闭性问题。

作为“管理主义教育”的四个要素，一般来讲，第一点是表面现象，人们容易观察得到。不过，如果我们把目光转向批判主体的话，学生尤其对第一点和第二点不满，包括家长在内的外界更多论及的是第一点和第四点，教师则更多的是把产生第三点的学校人事制度作为批判内容。虽然不同的批判主体倾向于论及不同的方面，但是从结果上来说，对“管理主义教育”的论述是从这四个要素展开的。因此，我们不能将目光局限于其中的某一个要素，而应该把它们作为一个整体来进行探讨。进一步讲，要针对学校来探讨组织与环境、组织与成员的基本问题。

以上自身问题与20世纪70年代后在海外盛行的，包括脱学校论在内的学校批判论所论及的内容基本重合。这些问题归结到一点，就是如何解释“学校的全制式设施倾向”这个基本问题。也就是说，“管理主义教育”就是“全制式设施”。“全制式设施”问题，将在下节讨论。

第二节 作为“全制式设施”的学校

一、“全制式设施”与学校

对全制式设施的性质及被收容者的状况进行了详细论述的是 Goffman（1961）。按照他的定义，“全制式设施”是指“多个具有类似境遇的个人，在一定时期内，一起居住的与外界社会隔离的、封闭的，实行形式管理的居所或者工作场所”。具体来说，包括监狱、强制收容所、兵营、精神病院、劳教所、修道院、寄宿学校等。“全制式设施”在此之前或者被译为“全面设施”或“全面收容所”，意思都不是很明确，这里采用的是石黑毅的翻译，“全制”就是完全管制，完全支配之意。在这里，对高夫曼从各个角度对全制式设施的特征进行的论述做一下整理，找出与本书的联系。

1. 设施形态与全制式性质

设施自身通过上锁的门、高墙、铁丝网、悬崖、森林等，阻碍其与外界的交流。这种物理形态便象征性地表现了全制式的性质。在论述兵库县立高中事例的时候，坚固笨重的校门有一种象征性意义，这便与这种全制式性质相关联。

2. 设施内部的基本特征

在设施内部，其成员在同一空间，依照同一权威生活，要求同时做相同的事情，每天的活动都是计划好的，只是按照预先规定的时间依次进行，这便是设施内生活的特征。根据伊里奇对学校的定义，“学校是以特定年龄段的人为对象的，要求他们必须在一定年限内修完特定课程，并要求全天出勤的与教师相关联的过程”，学校也具有类似这个设施的基本特征。

3. 监督者与被监督者的关系

少数的监督者与多数的被监督者之间存在根本的裂缝，他们之间的社会差距相当大。各自的集团总是带着偏见和敌意来看待对方。兵库县立高中学生指导方面的师生关系中同样存在这个倾向。

Webb 和 Sherman（1989）则在高夫曼观点的基础上，对作为全制式设施的学校进行了论述。他们认为，全制式设施是官僚制设施的特殊形态，20 世纪 60 年代后期作为官僚制组织发展起来的学校在很大程度上具有全制式设施的特征。当然，与高夫曼所举的例子相比，学校以青少年而非成年人为对象，通常公立学校的学生每天在校时间几乎不足半天，从这一点上看很难说学校就是全制式设施。尽管如此，他们仍然认为，学校在以下几个方面可以作为全制式设施，据此也能更加深刻地理解官僚制度化的学校的性质。①学生只能在学校围墙内进行活动。②学生的活动常常受到学校监视。③学校实行的是与外界不同的独特规则，并要求学生遵守这种规则。④学年、班级等的一系列学校生活，都是事先计划好的，学生没有自主选择的余地。⑤学校生活按严密的时间表依次进行。⑥教师以学生是忠实还是叛逆来区分学生，学生则以严格还是和蔼来划分教师，二者之间容易发生矛盾和冲突。

以上就是韦勃和谢尔曼的观点，如同他们自己所说，学校有全制式设施的特征只是依据客观的研究所得到的结论，并没有深入到在校学生的主观世界。与此相反，Goffman（1961）更关注全制式设施内部的被收容者的主观世界，特别是他们所有的“自我无力感”（mortified）问题。例如，被收容者在被收容前，要接受所持物品检查，私有物被剥夺，代之以标准的供给品，这时设施组织已经干预和侵犯了个人的私有领域。而且，设施内无所不在的规则之网处处制约着大家的生活，也使被收容者有自我无力感。对这种所持物品的检查也使人联想到学校的私人物品检查。

> 被收容者的生活不断受到置于其上的规则约束的相互行为的渗透。……个人完全被剥夺了采用高效的方法平衡自己的需要与目标之间的关系的机会，设施只是要求他们的行为遵守既定规则。这样一来，行为的自律性就被侵犯了。

二、全制式设施学校与学生的内在世界

为了证明学校是与全制式设施相似的组织，我们不能只停留在客观层面，还要看学生的主观层面。美国学校批判论者——具有小学教学经验的Holt（1969）对此进行了论述。在客观层面，他认为学校除了有帮助学生成长的功能之外，还具有与此相矛盾的对学生进行隔离保护的功能。家长希望孩子整个白天都待在学校里而不希望他们待在其他地方。学校实际上是“少年白天拘留所”或者“少年白天栅栏”（Holt,1972）。对于主观层面，霍尔特在“强制收容所性格”（camp personality）的基础上，对在校学生的态度做了如下分析。

在强制收容所内，被收容者无力保护自己的生命和尊严，为了反抗监视者的强制要求，人们总是采取示愚、傻笑、不做丝毫反抗等态度。虽然这些反抗看起来是那么的无助，实际上却是被收容者保持清高的一种手段。从这样的角度来看在校学生的话，会得出怎样的结论呢？Holt（1969）做了如下论述。

> 类似的事情在学校里不是也经常发生的吗？对学生来说，学校只不过是监狱而已。学生没有把自己最富有创造性的一面用在学校里，而是竭尽全力想从这种让人无法忍受的无情压力中解脱，逃出来。……当学生斩钉截铁地说“不知道”的时候，不正表明一种反抗吗？他们正是通过这种方式来否认自己是受像监狱里狱警一般的老师们监管的。他们并不是单纯为了让老师感到吃惊。

“学校只不过是监狱的一种而已”，这种比喻也常被用来形容日本的学校。在针对从小学生到大学生的调查中，让他们自由回答“学校像什么”的问题时，“学校像监狱”这样的回答非常多。从中可以看出，受教育者对学校的“空间隔离管理式”特征颇有感触。

“学校是监狱”（小学四年级学生），“学校是独居监房……不到时间不

能出去”（小学六年级学生），“学校是少年刑事拘留所”（中学生），“学校是监狱，这样也不行，那也不行，一切都被禁止”（高中生），“学校是俘虏集中营……把学生们集中到一起，教授同样的内容”（大学生）。

这样的回答，如实展现了在中小学流行“管理主义教育”的 20 世纪 80 年代的氛围。当时，“不上学”“学校是监狱”，这样的比喻会被频繁地使用。例如，一个从小学 5 年级开始逃学的 17 岁男孩渡辺（1983）有如下叙述：“像被关在监狱里一样，仿佛自己的一切都被否定了。”这也充分显示了学校的封闭性以及生活在其中的自我剥夺感。

> 坐在教室里，有一种窒息的感觉，几乎要发疯了，很想大声喊叫，很想出去。无论休息、上课还是就餐时间，这种感觉无时无刻不伴随着我，我一直这样艰难地忍受着。像被关在监狱里一样，仿佛自己的一切都被否定了。我不清楚这是不是我逃学的直接原因，反正在逃学前的几个月里，我一直有这种感觉。虽然有许多令自己讨厌的事情，但是没有哪个能称得上是真正的理由。当时我一直以为自己是因为讨厌老师、讨厌朋友关系才逃学的，可现在发现，原来我是对学校的一切属性都感到讨厌。

“仿佛自己的一切被否定了”，这种说法基本与高夫曼在论述全制式设施的被收容者时所提到的“自我无力感”相同。借用 Illich（1971）的表述，这“使个人放弃自我成长的责任”，或者说是“一种精神自杀”。

那么，学校的“管理主义教育”可以理解为，是伴随着使他人感到私人领域与行为自律性遭到侵犯的管制式教育形态。也就是说，对于“管理主义教育”的问题，不能只看其细致的规则、规则至上主义、体罚等学校和教师管理体制中的表面问题，还要看到学生内心产生的自我无力感等不容易观察的部分，这样才能真正理解其本质。

对于“不上学”问题已经过去 30 多年的今天，在超少子化时代中“管理主义教育”或许会被理解为是过去的代名词，但是序章第五节提到的“不上学”问题现在仍然存在。之所以“不上学”问题被关注，是因为长期不上学的理由，开始归结于个人、家庭、学校、社会的变化，但实际上潜藏着多种原因。但是，先前学生表述的“……在学校的教室中快要窒息。……却没有明确的理由。……学校所有的属性全都讨厌。”这不正是现在几乎谁都会感觉到的氛围吗？

在全制式设施内部，被收容者受到强制管制，使自己产生无力感。然而，他们不仅要按部就班地做出所被要求的行为，还要尝试适应各种情况。在观察被收容者的各种做法后，Goffman（1961）认为其中任何一种方法都是反抗“无力化”而采取的积极的/消极的措施，在此，选出几个例子来分析“管理主义教育”制度下在校学生的应对策略。

首先，“转向”的方法。接受监督人员的观点，完全按照他们的要求去做，并努力成为模范者的一种方法。以学校为例，表现为学生顺从教师，努力成为教师眼里的“好学生”。

其次，与“转向”完全相反的一种方法，就是如在强制收容所里经常见到的离人症一样，是一种逃避环境或退缩的方法。“不上学”可以解释为对实行管理主义教育的学校的逃避。产生无力感的学生虽然没有达到不上学的地步，却也同样可以放在“逃避环境或退缩”中进行讨论。

再次，集体揶揄的方法。这种方法是指被收容者的连带感提高，从而在短时间内形成的一种进行集团性反抗的方法。比如，敲盆、集体绝食、小规模示威罢工等方法。在学校，经常发生的针对教师的恶作剧、在教室偷用禁带物品（例如手机等）、故意破坏物品，以及各种校内暴力等就属于这种方法。

最后，还有一种方法，他们不同监督人员发生冲突，而是尽可能让自己获得被禁止的满足感，即使这种满足是微乎其微的。这是一种简单的方法，通常被称为“买卖”或“交易”，他们就是要通过这种方式使他人感觉自己能够控制环境且感觉还是自己的主人。以兵库县立高中的学生指导为例，由于教师的指导方针各不相同，学生通过观察教师的态度，“根据教师脸色来做出反应”，他们的做法基本上等同于这里所说的方法。

如上所述，学校从客观和主观两个层面都越来越接近全制式设施。但是即使如此，也不能断言学校就是全制式设施。因为即使是寄宿学校，它也不与强制收容所、监狱、兵营等完全相同。不过，学校与全制式设施有相同的特征却是不争的事实。那么，怎样把握这种相似性和共同点呢？

Webb 和 Sherman（1989）认为，学校虽很难说就是全制式设施，但可以把它作为全制式设施的雏形来分析。另外，Illich（1971）在提出制度分类图谱时，也没有把学校放在“操作性制度”的端点，而是放在与其接近的位置。因此，问题不是学校是否为全制式设施，而是现实中学校在多大程度上具有全制式设施的性质。如果将全制式设施作为分析学校的一个尺度，无疑会对具体学校的分析和学校改革有很大意义。也就是说，要分析个别学校是否是全制式设施。现实中，既有与全制式设施非常相近的学校，也有与其差别很大的学校。随着时间的流逝，差别较大的学校是不是会向着差别较小的方向发展呢？不能把全制式设施作为整个学校体系的概念，而应该把它作为单个具体的学校组织的特征进行分析。那么，这样能够很好把握各个学校实施“管理主义教育”的程度。

Reimer（1971）认为学校具有全制式设施倾向，并把对学校的定义作为衡量教育机构实际状况的尺度，实际上这一观点与这里所论述的观点是一致的。

> 学校是为了按时按阶段完成学习课程，要求特定年龄层的人经常出席受教师监督的教室场所。这是我们给学校下的定义。一个组织机构的性质与这个定义越接近，说明这个组织越接近学校的形式。教育的变革就是要使之脱离这种形式。但是，这种脱离不够快，最终被学校制度在“引力”下回到原来的状态。

因此，换言之，“管理主义教育”就是全制式设施的一种形态。现代的学校经常被称为“监狱”和“收容所”,这种说法就是其表现形式。这样看来，“管理主义教育”与其说是学校发展过程中超越常规的一种扭曲形式，还不如说是学校本质的真实体现。

自近代学校制度出现以来，日本学校一直实行中央集权，被置于坚固的文部官僚组织之中。因而，20世纪六七十年代以来，在经济高速发展期的教育规模的扩大，以及家庭和地区生活结构急剧变动的过程中，学校产生了各种机制障碍。为了摆脱这种局面，学校竞相采取全制式措施，这毫不奇怪。在作为全制式设施的学校，学生个人经常处于教师的监督之下，规则已经延伸到对身体的限制，学生逐步产生“自我无力感”。对于“管理主义教育”，一般总是论及它的规则和体罚等表面现象，但再进一步看，其组织结构便会浮现在眼前。

当然，全制式设施的实际程度因具体学校的不同而不同。小学、初中、高中等阶段的差别，城市、郊区、农村等地域差别以及学校规模、成立时间、教师构成、平均学业成绩等条件都要考虑进来。另外，环境的差异、学校组织是开放还是封闭的等都会影响学校作为全制式设施的程度。即使是程度较低的学校，也不能说其丝毫不含全制式设施特征。另外，我们不知道学校什么时候会提高自己的全制式设施程度。Holt（1972）认为，“让学校向前发展不容易，实质后退却非常容易”。那么，教师不是学校的零部件，而是在教育实践中单独进行决策的专职。教师有一个非常重要的工作，即与其他人协作，致力于学校改进，避免学校走上“全制式设施”的道路或者尽量削弱其“全制式设施”倾向，防止学生产生“自我无力感”。反过来，也就是说，教师的“单纯劳动者化”是引起学生“自我无力感”的原因。

第三节　“死板的学校”与“灵活的学校”

一、“全制式设施”的结构

下面依据 Illich 的制度分类图谱,分析“全制式设施”的结构(见图 3–1)。

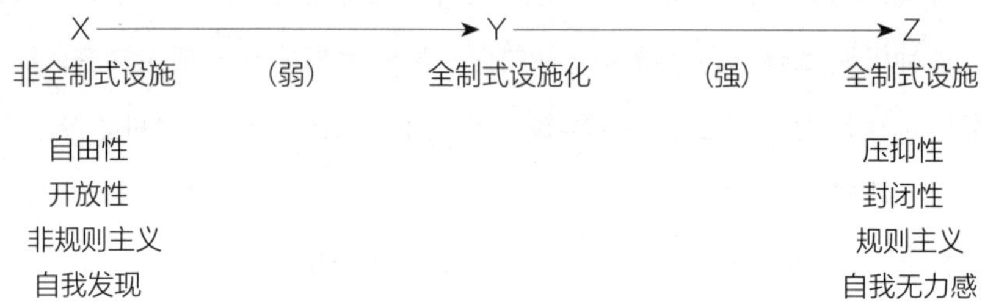

图 3–1　全制式设施

如图 3–1 所示，把完全的“全制式设施”作为 Z 点，那么 X 点表示丝毫不含有全制式设施因素的“非全制式设施”。根据高夫曼的观点加以分析的话，Z 点具有“压抑性”“封闭性”“规则主义”“自我无力感”等特征，X 点具有“自由性”“开放性”“非规则主义”“自我发现”等特征。越接近 Z 点，全制式设施特征越强，越接近 X 点则越弱。设立这样一个尺度，实际的学校既不在 Z 点上，也不在 X 点上，而是位于二者之间的 Y 点附近，或者向 Z 点或者向 X 点倾斜，可以认为是在二者间摇摆。

Y 的波动状况受各学校具体条件的影响。比如，初中和高中的“全制式设施”倾向就比小学要高。规模大的学校以及城市周边地区新建的学校更注重学校秩序，从而这些学校的“全制式设施”程度加大的倾向明显。从教师的构成来看，对于教师相对集中，时常对学校的教育实践进行检查，愿意解决问题的学校，其“全制式设施”程度较低。

本章第一节举例的兵库县立高中，建立在新兴城郊住宅区才 7 年，学生数超过 1500 人。为了尽早树立校风，赢得地区的信赖，在教师集团没有对教育方针和学生指导方法达成共识的情况下，只是建立了细致的规则来维持学校的秩序，导致该校的“全制式设施”程度非常大。而在事件之后，学生和教师双方对校规进行了重新检视，使过于严格的校规得到放松。也就说，兵库县立高中在 Y 点靠右的位置向左边移动。

还有，学校位于 Y 点附近的什么位置，产生过什么样的动摇，也可以按照不同的国家进行比较。一个国家学校的“全制式设施”程度有多大，以及怎样削弱这种“全制式设施”是值得深入探讨的问题。Rohlen（1983）对日美的高中做了比较之后，指出日本高中用墙把自己与地区社会隔离开来。

> 在美国，学校努力消除存在于学校和地区社会之间的看不见的墙。因此，美国人总是边工作边接受学校教育，尽可能将研究开发和地区服务型活动引入学习当中，或者组织社会参观活动，或者请地区社会代表做讲演，举办志愿者活动等。……日本高中则与美国的完全不同，用一堵墙与外界隔绝。没有人想要填平学校与外界社会之间的鸿沟，也许校长级别的人物之间的交流是唯一的例外。

这仅仅是日美高中的比较，从整体上来看，日本学校“全制式设施”程度较大。实际上，日本出现“不上学”情况之多在世界范围内也是少见的，这与学校的全制式设施不完全没有关系。

学校可能具有接近 Z 点的倾向，这种倾向传统学校的特征，现今如果作为学校现状则会经常遭到批判。相反，接近 X 点的学校则被认为是理想的学校，朝这个方向反复开展着教育实践和活动。基于这种观点，教育思想史上有这样的一个梦想，即避免学校走向 Z 点，尽力使之接近 X 点。

其中的典型例子之一是“自由学校”。所谓的自由学校，其内容是多样的。美国的自由学校运动家 Montgmery 和 Cohn（1984）曾以日本读者为对象写了下面一篇文章。文章从广泛的角度对自由学校的理念做了简要总结。他们提出应该用能给学生带来自由的各式各样的新型学校取代以往“监狱般的传统学校”。

新型学校有各种各样的称呼，比如，“aiternative school”具有提供新的议案之意，“free dam school”则与当时的公民权运动相关，“free school”具有保障自由之意，另外，英国的“open education”则象征着非正式教育。虽然这些称呼各不相同，但是却可以对它们做如下概括，即是学生们可以自由决定是否加入的学校、家长能够积极参加活动的学校，基于相互之间的信赖关系建立起来的学校。进一步说，就是要相信学生的好奇心与创造力，并对他们进行鼓励的学校，反对灌输片面的知识，教授学生们如何进行学习的学校。实际上，对于这样的学校，我们能找到的最合适的称呼莫过于“自由学校”。自由学校的目的很简单，就是要消除那些抑制和损害孩子意愿的东西，也就是保障自由。为此，我们首先要把学生从宛如监狱的传统学校当中解放出来。

在这样的提案出现30多年后，日本总算有了倾听“自由学校”声音的教育政策，这已在序章第五节有所提及。然而，正规的学校还是保持原样，只是对接受不上学者而存在的自由学校实施财政政策，不是从根本上重新认识学校教育。

“自由学校”是使学校教育向X点方向转化的具体尝试。借用赖默尔的话来讲，就是使学校脱离“学校定式”（stereotype）或者“摆脱学校制度的引力”。也就是说，要使学校尽可能远离Z点而走向X点。另外，还有一种否定“使学校尽可能向X点转化”的观点，认为学校具有倾向于Z点的性质。为了使学校脱离这种性质，必须将其置于X点上。这种观点就是主张“学校不应该是学校”即“教育的非学校化”和脱学校论的观点。

1.“灵活的学校”与“死板的学校”

无论“全制式设施”还是“管理主义教育”，都是对学校教育的否定，还没有与二者相对应的表示肯定意义的用语。“全制式设施”和“管理主义教育”也只限于提出学校存在的问题，并没有形成可以用于教育实践的积极构想和计划。为了能够从肯定和否定两个方面来把握这两个概念，要以长期展望教育改革方向的 Reitman（1981）的分析框架——“封闭的教授体系”（closed teaching systems）与“开放的学习体系”（open learning systems）为线索。

从农业社会发展到工业社会，进而到脱工业社会乃至信息社会，在这种宏观的社会变动中，学校教育方法原理也基本上由封闭的教授体系向开放的学习体系发展，上述分类正是基于这种趋势，从与外部环境的关系、空间、时间、课程、师生关系等诸方面对教育局面变化进行考察的。重新整理后，如表 3–1 所示。

表 3–1　过去、现在、未来的学校教育的趋向

产业阶段	学校教育方法原理	相关因素				
		与外部环境的关系	空间	时间	课程	师生关系
农业社会、工业社会	封闭的教学体系、紧凑系统、教师或制度中心	与外部社会隔绝	设施、设备的分割性、固定性，教室内教授	团队步调，固定的时间表	小范围、固定的、回顾各种知识，演绎，由教师或教育行政部门决定	教师作为权威者、学生作为从属者

续表

产业阶段	学校教育方法原理	相关因素				
		与外部环境的关系	空间	时间	课程	师生关系
脱工业社会、信息社会	开放的学习体系、宽松系统、学生中心	与外部社会连接、没有墙壁的学校	设施、设备的选择，灵活性，教室内、教室外学习	个人节奏，灵活的时间表	大范围关注现在和未来发展的学习方法，归纳，教师与学生共同做决定	促进学习的作为专家或前辈的教师、学生作为年轻学习者

教育体系出现从“封闭的教学体系”向“开放的学习体系”发展的趋势，是在对工业社会向脱工业社会及信息社会变动的过程中进行基本考察之后得出的结论。只不过，这种趋势不是直线型的。之所以这样说，是因为现阶段的学校中两种教育体系并存，而且在发展过程中，既有由封闭的教授体系向开放的学习体系的改革，也有由开放的学习体系向封闭的教授体系的倒退。另外，从脱学校论者的观点来看，只要是学校就必然存在封闭的教学体系。正因为如此，即使能看到这种趋势，但它也不是一种自然的变化，而是学校教育体制改革逐步深化的结果。因此，不应该认为表 3–1 仅仅显示了一种趋势。学校教育形态和学校组织活动在多大程度上是开放的或者封闭的，对之进行分析后的结论所显示出的特性同样可以在该表中得以体现。在图 3–1 中，封闭的教学体系向 Z 点方向波动，开放的学习体系向 X 点方向波动，这样的把握方法对现实学校的分析是十分有效的。

于是，封闭和开放的观点得到进一步发展，强调否定侧面和肯定侧面的概念诞生，分别是“死板的学校”（tight system of the school）与“灵活的学校”（loose system of the school）

“死板的学校”是全制式设施的程度强而接近 Z 的学校，“灵活的学校”是全制式设施程度弱而接近 X 的学校。X—Z 的关系只是原理性的，其内容并不具体。因此，有必要明确全制式设施的程度强或弱，在实际的学校活动中是指怎样的特点。

所谓的“死板的学校”指的就是立足于封闭的教学体系，以整齐划一的方法将一定量的知识讲授给多数学生的学校。这样的学校符合官僚制组织的特点，而所谓“灵活的学校”则是立足于“开放的学习体系”，适应学校周围环境的变化，对学生实行因材施教的学校。这样的学校适合脱官僚制组织模型。

即使在企业组织，如果要适应外部环境的持续变化，同样需要建立这种有效的“松散耦合”（loose coupling）体系。也就是说，变动社会要求建立脱官僚制组织制度。序章第四节曾论及了 Bennis 和 Slater（1968）提出的“暂时性组织”（temporary），其实这种组织便是“脱官僚制组织”。但是，变动社会中的学校也有可能采取与外界变化的环境相隔离的办法，限制教师自身的决策，强化官僚制特征，从而使学校变成一种防卫性体系，其理由如下。

第一，学校具有“全制式设施”的性质，如果教师对这种性质不反抗的话，学校就很容易朝着 Z 点的方向发展，并伴随着新的教育实践。第二，如果学校倾向于与外部社会隔绝的话，学校教师对外部环境的认识也同样会变弱。第三，为了使“死板的学校”变为“灵活的学校”，有必要转换传统的为大家熟知的教育观和教师观。对教师来说，如果教职活动没有稳定的前景，就意味着进行新的教育实践要付出更多精力。当然，学校这种官僚制较强的组织会变成防御组织，教师会放弃专业性而陷入“单纯劳动者化”，最终得不到“心理报酬”，压力增加。

第四节　“灵活的学校”的诸特征与教师教育环境

前面已指出了“全制式设施”和“管理主义教育”的几个特点。“全制式设施”的特点是切断与外部环境的联系，在规则主义下全员进行整齐划一的内部活动，监督者与被监督者的社会距离很大，二者经常出现摩擦和分歧。“管理主义教育”的特点是“身体的管制”，表现为有规则的自我目的化、教师集团的弱化、学校与地区社会的隔绝。以上诸点也是“死板的学校”的特征。与此相对，可以看出“灵活的学校”有以下四个特征：开放性、灵活性、亲密性、自我改进性。它们相互关联，构成了“灵活的学校”（今津，1994）。

一、开放性

让学校具有开放性是削弱“全制式设施”程度的方法。比如，“没有围墙的学校”就能使学校与外部环境保持连续性。而且，“开放的学校”能消除作为内部环境的学年、班级，或者种种学习空间之间的界限，消除“死板的学校”的弊病。开放性可以分为对地区社会的开放和学校内部的开放。

1. 对地区社会的开放性

对地区社会的开放，不只是指学校设施方面的开放，而是人际方面和信息方面的交流、学校与地区社会的全方位沟通，使得学校的生活与地区社会中的生活保持连续性。由此，学校可以防止与地区社会隔离和孤立，避免陷入独占教育的困境。与地区社会的交流具体有以下方式。

（1）加强日常生活中人和信息的交流。日常生活中教师与地区社会的交流，可以将学校生活情况传达给家庭和地区，将家庭和地区社会的生活情况也传达给学校。

（2）在教育指导上充分利用人力资源。可以邀请校外讲师，与各机构合作。

（3）把社区作为学习场所，开展实地调查。

2. 学校内部的开放性

（1）提高建筑空间的开放性。对学年、班级等，使以追求高效和统一讲授为目的的分隔弱化。不把学生封闭在被分割开的教室中，设法建立对学生学习有用的可选择的教室，其中包含开放的建筑。

（2）加强人际交流与信息交流。建筑空间的开放性意味着同时加强了学生和教师之间以及教师和教师之间的相互交流。不把教师孤立在分隔开的房间中，使其可以不断与其他教师交流，指导学生学习，也可以互相交流有关学生的信息。

二、灵活性

学校外部的开放性和学校内部的开放性，可以与学校活动的灵活性连接起来，或者可以说开放性与灵活性相辅相成。学校活动的灵活性可以分为教授—学习活动的灵活性和学校经营的灵活性。

1. 教授—学习活动的灵活性

（1）给予教材以灵活性。从学生的现状出发使课程设置具有特色；经常对授课和学习情况进行评价，改进课程设置。

（2）给予教授—学习方法以灵活性。努力做到不用统一的讲授方法，而是根据教材和学生的学习状况，灵活地采用多样的学习方法，如小组学习、试验、观察、实地调查、讨论、资料调查、写报告等。

2. 学校经营的灵活性

（1）为了促进学校外部的开放性和学校内部的开放性，努力推动校长、教务主任等领导与教师集团协作，更要促进与学校外部各个机构的协作。

（2）有效地利用学生和家长的参与。听取学生和家长的意见，力求让他们的建议对学校经营有贡献。

（3）对于包括地区生活变化在内的社会—教育变动及教育问题，不采取只保护学校组织自身的对策，这样容易陷入规则主义。要实现让教师能应对变化与解决问题的“适应性创造”的学校经营。“适应性创造”在第二章第一节已论述过，是指在社会—教育变动中，创造新的职业知识、技术、价值规范的教师个人的变化，这最终也可以归结到自我改进性上。

三、亲密性

“全制式设施”中，监督者与被监督者之间存在根本的界限，社会距离也很大，而在“全制式设施”程度较强的“死板的学校”中，教师具有权威性，与学生之间的社会距离也很大。相反，“灵活的学校”中，社会距离缩小，显示出亲密的人际关系。上述开放性和灵活性就可带来人际关系的亲密性，而亲密性又可以产生开放性和灵活性。亲密性取决于师生、教师之间的关系。

1. 师生关系的亲密性

（1）缩小师生之间的距离，教师要努力理解学生。教师要由单一的讲授者转换成促进学生学习的帮助者。

（2）缩小师生之间的距离，涉及的不仅是教师的“状况的自己”以及“作为教师的教师”，而且还要体现“本质的自己”以及“作为个人的教师”，与学生之间建立全面的人际关系。这不同于“死板的学校”中被官僚制化的各个组成部分的人际关系。

2. 教师之间关系的亲密性

（1）旨在打破班主任和科任教师之间孤立的状态，缩小与其他教师之间的距离，并以教师之间的合作为目标，建立以这种合作为中心的协作体制。无论开放性还是灵活性，没有基于亲密性的合作是实现不了的。

（2）实现“成为好的指导者”和“教师之间互教”的目标。这也能使教师之间产生亲密性。

四、自我改进性

在变动社会的学校中，教师主动寻求变化环境中的“适应性创造”，也能够使学校实现自我改进（improving schools from within）。这种自我改进，与变化的环境和企业组织的适应中经常被论述的组织的“自组织性”“灵活的组织体制”等问题重合。当然，作为教育场域的学校和追求营利的企业组织不能相提并论，但从环境与组织的关系来看，学校组织也有“自组织性”等问题。对于“灵活的学校”的自我改进，各个学校不是受命于某个机构进行形式上的自我改进，而是学校内部自发进行的自我改进。教师集团应遵循以下几点。①对照变化的环境及处于其中的学校的状况进行自我认识；②尤其要认识学校内部的不安定因素。例如，包括校长、教务主任在内的教师调动引起的各种变化，《学习指导要领改订》等教育政策方面的变化，问题学生的出现，家长提出的新的要求等；③认识学校组织中存在的生活、行动、思考样式，以及教师中存在的不同文化。这个文化就是下章要论述的“学校组织文化”；④基于以上认识，广泛研讨作为教师集团的学校的问题，以便对实现开放性、灵活性、亲密性而对学校组织进行再组织化。

以上，“灵活的学校”的基本特征有开放性、灵活性、亲密性、自我改进性四点，这是理念性方面的一般特征。以适应具体学校的情况建立“灵活的学校”为目标，在对照学校现状进行自我认识的基础上，需要作为线索的认识框架，这就是“学校组织文化”的概念，这将在下一章进行论述。现在先就“灵活的学校”与教师发展的关系进行讨论。

五、作为教师教育环境的“死板的学校”与“灵活的学校”

“灵活的学校”是以教师教育为目标的学校，是将学生的发展作为目标的学校环境。同时，创建有利于教师发展的学校环境意义重大。因此，有必要从教师教育环境方面认识“灵活的学校”。

这里所指的“环境”，不是生物成长所需的自然环境等客观环境，而是实现人的发展且存在人为调整条件的“环境”。藤永（1995）建构了幼儿发展研究中的新“发展环境学”，对中心概念“环境”赋予含义，其是指为了学生成长，由人们有目的地设置的环境条件。这里所指的学校“环境”也具有同样的意思，表示帮助教师发展而调整的环境条件。

第二章第二节提到，教师个人是不能随意地得到发展的，发展是教师与所处环境相互作用的结果。这个环境就是工作的学校。个人的教职经验的积累，实际上是在工作学校与学生、同事和家长相互作用中积累的，这种相互作用的形式也会受到学校组织特征的影响。论述学校内教师集团的 Barth（1990）曾针对学校组织的特征举例。按照教师在研究自己的教学实践时与同事关系的不同，学校教师集团可以分为三种。因此，要从教师所属集团的变化方面把握教师的发展，教师个人与教师集团的相互作用带来了教师的发展。

把这种想法进一步一般化，就可以研究下“死板的学校”的教师和“灵活的学校”的教师的发展的不同。与“死板的学校”相比，“灵活的学校”容易使教师发生变化。以“适应性创造”为特征的“灵活的学校”使教师的发展变为可能。教师在不断与其他教师合作使自己变化的同时，建设“灵活的学校”。在“灵活的学校”的教师，也在学校环境中进一步得到发展。

相反，如果把教师变成了单纯的劳动者，“灵活的学校”也容易变成“死板的学校”。在“死板的学校”的教师，如果停止了自我发展，始终处于管理主义的指导下，就容易陷入倦怠等困境。这种发展停滞和倒退又加强了“单纯劳动者化”，使“死板的学校”的特征更加显著。图 3-2 表示了上述的“死板的学校”“灵活的学校”与教师发展的关系。教师发展和教师教育虽然要不断地以教师的变化为中心对象，但也有必要从与围绕教师的学校环境的相互关系方面来把握。

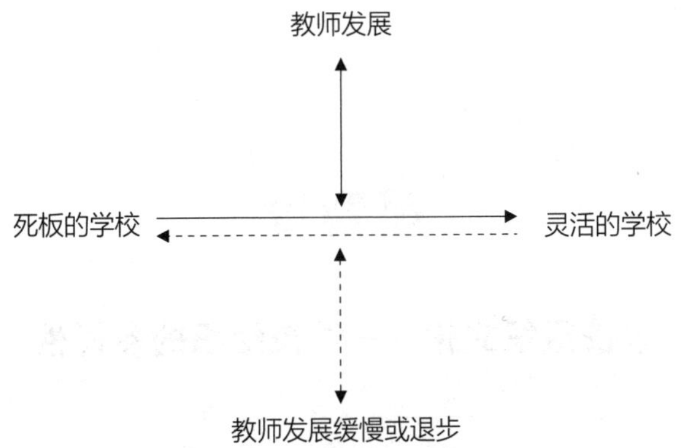

图 3-2 “死板的学校”“灵活的学校”与教师发展的关系

第四章

学校组织文化——学校组织的多样性

第一节 组织文化

一、各学校的差异性

20 世纪 70 年代以后，日本从各方面对学校和教师进行的批判有一个特点，学校和教师是作为学校教育的总体受到批判的。这种批判大体有以下两种角度。

第一，从根源性、抽象化的角度对近代学校制度的基本特征和现代产业社会中的学校机制重新提出问题。在全体社会中把学校教育体制的结构及机制作为问题，超越了教育阶段、学校种类及各个学校的差异，是宏观上的原理性议论。Foucault（1975）、Illich（1971）、Bourdien 和 Passeron（1970）、Bowles 和 Gintis（1976）等对课程和师生关系等身边现象的论述，都是站在宏观、抽象的立场上进行的。

第二，站在个别现象的具体层次论述日本学校的现实性问题。不触及与全体社会的基本关系，通过实证阐明在学校现场发生的各种具体的问题，从微观观点对日本学校状况进行一般批评。有时也包含了第一个观点。

以上两种角度，都对学校教育总体和教师全体展开了批判。二者之中，第一点对学校制度乃至体制本身开展了敏锐的洞察，对于学校的存在提供了进行广泛深入认识的强有力的框架。但在这里我们更加关注第二点。

虽说具体了解并批判日本学校所呈现的情况是基本的研究课题，但是要想把握整体问题，也要关注学校之间的差异，这是因为要想超越这样的差异，必须把解决共同的问题作为目标。但是，若要具体阐明学校问题，就要关注各学校的差异，把怎样解决学校的问题等作为实际课题，因此，必须把各个学校的教育实践作为基础。无论怎样致力于制度改革，如果不以各个学校和教师为对象，就不能形成解决问题的实际力量。

例如，以下是某小学教师就体罚所写的手记。女教师麻生（1998）1978 年到当时新成立的 D 小学任教，7 年后调到 E 小学。

> 对于新到任的我来说，能依靠的只有 F 老师，最初无论如何不能同意用竹剑打人的指导方式。我到 22 岁都没有被父母打过，生理上就感到一种厌恶。但是，作为教师、作为人，还未成熟的我，不知何时接受了。……在那个学校里，打人是个自然的事情，年长的老师没有给过我忠告，早会的时候就听得到打人的声音。第七年我调入 E 小学。刚赴任的时候，在体育馆排队的学生们乱哄哄的样子，让我瞠目结舌。这是在以前的学校不能想象的事情。不只是学生们，老师们也不同。在职工大会上，不仅是年长的教师，年轻的老师也会发言，我很震惊。年轻老师能发表意见的氛围，在 D 小学是没有的。

在禁止体罚的今天，现实中虽不可能“用竹剑打人”，但实际上在身边也能看到 40 年前学校的影子。“乱哄哄的样子”是基于 D 小学的判断标准而来的观察结论，而且 D 小学和 E 小学各自的教育活动及价值观不同。这位女教师由于调入 E 小学，对 D 小学的教育观、学生观、教师观感到惊讶。

从这个事例可以看出，现实中有各种各样的学校。例如，有严格贯彻管理主义的学校，也有校规宽松、气氛较自由的学校；有秩序混乱的学校，也有安静整齐的学校；有十年如一日机械重复同一授课内容的学校，也有基于新的独立方针，不断完善讲课与指导方法的学校；有与地区完全没有联系的学校，也有与地区关系密切的学校。也就是说，“死板的学校”与“灵活的学校”的差异程度，或者说“全制式设施”程度的不同，说明了存在多样的学校。

如果探讨这些学校的差异是从何处而来的问题，就要结合这些学校的经营实践，并把其作为学校研究的重要问题来考虑。但一般评论和研究者，并不太关注这些学校的差异，而对学校教育总体进行一般性讨论的倾向很强，其理由如下。

第一，对于学校的问题，一般舆论容易产生情绪化反应，媒体会对学校的“异常”进行大规模报道。如果不断报道类似问题，所有学校都被认为有同样严重的状况，容易出现过度的一般化。

第二，在日本中央集权的教育制度下，学校教育统一化程度较高，地区和学校的差异不被关注，而且对于个别情况的关注也少。

第三，在教育研究中基本没有与学校差异相关联的概念。对小学、初中、高中等不同学校阶段教育，或者普通学校、职业学校等不同种类学校，或者过疏、过密地区的学校，以及偏差值尺度不同等带来的学校差异进行比较，学校经营特性的差异也不能引起关注。虽有“校风”和“学校风土”等词语，也只是把学校组织作为“学校文化”的一部分，个别学校的差异很少被意识到、被强调。

第四，因为没有有关学校差异的概念，学校调查的方法论就带有相应的特点。一直以来对学校教育的调查就是把一定的问题作为课题，通过大量学校样本收集数据。在教育阶段、学校种类、地区区别等方面进行比较，却没有展开针对个别学校的比较。但是，最近受到关注的是观察法和民族志研究方法，就包含了要从整体上把握单个学校的意图。

本章对各个学校之间的差异进行观察，对如何记述差异以及对差异的讨论对教师教育有什么样的意义进行了探讨，并对具体论述学校问题的方法提供了新视角。简单来讲，设定这样的问题就是因为要经常思考学校改进问题和教师问题，以下是对这个问题的论述。

第一，長尾和池田（1990）指出，即使反复对学校教育总体提出批判，也不会产生学校改进的具体实践。为了与日常活动相结合，学校和教师详细研究个别学校和教师的概念工具，在学校文化论和教师文化论的文脉中不断得到推敲。

第二，日本学校教育的统一化程度较高，但也要承认各个学校的差异。注意这些细微的差异，就是在日常活动中推进学校变革的具体手段。相反，无视这些差异，学校改革就会完全依赖于制度改革，学校教育的统一化程度恐怕也被认为是完美的。

第三，在对学校教育总体的批判中，教师只不过是毫无力量的机械的存在。但是，实际承担学校改革工作的是教师，那么教师具体能做什么，从中能显示出各个学校的差异。

因此，在研究这种差异的时候，调查研究小学的 Nias，Groundwater-Smith（1989）把它作为基本概念，岡東（1990）从教育经营学的视角对它进行了考察。在探讨与教师关系的问题中，明确学校组织文化，同时可以从几方面来考虑学校差异的意思和意义。

即使在稳固的教育行政机构中，现实的学校不会只因教育行政上的法律和措施改变而发生变化。无论是新成立的学校，还是历史悠久的学校，公立学校教师也会有定期的人事变动，教师集团也会从不稳定的阶段转向相对稳定的阶段。第三章第一节兵库县立高中的事例，就是不稳定的情况。一方面，教师集团的领导作用包括充分发挥和没有充分发挥的时期。另一方面，随着全体社会和地区社会的变动，学生和家长也会有变化。在学校内外的变化中，教育实践的发展时期、停滞时期和新生时期之间循环反复，其中有学校生活混乱期，也有改革期。教师会经常处于学校组织的变化之中，也会在其中进行教职实践。

最近的组织研究集中于组织的成长、发展乃至成熟，以及组织的生命周期等问题（小林，1988），组织的生存和人的发展是相同的，是有规律性的发展。变化的过程包括组织形成的诞生期、取得发展的成长期、持续稳定的成熟期、僵化的衰退期和再组织化的再生期。当然，这里所指的组织主要是企业组织，学校组织与企业组织有所不同。但是，如果注意各个学校的历史，就可以考虑学校组织的生命周期，像研究企业组织的变化过程一样，研究学校组织变化的特征。与企业组织相比，不是探究以往学校组织的一般特征是什么，而是研究各个学校组织本身的发展问题，这是与教师发展问题相关的有价值的研究课题。这时候就能得出有关学校组织文化的战略性概念。

二、组织文化的概念

“组织文化”（organizational culture）是组织心理学和组织社会学领域的概念，特别是20世纪80年代后经常使用，原来也称作“组织氛围”（organizational climate）。在急剧的社会变动中组织变革和组织发展受到重视的同时，组织文化也频繁地被使用。

简单来讲，组织文化是组织成员共有的生活、行动、思考样式，以其外部适应性和在内部的统一处理方式为特征。

例如，V公司尊重权威，有回避对立的倾向，领导给予个人自由空间，如果没有大的过失就会终身在职。而在W公司，对立具有价值，个人在所有领域中都被期待保持挑战的姿势。对公司的要求员工如果不能很好应对时，或改换新的工作岗位，或者辞职。

这样不同的行动样式的深处所潜藏的可以说是组织文化，或者说是与组织相连的文化。小林（1988）、Pedersen和Sorensen（1989）、Nias、Southworth和Yeomans（1989）都关注Schein（1985）的主张，即组织文化比组织氛围包含的问题更深刻。

> "文化"是组织成员所共有的，能在无意识中起作用，而且将组织如何看待自己及其环境，作为一种"基本假设"（basic assumptions）和"信念"（beliefs）来使用。这些假设和信念，对应于外部环境中留下的生存（survival）问题和内部统一问题。这些深奥的假设和信念，是具象的文化，要把其和非文化本质的"人造物"（artifacts）和"价值"（values）区别开来。

Schein（沙因）的论述主要有以下 6 点。

第一，文化从明示的一面到暗示的一面可以分为以下三个维度：一是人造物。可以观察但难以解读，包括建筑物和办公室布局、服装、语言、服务纪律、仪式等。二是价值。比较难以观察，但一定程度上可以感知，指直接支持一定行动的信念、价值、规范等。三是假设。意识产生以前的观念，正因为是想当然的所以难以感知。价值和人造物被认为是当然的，给成员的感受、思考、判断的方法划定范围，是不被重新议论的基本前提。这里也包括了人际关系观念和时间观念。

第二，组织的行动样式是构成价值的中心部分，作为组织文化的本质，最基本的局面也是假设的。这个假设规定了价值和人造物是什么。

第三，组织文化指导日常组织活动的方向，在提供问题解决方法和决策判断框架的同时，也使成员产生了凝聚性和一体感。

第四，在组织文化形成、传播、学习的同时，也在变革和创造。这是文化的形成与变革，起到决定性作用的是领导力。

第五，组织变革中重要的是文化变革，变革的组织论因组织的成长阶段不同而不同。

第六，阐明组织文化的概念、模型、数据收集方式，不仅包括客观研究的民族志视角（ethnographic perspective），也包括面对不安和挫折或危机时组织为克服这些困难实施帮助的实践性临床视角（clinical perspective）。

此外，与原有的组织氛围进行比较，可进一步整理组织文化的一般特征（小林，1988；森田，1988；梅澤，1990）。

第一，组织氛围对职场氛围等有趣的问题进行关注，这些对组织研究来说是残余概念性的存在，与此相对，组织文化带有包括性和分析性的内容，是现代组织重要的基本概念。

第二，组织文化的背景中，没有意识到组织氛围中的环境变化与组织适应成为大问题。为什么某企业能不断实现新的转变，而其他企业还维持旧的僵化体制？为什么某企业能生存下来而其他企业不能生存下来？在对这些平常事物提出疑问的同时，对每个组织的文化的关注就增多了。因此，组织文化不单单是客观地对组织进行分析的概念，而是通过组织的“计划的变革”（planned change）而形成与“组织发展”（organizational development）相关的实践性概念。组织发展可以说是组织文化的“计划的变革”。组织文化的周围，还存在组织生命周期、组织的自我革新或自我组织性、面向变革的干预（intervenion）、革新者（inovator，change manager，change agent）、对变革的抵抗等问题。

第三，组织氛围倾向于停留在对静态过程的把握，而组织文化是对其形成、传播、学习、变革性创造等动态过程进行关注。这个过程中，组织文化的变革性创造，以及与组织成员的身份变化相关的问题也浮现出来。以上关于组织文化的观点也适用于学校。

第二节　学校组织文化

一、学校组织文化的意义

追求营利的企业组织为了在社会变动中求得生存，应当怎样把握文化？对于从这个问题引出的组织文化概念，有人认为如果应用于学校会产生问题。但是，不管营利还是非营利，与企业相同，学校也有一定的组织目标，为了达到目标通过组织构造和作用构造实现“外部适应”。公立学校除了因学生数量的变动引起的撤校和合并以外，很难想象像企业一样破产。但是对于学校组织，有刚成立时的诞生期，有正进行教育实践的发展期，也有衰退期，以及由校内暴力引发的学校教育管理碰壁、校长等人被迫辞职的变动期。学校作为组织也有生命周期。

因此，把学校排除在组织文化论的对象以外是没有理由的。实际上，Schein 不仅对企业，还对学校的组织文化进行了研究。“学校组织文化”（organizational culture of the school）是指该学校教师共有的行动、思考的样式，指导该学校日常教育活动的方向，提供解决问题的方法和决策的判断框架的同时也帮助教师集团形成凝聚性和一体感。学校组织文化在形成、传播、学习的同时，也得到变革和创造。

对于这个定义有以下几点需要注意。

第一，学校组织文化与组织氛围不同。最早是 Brookover（1955）把组织氛围或者说学校的社会氛围（social climate of the school），作为支撑学校生活的价值问题来进行把握，比如研究学校是否有民主主义的氛围，其氛围与学业完成的关系等。其后氛围的意义逐渐扩大，Ballantine（1983）认为包括学校的价值、态度、信念、习惯，还包括礼仪和仪式等。无论哪个用组织文化的三个维度来说，都集中在价值这一层次。与此相对，学校组织文化跨越了更广泛的维度，是各个维度的总和。

柴野（1990）将学校组织的社会氛围分为两个方面。一是学校有与企业、政治组织、宗教团体不同的氛围，二是即使同样是学校组织，各个学校因教育目标、社会功能，或者人们对学校的期待不同而氛围也不同。这两个方面，第一个方面是与一般的学校文化论相关的问题，第二个方面是多立场的、动态的，而且实践性地讨论了学校组织文化。由此，学校组织文化使原有的学校氛围研究更进一步发展。被称为“有特色的学校”的事例和“学校建设”的综合实践活动，实际上都来自学校组织文化的观点。

第二，学校组织文化与学校文化不同。二者在想要接近，但难以从“文化”的视角观察学校和学校教育这一点上是共通的，前者指一边接受这种学校文化的渗透，一边找到各个学校组织的具体的行动、思考样式，后者多指在全体社会中学校制度组织所带有的文化结构。因此，学校组织文化是学校文化中的一种下位文化。之所以说是“一种”，而不是把它和一直以来作为学校文化的下位文化而考虑的“制度性学校文化”“教师文化”“学生文化”并列，是因为这三者都是以横断的形式出现的下位文化。

第三，学校组织文化的承担者是教师。当然，学校组织中不仅有教师，还有学生和家长，他们虽然会互相交换意见，但最终决定学校教育运营的是校长、教务主任以及教师。大多数学生接受和支持这种决策文化，也有少部分学生对此拒绝或反抗，家长也是一样的。学生和家长对教师来说相当于顾客。而企业中组织成员是组织文化的承担者，与组织外部的顾客形成对应关系，与学校组织相比，组织文化承担者的构成不同。

第四，学校组织文化与教师文化不同。而前者是一个学校组织独有的文化，后者是教职共同的价值观和行动样式。一般的教师文化与教师气质和职业类型一样，可通过教师的示范性行动样式来把握的。油布（1988）在研究中关注各学校的不同之处，实施教师意识调查，并通过调查教师对学校运营情况的满足度，工作中教师之间的交流是否活跃等，把教师的意识与行动分为四种类型，指出了教师文化的多样性。但是，这些类型不是以具体学校为基础的教师行动样式，只是一般性的教师类型。学校组织文化接受了一般性教师文化的渗透，但又是产生与此不同的独特样式的源泉。如第一节中举的 D、E 小学的事例，就是因为接触到另一个学校的组织文化，而陷入了对之前学校的组织文化，或者说与教师文化对立和矛盾的状态中。

学校组织文化、学校文化、教师文化的定位，可以从图 4-1 看出来。

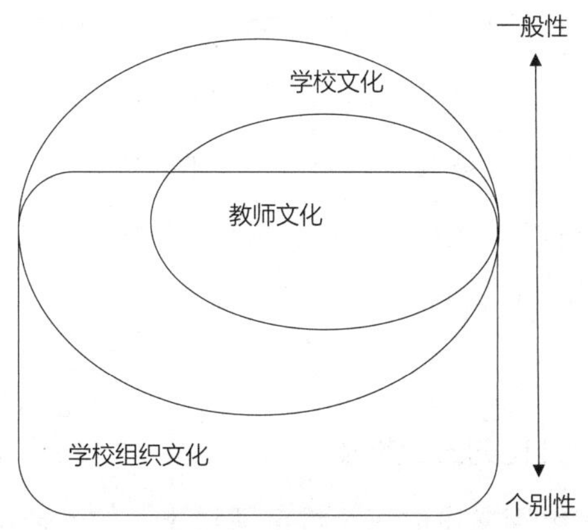

图 4-1 学校组织文化、学校文化与教师文化

二、学校组织文化的功能

学校组织文化的功能是什么呢？如上所述，组织文化的六个特征中，“组织文化指导日常组织活动的方向，在提供解决问题的方法和决策判断框架的同时，也使成员产生了凝聚性和一体感。这就是对组织文化的功能的论述。Schein（1985）沿着组织文化的一般功能把它分为“外部适应”（external adaptation）“内部统一”（internal integration），这里要将其放到学校组织文化中进行讨论。

关于“外部适应”，存在着以下课题：“外部适应”担负的组织活动的核心使命是什么和使命引导的目的是什么，为达到目的要怎样构建组织和发挥作用，以怎样的标准判断目的是否达成，没有达成的时候怎样进行战略调整等。在学校组织中，学校的使命是对学生进行教育，在这一点上所有学校都是一样的。但是，要弄清楚学校的地区特性、学生实际的学习和生活情况以及家长的要求，和学校管理与各种委员会的功能进行对比，确立针对具体目的所采取的手段，重新理解对应环境变化的目的和手段等，这些都在各个学校组织文化的方方面面中，独自发挥“外部适应”的功能。

而“内部统一”的功能，把制定让成员有连带感、使用共通的语言、能够调整地位、保持亲密感的制度作为课题。在学校组织中，要调整教师之间的关系、师生关系、教师与家长之间的关系等，综合各种文化中的学校组织文化，可以看作是学校“内部统一”的功能。

此外，要对照组织文化的三个维度，对实现“外部适应”与“内部统一”功能的学校组织文化进行讨论。

三、学校组织文化的三个维度

为了方便理解组织文化的三个维度适用于学校的情况，分别将人造物称为形态，价值称为价值、行动样式，假设称为默认的前提，下面举几个例子来加以说明。

1. 形态

在形态这一层面上看到的校舍和教室、服装、语言、毕业典礼等仪式的形态，是容易观察但难以解读的事项。比如制服，从法规上来说，至少公立学校不具备规定制服的权限，最多也只能公示“标准服”，而实际上学生和家长理所当然地认为这是“制服”。小学生大多穿自己的衣服，为什么升入初中制服就变多了呢？

首先，人们会认为穿制服是从小学生向初中生转变的仪式，学生和家长很自然接受了穿制服。其次，坂本（1986）认为，最早在初中穿制服的学生并不是很多，20 世纪 70 年代后期才开始在日本流行制服化，这与学校的管理主义教育化是同步的。制服化成为学校生活纪律和统治的具体方法，制服也成了管理的对象。

20 世纪 80 年代初，经常穿自己的服装上学的 G 中学学生的母亲，记录了多次被叫到学校的情景（久世，1984）。学校认为，“这是纪律必须服从”，“与大家不同会引起学校混乱，而且容易被欺负”，“自己的衣服不像初中生的服装”等。家长问及服装规定的原委，学校只是说“已经决定了”。这里的问题不是制服的好坏，而是学校组织文化的规范力。对这个规范力进行探究，则会涉及下面的问题。

2. 价值、行动样式

学校的价值、行动样式，基本上是由有关学习指导和生活指导的“制度性学校文化”构成的。但是，虽说指导标准是根据《学习指导要领》和教科书制定的，但在阶段和类型相同的学校中，实际的指导方针、指导内容、指导方法,并不都相同。首先,在学习指导中,即使遵守《学习指导要领》的标准,但是具体情况却因实际的教学时间和课程而不同。既有努力超越传统的教学形式界限的学校，也有对传统的教学方法深信不疑的学校；既有鼓励自创教材的学校，也有始终遵循教材的学校；既有积极致力于性教育、国际理解教育等现代学习课题的学校，也有完全不触及这些的学校。

1986 年开始，H 小学开展学生自己制订学习计划，教师充当商量者的“一个人学习”活动。在学校、家长、教育委员会的评论中，可以看到学习指导方面上的学校组织文化在什么样的学校中会形成这样的意见。

主持的教师说：“以前以教师为中心，看不到学生的差异。现在必须转换出发点。教师虽然看起来很轻松，但是 40 个人的作业要一个一个地去批改，还要编写包括学习目标、内容和日程表在内的学习通讯，教师负担其实很重。”

家长会会长说：“去上公开课，教师好像什么也没有做。后来，听了讲演才理解，学生也发挥了自主性。我们很担心老师的调动还会不会给学生带来这些好处。”

教育长说：“校长在语文教育研究上取得了成绩，教师也齐心协力，四年间取得了一定成绩。别的学校也有自己的教育方针，不能要求一样。”

其次是学生指导。进入 20 世纪 80 年代，在初中和高中，总能看到教师在上下学的时候站在校门指导学生。每个学校校门指导的方针和意义并不相同。有的学校把这当作与学生接触的场所，是教师边打招呼边观察学生的机会。也有的学校以此检查学生服装、头发和携带物品，或者迟到，把这作为一个严厉的关口。后者与社会隔绝的程度较高，是类似“全制式设施”的学校，显示了学校组织文化的特征，前述的兵库县立高中就是其中之一。在大的社会变动期的学校与社会的关系问题上，也包含以下根本性问题，这一点不能忽视。

本来，学校具有培养禁欲态度的场所应有的特性，在学校中受到的指导就是把欲望化作学习动力。但在现代消费社会中，围绕学校的外部社会崇尚消费，欲望被激发，认为忍耐是没有价值的。因此，在现代消费社会中，继承传统价值观的学校无异于处在另类的空间，二者产生了巨大分歧。学校在抑制消费社会的欲望上有重要的作用，但是如果停留在让学生“顺从”于传统价值等形式上的管理，就如山下（1991）所论述的，校门指导就有了将学校与社会隔绝的作用。

> 学生指导承担着净化被消费文化“污染”的学生的责任。把消费欲望带给学校中的学生立刻会受到指责。一般社会中被认为是“美德”的消费以校门为界限，进了校门就变成了“恶德”。但强烈的变化也需要仪式。在全日本的学校中每天早上进行的站岗指导，就是跨越不同界限的礼仪的代表性例子。

或许教师自身没有察觉，在校门指导的背后，隐藏着学校内部与外部的价值规范不同的问题。校门指导所遵循的价值规范在学校所处的地区中怎样按照以下两个方向进行调整，这就归结到学校组织文化的问题上来。即，一方面，学校遵循传统的禁欲性价值指导，抑制消费社会中的欲望；另一方面，某种程度上容许消费欲望满足这一社会新价值规范，改写学校的传统价值观。价值规范的调整，不仅是针对消费的欲望，而且也关系对集团做出贡献的学校传统价值规范与现代消费社会中新价值规范的调整问题。这是学校组织文化的“外部适应”课题。

最后，还要提到教师研修活动问题。不管是校本研修还是校外研修，对研修的重视程度、怎样进行研修因学校而不同的。研修的形式对提高教师自身的价值，确定行动样式来说很重要。而且，以自己的工作学校为基础，针对共同题目进行的校本研修，对学校的生活价值和行动形式会产生直接影响。校本研修继承学校组织文化的同时，也成为以其为对象进行评价、改革及形成新文化的场所。中留（1984）指出，以高中教师为对象的调查显示，校本研修的形式与学校的组织氛围密切相关。这一观点印证了上面讨论的学校组织文化的价值、行动样式层面的问题。

3. 默认的前提

这里所说的“默认的前提”，是在该学校的形态和价值、行动样式的背后，教师认为理所当然的所有的观念。比如，校本研修就有各种默认的前提。有的学校举行听课活动，让其他教师观摩，并认为这是应该的；有的学校则没有。两个学校的教师都认为这是理所当然的，应该遵守。这些就是默认的前提的观念。

联系前面几节的体罚事例，尽管《学校教育法》禁止“体罚”，但现实中明确被认为是“体罚”的行为在一些学校被教师当作“惩戒”的手段反复使用。不能停止这种行为的理由是体罚的指导是默认的前提。在中学任教30年的女教师麻生（1998）对容忍体罚的学校土壤做了如下论述。

> 在教育现场忌讳谈论体罚。体罚的教师有时既有力量又有魅力，家长看到学生变老实了，对教师更信任了。在那种环境中，没有力量体罚的教师开口否定体罚就等于失去自己的位置。……30年来以体罚为议题进行的职工大会和教师研修一次都没有举行过。提倡集体运动的活动家和工会活动家，只在远处口头提倡民主主义，反对体罚，对自己工作中的体罚却没有采取果断的措施。

体罚对遵守规则有一定的实效性，并且作为一种严厉的教育方式而被广大家长所认可。但要把体罚纳入教育法却相当困难，只能作为一种不成文的规定。“用爱来感染学生”，这是教育的前提，正是因为把“禁忌”也作为默认的前提，年轻教师很自然地继承和发展了这种方法。总之，体罚是受校外生活秩序影响的教师的行为方式，并没有考虑教师的指导对学生成长所起的作用。仅仅因为体罚能产生一定的效果，所以其才成为校方默认的前提。体罚加强了学校“全制式设施”的程度，由于学校组织过度官僚制度化、僵硬化，那么这种默认的前提也需要被强化。

但是，当明白体罚没有效果之后，这个前提就开始动摇了。麻生（1998）提到，在I中学一直依赖体罚的男性教师对这个前提提出质疑，其理由如下。

> 对于吸毒、注射兴奋剂、骑摩托车到处兜风的男女学生，无论怎样进行说服教育都无济于事。体罚渐渐变得严厉，最后导致学生逃学。自以为正确的铁腕教育，结果却将一个学生硬生生地从学校赶了出去。现在我才认识到，教育的目的不在于改变外在的东西，而是要塑造心理，强化精神。

体罚必须有约定俗成的前提，才能作为客观评价的对象，这种前提一旦消失，随之带来了“价值、行动样式”方面的教育指导的变化。学校中的体罚事件，之后也在重复发生。2012年12月，大阪市立高中运动部的老师体罚2年级男生致其自杀事件后，学校体罚成为重大的社会问题。但其结果是，体罚早已在学校教育中消失的今天，也只有“禁止”的呼声，还看不到各学校对体罚的自由讨论。二战后的《学校教育法》第11条规定“校长及教师能够加以惩戒。但是，不能施以体罚”。这里重要的是，合法的“惩戒”具体是指什么样的行为，这与非合法的“体罚”有什么不同，这一点在教育行为中不能缺少具体论证，可学校现场却基本上没有讨论（今津，2014）。不得不说体罚现在更是成为“禁忌”，这是默认的前提的最好例子。

此外，Schein指出组织文化中“假设”的“时间意识”，在学校生活中也存在，是默认的教师的时间观念问题。教师手边有很多工作，哪些工作是重要的，哪些日常事务是应该尽快处理的，对于这个问题，有些学校能够妥善处理，有的则不能。例如，齐藤喜博1964年至1969年在群马县镜小学任校长期间，一位1967年调入该校的女教师表示，镜小学日常生活的时间安排与之前任教的学校有很大区别。

> 在4月年度开始时，事务工作相对较多。即便如此，教师们也能及时处理。对于有时间期限的工作，几乎所有教师都能按时完成。如教工会、研讨会，大家肯定能按时就席，以便会议如期召开。我为此感到吃惊。而且，对于事务工作能够分清主次，按部就班地进行处理，教学工作（教材研究等）也感觉有压力，必须合理利用时间。

教师专心致志地工作以及合理安排教学时间都可以理解为教师之间的一种默认的前提。在此前提下，那些对教材研究全身心投入的教师的“价值、行动样式”就显而易见了。

由此可见，无论体罚学生，还是合理安排时间，都是教师在校的教职活动的表现，也可以说是一种无意识的体现。这蕴含着以默认的前提为基础的学校组织文化。这个前提引出“价值、行动样式”以及“形态”。因此，教师对此的认知程度以及厘清其和自身实践的关系是尤为重要的。

第三节　学校组织文化的形成、传播及改变

一、学校组织文化的形成和传播

根据第一节列出的沙因的组织文化特征的后三点，可进一步研究学校组织文化的形成、传播，以及发展和变革。

学校组织文化作为一般学校文化的核心，是在各种各样条件下形成的，包括学校类型、学校规模、教师年龄构成、性别比例、校长主任等的领导力和研修状况，特别是学校的排名情况以及所属地区的特点、学生的家庭情况、家长的教育态度、教育行政政策等。而且，学校又分为中高一贯校

和义务教育学校等，这些条件都随时代而发生变化。此外，学校组织文化的多样性，随着时代发展而变化，不断更新变革而再形成。特别是变动社会中，更容易出现这样的发展和变革。

已形成的学校组织文化会传播给新到任的教师。虽然根据人事变动，教师不断轮换，但学校组织文化有一定的连续性。一般的学校文化往往很死板，要形成灵活且适合的学校组织文化及如何推动其传播是一个长期的重要课题。

在学校组织文化的传播上，有正式和非正式两种。前者的典型例子是校本研修，在校内进行公开教学与其他教师相互探讨，其内容不停留于教学方法上，还有对学校组织文化的学习、研讨和修正。后者是指在教师小组中和德高望重的老教师讨论日常人际关系问题。教师之间互教、“成为好的指导者”等，会促使有意识或无意识地学习“默认的前提”等三个维度的文化。

正如永井（1977）所指出的那样，日本学校存在一种教师文化，就是过于追求“同事间和谐”。的确，为了维持职场的正常秩序，需要同事间的共同努力和相互协调。那么，学校组织文化的内涵将直接影响教师发展，同事间的协调发展也将直接作用于学校组织文化。追求“同事间和谐”这种行为方式本身并不重要，而由此产生的教师价值规范才是关键。

在学校组织文化的学习中，要不断参考、借鉴教师模范。有时，学习内容会和教师前任学校中的不同学校组织文化产生分歧，容易造成该教师思想行为的混乱。第一节中D小学与E小学价值规范的差异以及第二节中镜小学的与众不同的时间安排，都是具体实例。或者说，学校组织文化受到新任教师所带来的不同组织文化的影响，不断走向发展和变革之路。

另外，也有非正式的传播。教师的跨校研究活动使其有机会接触到不同的学校组织文化，并和自己学校的组织文化进行比较，吸收和借鉴其精华，来发展和变革自己学校的组织文化。

二、学校组织危机与学校组织文化

由于学校的不同，组织文化也不具备明确的统一性。多种组织文化的存在，导致所有组织文化混乱且不明确，处于未形成或再形成的过程中。新建的学校处在未形成过程，有一定历史的学校处在再形成的过程。由于种种原因，旧的组织文化一旦削弱就会被新的组织文化所代替。因此组织文化的发展历程或者第一节提到的学校组织的生命周期，其实就是组织文化的形成、变化、变革、再形成的一系列过程。学校教育实践的历史会直接影响学校组织文化的变化过程。学校具有一定的凝聚性，并按部就班地开展教育实践活动，从而形成具有该校特色的组织文化。反过来讲，如果没有教育实践，组织文化就会毫无特色。由于种种客观条件的影响，每个学校都存在发展期、停滞期以及重组期，而且各个时期都会伴有不同的学校组织文化。从某一个时期转移到下一个时期时，学校组织文化也会出现变化。

这种变化在以往对学校组织文化进行小范围修正的情况下，属于文化的传播范围。但是，变化程度大的时候，通常的“传播”改为“变革”。变化程度大，将直接触及学校组织文化的内涵，也就是默认的前提的问题。通过确立新的价值、行动样式和形态，改变以往的默认的前提，意味着学校组织文化在变革，学校处于能面对任何危机的状态。

在危机情况中，平时并未大张旗鼓进行宣传的学校组织文化很容易被教师接受。“要从临床的角度敢于面对组织文化形成中遇到的难题、挫折甚至危机。”在此基础上，组织文化问题受到广泛关注。当学校教育实践遇到挫折时，出了什么问题、在哪儿出了问题、具体问题该怎样解决等，可依据学校组织文化的三个维度对学校状况进行观察和分析。

而且，第二章第五节提到，日本教师以各种方式对自身教育实践进行记录。但是，许多人对此提出质疑:实践记录常常只是主观描述了教育行为，片面描写学生情况，没有深刻反思学校中教育行为的意义，以日记和文学形式为主的叙述并没有从客观上反映学校内外的情况、存在的问题及不良倾向。因此，为促进教师发展，并为他人提供研究资料和教育实践参考资料，对实践记录提出了更高要求，甚至要写出“实践记录报告”。在下一节中，在教育实践史上，泽阳度过学校危机、实现学校再生等重大事件的实践记录就是对学校组织文化变革过程的最好见证。

第四节　学校组织文化的变革

第三章第一节介绍的三重县尾鹫市立中学的事例，是校内暴力作为舆论对象而成为社会问题化开端的学校危机事例。这里以事发两年半后又后川上（1983）教师公开发表的《校内暴力的克服》(「校内暴力の克服」) 作为研究资料。

处理这次学校危机有以下四个目标：第一，从组织文化的角度解释这次学校危机；第二，学校全体成员共同讨论学校组织文化的三个维度；第三，从学校组织文化论的角度说明“实践记录报告”的意义；第四，以“学校教育改进模式”为基础，重点考察关于教师教育的诸课题。

一、学校组织文化的动摇

实践记录者川上教师（男性）在中小学社会科有 20 多年的工作经验，是全国生活指导研究会会员、地区社会科团体事务局局长。1970—1974 年，川上曾在尾鹫市立中学任教 4 年，接着又在须贺利小学任教 6 年，1980 年 4 月又回到尾鹫市立中学担任三年级班主任。地处入江的须贺利小学是一个生源不足百人、一个班只有 15 个人的小规模学校，学校与学生家长的关系亲密，并经常带学生们钓鱼、游泳。然而，6 年后回到尾鹫市立中学，川上对学生的行为变化表示震惊。

尾鹫是个渔港，尾鹫市立中学地处街市的尽头，一个班有 40 个人，有 26 个班级，是个有 1100 多人的大规模学校。但是，学生上课捣乱、厌学、吸烟、离家出走、偷窃等问题时有发生，是个秩序混乱的学校。川上同其他 9 位老师一起赴任，肩负起治理“问题学校”的重任。每个班都有 2 ～ 3 个问题学生，川上所在 3 年 8 班就有 12 个。大部分学生的家庭内部都问题重重。

尾鹫市立中学早在 20 世纪 70 年代后期就已经暴露出问题，在当地成为人们议论的话题。当时学校的情况如下。

> 当时校内外发生了一系列问题，如放鞭炮、破坏校舍、吸烟、上课捣乱、逃学、不尊重教师等，我们对可疑的学生进行彻底排查，有时会弄到晚上 10 点。对确实有问题的学生，严厉斥责其行为，并通知家长及时进行教育。尽管苦口婆心地说服劝导，多数学生依旧屡教不改，而且对教师更加不信任，学生违纪现象愈演愈烈。

有问题的学生在一二年级时受到如此负面的影响，到了三年级时就经常与教师对抗。而且，教师内部的不统一也助长了这种不良风气。是将违纪学生作为教育对象，还是作为处罚对象，教师对此意见不一。“意见不统一导致教师内部互相猜忌，从而造成学生对教师不信任。”这种状况是“全制式设施”学校以及“死板的学校”的典型表现。

1980 年的暑假刚过，一部分学生和教师依然保持着对抗状态。10 月 27 日下午，警察不得不干预。几十名警察进入义务教育场所，这是从明治时代以来学校教育史上的首次，是极为罕见的事件。第 5 节课结束的时候，十几名逃课的学生围住提醒他们的教师，大肆发泄不满，一位学生甚至抓住教师的衣领，其他教师企图上前制止，场面异常混乱。学生不断增多并闯入职员室和校长室。校长出面解释也不奏效。为避免事态进一步恶化，尾鹫市教育长请警察出动。3 名便衣警察，48 名制服警察来到现场。

在警察的干预下，终于平息了校内暴力，但学校不得不面临改组。如果是企业组织，尾鹫市立中学已经“破产”。由于学校组织本身不会消失，从“破产”到改组的过程，其实就是学校组织文化的转换过程。当然，教师并不懂得学校组织文化的概念，他们所要做的是因社会环境变化而改变与学校组织文化相关的事务。

在总结会召开之前，总结观点设定委员会首先讨论了各种建议的可行性。除了校长，将45名教职工编成六组，各组设一名组长，建立了一个能够保障每位教师畅所欲言的新体制。总结会最终采纳了此方法，其主要观点如下。

> 尾鹫市立中学的教师虽然能够冷静对待这次校内暴力事件，但接下来还要正视尾鹫市立中学教育改组这一重要课题。在教育方面，要投入大量精力和感情，集结全体教师的力量。每一位老师都不希望此类事件再度发生。我们必须要明确“尾鹫市立中学以往的教育实践根本上是错误的”。在此前提下，要从根本上摆脱以往的教育实践模式。每一位教师都要深刻剖析自己，经常和他人交换意见，交流思想。

总结会开了7天，长达35小时。这次会议向教师重点强调了学校组织文化问题。以前，仅仅对校内发生的违纪现象进行个别处理，这并未触及学校组织文化等深层次问题。与此同时，教师也要深刻意识到，自己不仅是“作为教师的教师”，而且也是“作为个人的教师”，要时刻正视自己，剖析自己。

总结会主要阐述了两种观点：第一，详细分析学生的具体情况以及本地区社会呈现的所有问题；第二，以此为依据，确立新的指导方针。指导方针出现了重大转变。

> 深入了解问题学生的封闭性和敌意中，尽量一次接近多个学生。判断他们所说的是谎言和理由，因为这是学生自己的逻辑。首先要倾听，找寻其逻辑，对应当纠正的予以纠正，重点锻炼。引出他们的心情、想法和感情，认清这是否是他们心底的愿望和要求，以及为什么犯错，着重点放在交流重视自己的想法和心情，由此而恢复对话。

当然,这里所说的内容,在“心理咨询”“倾听学生声音”或者“贴近学生”等词语经常使用的今天绝不是崭新的视点。但是，在 20 世纪 80 年代初期“管理主义教育” 盛行的情况下是新鲜且划时代的指导方法。现在将以学校组织文化的视角总结出的内容与方法整理如下。

第一，确认学校周围环境和学生发展状况。包括没落的渔业文化和消费文化等地区社会文化环境的变化，同事的实际情况，学生的家庭状况、基本生活习惯、学习能力、体力、价值观、兴趣爱好等多种变化，要对这些情况进行全方位的讨论。那些严查校内违纪学生的教师往往对环境变化和学生的发展状况缺乏客观认识，造成教育指导方式不当，从而引发多种问题。

第二，关于新的指导方针，有以下五点内容。一是建立以学生为主体的学生集团。二是克服低学力，创造易于理解的教学；三是积极组织课外活动。四是提高教师的指导水平。五是强化与家长合作的机制。但是，这五点并不新颖。对那些致力于组织重组的学校，这些只不过是全国通用的一般方法。其实对尾鹫市立中学的教师来说，这是他们想法的转换，从“死板的学校”向“灵活的学校”的组织文化的转换。

第三，变革焦点在于克服问题行为，这是当务之急，但目前还不具备创造特色学校组织文化的能力。尾鹫市立中学的教育改组却在学校组织文化的三个维度中迈出了变革的第一步。

第四，有关学校重建问题，听取外部人士的建议。这是从学校外部支持学校的“人的资源”（human resources）问题，非常重要。“死板的学校”容易采用已形成的观点以及固定的价值观，如果得到外部人力资源的帮助，就有可能上升到学校组织文化的“默认的前提”这一层次。Schein（1985）将组织文化变革中能提供临床知识的人称为“建言者”（consultant），并认为组织文化变革中建言者的作用是不可估量的。川上教师在事件后，特意拜访了东京都小岩四中的关诚老师。小岩四中也是一个校内暴力事件多发的中学，关诚老师是该校的核心领导，在研讨会上和川上相识。对于正确引导、教育学生以及处理学生违纪行为的问题，两人探讨了一整天。川上（1983）受益匪浅，感慨良深。

二、学校组织文化的变革

下面对上述四点中的第三点进一步讨论。学校改组中最重要的是转变学生观念，这属于默认的前提的层次。因此，在对学校组织文化进行从“形态”到“默认的前提”的反向论述的同时，要理清其变革内容。

1. 默认的前提

总结会中首先探讨的是体罚的方法。有的人认为教育学生就应该是这样，用这种方法能纠正学生的不良行为。事实则不然，体罚进一步加剧了学生对教师的不信任感，因此它的可行性有待商榷。其实，作为教师就应该理解学生的内心世界，转变基本的学生观和教育观。

2. 价值、行动样式

超越以前的默认的前提，建立一种新的前提，各种教育活动便会应运而生。根据实践记录的记载，大致分为四点（川上，1983），这些都是“灵活的学校”的基本特征。

（1）学力保障。以前总是优先考虑怎样维持学校秩序的问题，而现在，帮助后进生克服低学力问题变成优先级。有的班级开始课堂上的小组学习和课后自习，有的年轻教师在课后和假期进行学习指导，或在职员室解答学生提出的问题。通过学习上的交流恢复师生间的信赖关系。

（2）与家长的关系。以往学校只要求家长起监视作用，这很容易引起家长对教师的不信任。自从组织地区座谈会以来，教师利用暑假召开了160多次会议，对于教育学生，教师与家长共同思考。

（3）成立学生会。以前都是由校长任命学生会成员，以川上为核心的教师们主张建立学生主导体制。学生会成员由选举产生，教师只起到指导作用，向其提供合理建议。运动会、合唱比赛、辩论大会等都由学生会组织进行，1982年恢复了已沉寂十几年的文化节。

（4）教师研修。学生发展与教师的教育水平密切相关，这一点已是共识。研修并非形式上的，而是以教学研究为中心的研修、教材分析研究、从全国教学实践中总结出的校本研修，教师还积极参加民教联等全国研究会的研修活动。特别是设立了校内新任教师研修会，为年轻教师排忧解难，将家访和家长会活动的方法、意义以及年级座谈会上谈到的经验都介绍给年轻教师。到了学期末，以年轻教师的实践记录报告为基础，大家共同研究下学期的实践课题。这些在序章第二节教师教育的“内部条件”中已经提及。这就是根据教师的需要，发挥“以工作学校为基础”的教师研修的优越性。

3. 形态

核内暴力事件发生后，新校长亲身体会到了改善学校环境的重要性。事发当时，校舍破旧不堪，根本无法给学生提供一个安静、舒适的学习环境，家长和教师虽然用一天时间清扫修整，但并不彻底。校舍的设施设备依然破旧、凌乱。新校长率先垂范，亲自动手安装门窗玻璃，修补桌椅，粉刷墙壁。见此情形，教师和学生们也都积极响应，就这样，破坏校舍和乱写乱画的现象明显减少。教育委员会还拨出2000万日元进行校舍改善，“以前令人心情沉闷的校舍如今面目一新”。校舍环境的变化象征着由“死板的学校”向“灵活的学校”的学校组织文化的变革。

以上是从有关尾鹫市立中学重建的实践记录报告中选取整理的学校组织文化三个维度上的有关事项。当然，尽管事后的实践记录报告描述了违纪行为与制止校内暴力的过程，但是对学校组织文化的描述并没有十分详尽。因此，我们有必要考虑以学校组织文化为对象的实践记录报告的具体作用。它有什么样的好处呢？实践记录报告在第二章第三节提过，不是对个人感想的叙述，而是系统地阐述事实，反思实践与经验，能够提供借鉴、帮助的记录，有以下作用。

第一，当学校组织面临难题、挫折甚至危机时，尽快改变学校环境，诊断学校教育弊端，及时采取相应措施。这是实现自我改进的手段。

第二，使学校组织文化的三个维度作为诊断教育方式的基本框架和基本观点，简单易行。

第三，特别是在日常的学校组织活动中，能有意识地挖掘平时未足够重视的新问题、新情况，从整体上全面把握学校组织文化。

第四，使诊断教育方式的工作成为教师集团的学习活动，或成为“以工作学校为基础”的教师研修的有效方法，促进教师发展。

第五节 诱发暴力和不诱发暴力的学校

一、青年初期的暴力与学校

为更加全面考察学校与暴力，需要追加新的事例——2011 年 10 月大津市中学欺凌自杀事件。关注这个事件的理由有如下几点。

第一，滋贺县警察于 2012 年 7 月以嫌疑“暴行”为由派遣 24 名搜查员搜查了学校和教育委员会，并做出了以下判定:校园里存在传统暴力行为，但中学和市教育委员会对此的应对不充分，而且学校方面的调查也非常有限。从搜查过程来看，警察进入尾鹫市立中学是市教育长的请求，大津市中学则是警察强制进行搜查的。前者的教师团队总结“中学的教育实践根本上是错误的”，进而实现了学校再生，但不知道后者是否有这样的总结。尾鹫事件已过了 35 年以上，但这次再出现警察干预学校的情况，不得不追问以学校改进为目标的组织文化有没有变化。或许面对暴力问题的学校组织文化深处的“默认的前提”中存在着根本问题。

第二，遗属反复抗议，要求学校说明欺凌自杀的情况，随后提出了民事诉讼，被告是刚就任的大津市市长。市长认为不能委托教育委员会调查而成立了第三者委员会。约 5 个月后提交调查报告书，市长对事情经过做了详细报告并公开发表（越，2014）。自治体的首长针对个别的欺凌自杀事件著书是极为罕见的。另外，媒体也大肆报道（共同通信大阪社会部，2013）。这样，这个事件伴随着对学校、教师和教育委员会的不信任而成为大社会问题被人们所认识。问题是，对这样的舆论，教师要怎样总结自己学校的组织文化，怎样制订学校再生计划，怎样实践，对这些问题怎样做出回应而努力恢复其他人对学校教育的信赖。这不只是欺凌事件，而是重审学校组织文化根本的事件。

第三，以这个事件为开端，国会制定了首部与欺凌相关的法律《欺凌防止对策推进法》(2013 年 6 月公布，9 月施行)。欺凌应当是学校通过实践解决的问题，很多场合都能解决。然而出现欺凌自杀事件，表明学校的应对能力不足，因此，学校应对问题终于实现法律化。20 世纪 80 年代初，欺凌成为“社会问题”已经过了 30 多年，其间同样的事件重复发生，学校本应从中学到教训而最终实现法律化，这可谓是学校教育的失败。国会还审议改进了教育委员会制度，代表教育委员会的教育委员长，与担任教育委员会事务局局长的教育长的责任分开。责任划分不清难以应对严重的欺凌问题。因此，教育委员长与教育长统称为新教育长，自治体首长得到议会的同意，可以直接任命、罢免新教育长，这涉及首长的权限(《地方教育行政的组织及运营相关法律的部分改正法律》2014 年 6 月公布)。个别事件改变了国家和自治体的文教政策，所以有必要重新研究存在一般暴力问题的学校组织。

文部科学省每年以日本全部国立、公立、私立的小学、初中、高中为对象，调查暴力行为、欺凌、不上学等学生指导上的问题，其中暴力行为是“故意施加有形力(能看到的物理的力)的行为”，包括对人的伤害、器物损坏等。2004 年，按年级统计的受暴力行为迫害的学生人数如图 4-2 所示。受暴力行为迫受的学生人数从小学高学年开始增加，初中达到顶峰，高中减少，这个倾向符合“青年初期”的发展特征。以前习惯称为“思春期”，狭义上以生殖功能为中心表示身体成熟程度，近年来，开始使用包括综合心智和社会性发展等各成长侧面的“青年初期”一词。高中毕业后经过职业学校和大学等并就业而成为社会人，至 20 多岁为止的时期是“青年后期”。

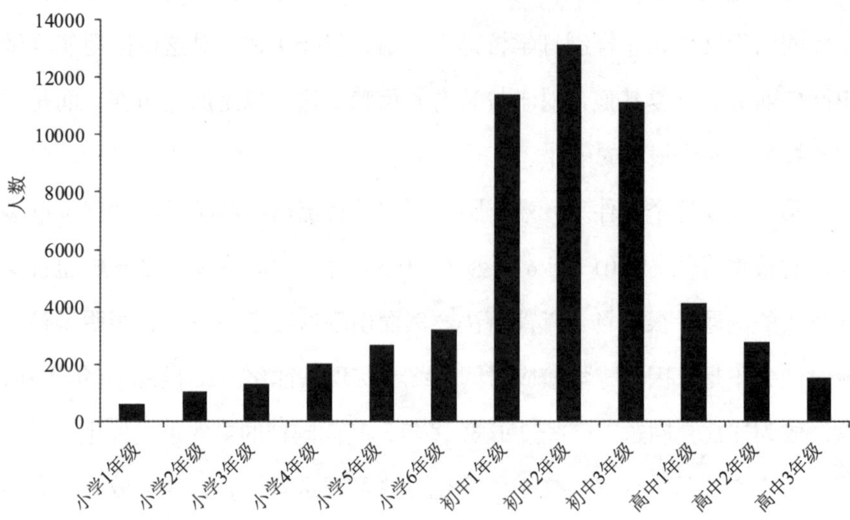

图 4-2　2014 年学生暴力行为的年级比较（国立、公立及私立）

“暴力”是从外部容易观察到的具体行动，最初就包含“恶”的价值判断。而社会心理学常使用的“攻击（性）”（aggression）一词，包含不容易观察的内在的心理状态，是价值中立的学术用语，所以对于学校与暴力问题，其成为客观的且能深入研究问题的关键词。学生可能存在欺凌、打架、损坏器物和校内暴力等问题，大人可能会体罚和谩骂等，对学生与大人双方的暴力行为要从“攻击（性）”的观点重新综合把握，这样能展开新的讨论（今津，2014）。

“攻击”是个体因怀有敌意、憎恶、愤怒、不满、不安等情绪而危害周围且带来痛苦的行动，个体的这些隐秘行动的本性是“攻击性”。这里不明确区别“攻击”与“攻击性”，为方便同时使用。英语中表示“攻击性的”是 aggressive，日本语中说“那个人是有攻击性的人”，在敢干、马上反驳、喜欢争吵等表示消极的意思上使用。只是，“攻击性的”在辞典中还有“果敢而富有进取的气质”“非常好”等积极的意思。可见，“攻击性的”有肯定和否定两面。

从两面性看，社会心理学家 Fromm（1973）将动物行动学纳入视野，多角度描述人类行动的攻击性。攻击原本是指“为达成某种目标没有过度的犹豫、怀疑和恐惧而前进”（反义词“后退”是 regression），可以分为“良性”攻击与“恶性”攻击。前者是自我主张和自我防卫，例如，人在感觉恐慌和不安时，为消除这些感觉而进行防卫，这是自我防卫的“良性”攻击。后者是如战争所造成的破坏。“恶性”不是适应生命活动的自我主张，也不是自我防卫，缺少道德抑制，意味着破坏的攻击。根据 Fromm（弗罗姆）对“良性”与“恶性”攻击的分类，学生的攻击性可以从如下几点把握。

急速成长发展过程中的学生，特别是青年初期的学生，都有前进意义上的攻击性，这不是一般所说的带有攻击性的学生与非攻击性的普通学生，或者平常老实的学生突然攻击。攻击性作为“良性”的鲜活生命力的表现，是所有学生内在隐藏的性格倾向，但是可能会因他们的家庭、学习和社会条件，转化为“恶性”的攻击而爆发，所以可以想象为使双方动摇的攻击性。

“良性”攻击可以表现为自我主张、勤奋学习、努力参加学生会活动和俱乐部活动等。而“恶性”攻击表现为欺凌、校内暴力、器物损坏、不正当行为和犯罪，或者家庭内暴力等，而且攻击分为朝向周围与朝向自己（药物、自伤、自杀等）。此外，“恶性”攻击有程度轻重的区分。

无论是朝“良性”方向还是“恶性”方向发展，青年初期是人生中攻击性最强的时期，而且朝向两个方向中的任何一方，都会产生极为不安定的特征。快速的身体发育中，无论是男性还是女性都不得不意识到，在感受从体内发出的用语言无法表述的冲动的同时，对家长的依赖变弱，而对同辈强烈关心，这是萌生与他人不同的自己的“自我意识”。但是，会因为自己的能力程度和友人关系中的自我定位还不明确而有不安倾向，一方面，要与同伴同步；另一方面，要夸耀“势力”，确认自己的力量，至少向周围显示自己的强大。

此外，还没有掌握考虑他人等对人关系和社会生活上的规则，非但如此，身体的急剧成熟与心智的成长之间的差距，使得他们难以控制自己的行为。在这样不安定的状态下，除了欺凌，还容易出现包括不正当行为的攻击性行动，常常爆发各种暴力行为。对大人的态度，一方面，表现为割断依赖关系的态度，另一方面，表现为仍有依赖关系的撒娇态度。总之，特别是从儿童期向青年初期转变的学生们的内在隐藏的攻击性增强，如果向“良性”方向发展还好，有时在某种条件下会朝相反的“恶性”方向爆发。

不仅是学生，教师也同样如此。“管理主义教育”中的典型方法体罚是强迫学生遵从学校纪律的行为，很明显“恶性”攻击的性质很强。第二章第三节所言的教师精神压力也可以从攻击性观点进行讨论。教师压力大显示了教师感情的不安定，容易使教师的攻击恶性化。面向学生时“恶性”的攻击表现为体罚，面向教师自身时有时又表现为忧郁、身心失调，甚至自杀。

二、各学校组织诱发还是不诱发暴力

根据以上想法，和睦安稳的学校只是理想状态，实际上学校组织根本上常认为学生与教师的攻击性会引发一系列问题。因此，能发挥“良性”攻击的作用则接近理想状态，但不知道何时会转化为“恶性”的攻击，而且或许会爆发。实际上学校组织站在危机边缘，但这也是学校组织文化的“默认的前提”。然而，学生和教师没有认识到其各自发展阶段的状态，很多教师容易将“理想”状态当作是学校组织的“现实”而出现错误认识。这种默认的认识和判断造成对暴力的萌芽感觉迟钝，加上发生暴力行为时，媒体大肆报道，从学校的理想状态马上会引出暴力是恶的价值判断，这时学校组织再进行自我防卫，就容易陷入困境。

当然，也有很多学校防患于未然，没有使暴力问题升级，不断进行各种教育实践。但对青年初期学生的理解和教师相互之间的理解较少，缺少这样的教育实践时，少数也会发生暴力事件，这就是关于学校组织文化实际情况的问题。那么，要想解决学校的暴力问题要理解以下几点：第一，学校的深处潜藏着攻击性。第二，攻击性在某种条件下会转化成暴力。第三，攻击性的表现因学校的组织文化不同而不同。这时，诱发暴力的学校与不诱发暴力的学校作为两个不同的学校组织文化的差异会被论及（今津，2014）。

诱发暴力学校的特点有：①与促进每个学生的发展相比，更重视学校组织的秩序。②学校组织贯彻管理主义，遵循抑制力量关系的理念。③设定提高学力测试结果的数值目标，实现聚焦于此的教育是组织目标。④学校的各种信息不向外部传输，学校也没有关于家长的信息，学校组织封闭。⑤这样的学校组织之下，各教师孤立，互相合作、共同工作的连带意识弱。以上可以说是“死板的学校”具体化的学校组织文化的特点。

“不诱发暴力的学校”的特点有：①接近每一个学生，为让其发展而重视同班同学的共同努力。②为此学校组织贯彻的组织理念是容许可能范围内的教师行为，教师之间互相尊重而且学生尊重教师。③参考学力测试的结果，明确每个学生的发展目标，为改善教学内容与方法进行自我评价。④有关学校的各种信息对外公开，在学校内共享家长信息，学校组织开放。⑤这样的学校组织之下，各教师相互尊重，合作共同工作的连带意识强。以上可以说是“灵活的学校”具体化的学校组织文化的特点。

当然，这两个类型是单纯整理的学校组织文化模型，对于实际的学校各要素的占比是多少，各要素的变化程度有多大等情况在现实中多种多样，或接近诱发暴力的学校或接近不诱发暴力的学校。再简化一下发现，诱发暴力的学校进行再生而成为不诱发暴力的学校的是尾鹫市立中学，另外，对学校组织深处有攻击性漩涡的认识较弱，感性上没有把握其转化成暴力的征兆，结果固守学校组织的秩序而诱发暴力的学校是大津市中学。

总之，接近诱发暴力的学校如果认识到转化为暴力的征兆，所有教师要树立危机意识，将防范暴力作为紧急课题而面向不诱发暴力的学校进行学校建设，在这个视角上需要常诊断学校组织文化。这里不可缺少的是，各教师不断发挥感性作用，切实积累基于教师团队合作的实践。这正是教师教育的重要课题。学校暴力不能单独作为暴力问题，而是重新认识全体学校组织文化的课题，是教师教育的重要课题。

以上从学校组织文化的观点论述了“学校与暴力”的个别问题。要使这个议论更一般化，就要展开针对每个学校组织文化是否合适的相关考察。与学校不相宜的暴力事件相比，探讨诱发暴力的学校组织文化更加重要。

三、学校组织文化的适切性

按照本章第一节对学校组织文化的定义，学校组织的内部统一与外部适应能否适切，是学校基本评价的岔路口。“好学校”“平稳的学校”“有活力的学校”等学校具有适切性。反过来，称为“有问题的学校”“坏学校”等。用英语表示为good school，effective school或者bad school，failing school。对于学校评价的差异，横在中间的是学校组织文化的适切性。

适切性不是个别学校带有的固定特点，因校长、教师的调动和学生的转入转出，家族、地区背景的变化而流动地变化。有的“坏学校”变成“好学校”，也有“好学校”后来变坏。因此，可以一般性地考虑学校组织文化适切性的两个条件。

第一,作为基础条件的“活力性”。这里包括两个要素:一是“教育实践性”。确立教育指导方针，教师之间相互沟通，理解学生，特别是青年初期的学生，接近学生，教师与学生相互信赖，教学易懂，与家长合作等。二是“组织性”。确立组织管理体制，校长领导，校长、教务主任合作，班主任等全校教师协作，向地区开放等。

第二，作为发展条件的“危机管理”（对危机的预防）的确立。第二个条件在第一个条件没有完备时不能达成，第一个条件完备而第二个条件有时也不能完备。在充满理想主义且当作是教师个人集合体的学校组织中，可能还没有习惯危机管理，很多教师甚至对协作关系、组织体制以及危机管理没有任何想法。第一个条件不充分时，事发后不得不急忙进行危机管理（危机的事后处理），即使第二个条件完备，也可能是表面的形式（形式上的手册制作等），结果导致危机预防走向失败。

从整体上看，第二个条件在表面容易观察，（手册、会议记录、调查报告、研究报告等的有无），其背后潜藏的条件难以观察。两个条件共同达成是“好学校”，反过来两个条件都没有达成是容易陷入困境的“坏学校”。

第五章

学校的组织学习与教师教育——对学校组织文化的认识与改革

第一节　学校组织文化的变革与学校的组织学习

一、学校的组织文化与变革

第四章提出了学校组织文化的概念。学校组织文化的变革过程表现为教师培训，其间教师通过经验学习，促进了个人发展。但是，在第四章第四节的尾鹫市立中学的事例中，变革来自外部，学校组织文化在学校内部不容易变化。以“灵活的学校”为目标，追求自我改进存在各种各样的困难。

永井（1977）指出，日本学校中一般的教师文化都要求教师之间协作，学校变革存在困难。关注教师文化的油布（1990）也特别从日本特质的视角，论述了教师对变革的消极态度。对于第四章第二节提到的学校组织文化的“内部统一”与“外部适应”功能，在日本学校中“内部统一”更强，“外部适应”的功能较弱。

外部适应功能弱，可以说是学校组织的一般特点。Morrish（1976）广泛研究了“为什么学校的变革进展非常慢”这个问题；从教育革新角度研究不同文脉的 Gross（1971）认为教育革新的过程中存在各种障碍，学校变革困难不仅是教师的问题，学校组织和学校组织文化也存在“对变革的抵抗”

问题。

第一，一般的组织研究中常指出，组织容易抵抗变化。变化要求组织成员重新找到自己的位置和自尊等进行自我认识以及环境认知，改变现有的安定状态，这对成员来说是一种威胁。这样的组织的性质，学校组织也同样具有。

第二，学校原本是传递已有的知识与价值观的机构，基本上不能立刻应对环境的变化随时重构知识与价值观，也不能事先传递未来的新知识与价值观。

第三，学校是地区社会中所有人都熟悉的组织，而且家长和地区社会期待出现理想的教育，就算只是小问题也容易受到各方批判，所以学校对周围环境常常采取防卫、封闭的姿态。

第四，学校基本上划分成教室，承认班主任的自律性，组织全体针对变革形成统一意见很难。

因为有以上的困难，所以即使有必须要解决的问题，学校实际操作起来却不容易。在踌躇的状态中进行教师培训，倾向于只是按惯例重复形式性研修，其结果是，在取得面向一般性教师的“适合”结果时没有给教师带来新的职业知识、技术和价值规范的“适应创造”的变化。

现实中推进学校组织文化的变革，有必要关注教师团队的组成方式和学校外部的人力资源等有关变革的人员配置。校长和教务主任的领导作用以及其他特定教师个人能力并没有充分发挥，例如尾鹫立市中学的教师需要长时间进行总结，教师团队能够在什么程度建立合作体制成为重点。这个合作体制应当考虑两方面。

第一，在内部统一的问题中，回答革新者是谁，以及继续改革的革新促进者（facilitator）是谁等问题。是校长或教务主任？是年长教师、中坚教师、年轻教师中的谁？是个人还是团队？

在革新研究中，有影响力的领袖的作用与跟随者的作用，以及二者的关系是重要课题，他们在引入新的决策和革新传播中起到怎样的作用等问题也是主要的研究课题（Rogers，1962）。学校组织文化的变革过程中，作为有影响力的革新者与作为跟随者的革新促进者，各自的作用是什么，二者的关系是什么，教师间、教师团队间存在什么样的对立冲突，怎样克服，这些都是有趣的问题，也是事关学校组织文化革新的领导与教师团队组织化的问题。

第二，在外部适应的相关问题中，关注外部人力资源引入的问题。如前所述，容易采用已有见解和固定价值观的学校教师，难以对学校与环境进行新的学习。特别是深入到“默认的前提”，学校教师以外的人力资源进行客观观察的帮助很有效。例如，外校教师、指导主事，以及大学研究者等“建言者”，这样的人力资源会成为打破对外部防卫的封闭学校特质的契机。第四章第五节大津市中学欺凌自杀事件发生后，为明确事实经过成立外部的第三者委员会成为通例，其报告书的内容不停留在事件经过，有时会言及背后的学校组织文化的实际情况。

这里的“建言者”（consultant），如第四章第四节 Schein（1985）所说，重视关于组织文化变革的临床知识的作用。Fullan（1982）根据加拿大的现状，区分了指导主事等校区内建言者（internal district consultant）与大学教授等外部建言者（external consultant），在他们接受、实行、推进学校教育变革等三方面，研究怎样发挥计划、联络调整、援助、评价等的作用。英国的 Reynolds（1988）建议，在学校变革中社会学者如果成为建言者，教育社会学会与教师相连接。这个建议立足于反思传统中教师培训把教师从学校现场送到大学单方面灌输知识的做法。社会学者进入学校现场与教师对话，诊断学校，积极干预（active intervention），提供建议，是在相互交流中“以工作学校为基础”的教师培训方法。具体来讲，建言者对学校的诊断可明确教师之间不同的意见，并说明意见的对立冲突未必起反作用，进而促成教师决策。

发挥建言者的作用，可以理解为主要在社区心理学中作为社区研究而被关注的社会干预（social intervention）的方法。安藤（1987）认为，社区研究不仅涉及个人性格因素，还通过意图性操作改变环境因素，改善社会环境与个人和团队之间的适切性，促进健康与增加福祉，是提高社会环境整体适切性的组织实践与研究。社会干预是具体方法，对痛苦和有问题的个人和团队，第三者伸出手，努力进行援助解决困难。

总之，学校组织文化的变革，不只是学校本身变革，也有可能在外部的各种人与机构的支持下进行。为多视角研究学校组织文化，提出变革的策略，学校只能进行组织学习。一般以为学习是个人活动，而进行组织学习的新观念，对通过学校组织文化变革推动学校改进，甚至对教师教育都不可或缺。

二、学校组织文化变革中的领导力与追随力

上述研究提到了“领导”和“随从”。最近日本强调校长和骨干教师的领导力，而且教师培训也盛行领导研修，但必须要指出关于领导力的一般论述都极为表面和片面。因为总是只提到领导力（引领作用），而完全忽略其与追随力（随从作用）的关系。

领导力是指能够全面理解学校组织文化的内部和外部状态，并具体制定目标，对组织文化的形成与变革起决定性作用。它是在把握各学校中教师团队的情况下，决定校长、教务主任、学年主任等主要职位的具体任务，为解决学校课题而起牵引实践作用。但是，如果只是单方面引领，教师不会随从，领导会与他们脱离，就存在不能达成目标的危险。重要的是，只有少数领导的判断和决策能被职场所理解接受，因此，其他教师的追随力也不可缺少。

追随力不是指单单站在跟从的立场。对领导的判断和决策提出问题和意见从而能够理解，提高承担解决问题的组织一员的意识，同时对领导的引领行动产生共鸣，自己也积极参加。反言之，领导力有制造出追随力的作用，而不是强行引领组织。因此，大多只关注强调领导力一面的论述，是不能正确理解整体组织活力的。

作为领导者的校长和教务主任等是否适合于其职务另当别论，这里要研究左右教师合作和合作文化状态下领导者与追随者的关系。二者的关系大体有三种：①所有追随者服从领导者的意见。②部分追随者服从领导者的意见。③所有追随者都不服从领导者的意见。

对于第一种，学校组织文化的变革容易进行，但这样的情况并不多。第二种中部分追随者的态度怎样扩散到全体追随者中是关键。第三种的关键是要求领导改进意见，或者要求改变提示方法，或者对追随者同事做工作。

不仅是学校组织文化的革新，如果关注教师合作文化和作为学校管理核心的领导者和追随者的关系，就要求教师培训阶段中关注这些课题。特别是不能忽视追随者的重要性，这有必要重新学习，这是因为在教师培养阶段还没有培养二者关系的基础能力。因此，有必要采用各种方法，例如在论述以上观点后，通过小组活动、课外项目、实地调查等团队活动，交换领导者角色和追随者角色进行经验性学习，或者通过课外活动、团体活动、大学开放日等，同时体验领导者与追随者两个角色，并进行反思，这样做必会起到作用。

三、学校的组织学习

一般要考虑组织与环境的关系，如果环境发生变化，为维持合适的水平，组织有必要变更内部的结构与活动过程。为论述进行变更的组织活动，用的是组织学习的概念。寺本等（1993）认为，“组织不是只被动地根据环境而规定功能与结构的存在，而且，也不是根据单方自由选择而行动的存在。组织是学习的存在”。

根据 Argyris 和 Schön（1978）的定义，组织学习是“整合组织外环境和组织内环境的变化，组织成员确认和修正组织的价值标准，将其探求结果嵌入组织示意图的过程”。组织学习要把握组织所处的环境与组织活动的变化，按照组织规范和价值观的妥当性采取适切活动，或者在修正规范和价值观的过程中，使组织管理能力得到发展。组织学习使组织在变革中获得更多的能力，是组织在与环境的相互作用中，改变自己结构形成新秩序的“自组织性”（self-organization）中包含的学习活动。为进一步明确组织学习的性质，要补充说明以下三点。

第一，学习内容。根据古川（1990）的整理，学习内容分为以下几类。组织学习中，有对有关环境和组织活动进行新的理解和解释的“认知面”的学习，还有基于认知框架学习新活动样式的“行为面”的学习。原本二者基本相互独立，没有行为面的变化也可以进行认知学习，没有认知面的变化也可以进行行为学习。对于环境的变化，偶尔采取的行为可能会避免危机，有时会完全没有认知学习。环境在流动状态中导入急剧的、大的行为变化，会使组织混乱，这时重点应放在认知面的学习。导入行为变化而被组织预测到时，有可能进行认知面与行为面的学习。那么，正确理解并解释环境变化及置于其中的组织自身的认知面的学习是非常重要的。

认知面的学习中分为“低水平学习”和“高水平学习”。前者不改变现有的基本价值标准而再次确认价值标准，是评价每个组织活动和新活动的实施中产生的学习，后者是变革组织全体价值标准实现适应环境中的学习。“低水平学习”与“高水平学习”，分别对应 Argyris 和 Schön（1978）的“单回路学习”（single-loop learning）和“双回路学习”（double-loop learning）。

第二，组织学习与个人学习的关系。古川（1990）也论述到，组织学习与个人学习不同。第一，组织学习不是个人学习的单纯累积和总和。个人会因组织的出现而突破认知界限，这是组织学习的特点。第二，个人学习从个人内部而生成，学习内容留存于个人内部，组织学习将其学习内容作为组织之物而存蓄起来，即使领导和其他组织成员替换，也会以组织文化的形式而传递下去。

第三，进行组织学习的组织特点。Schein（1980）和古川（1988）论述了组织成员的社会化较强的问题。组织中，有对管理不可缺少的基本的核心价值规范，还有不太必要的自由的边缘的个人价值规范。根据组织对成员的要求，组织可分为三种。

一是要求完全遵守核心价值和边缘价值的组织。成员镶嵌于组织中，忠实服从指示、命令而自己不思考。二是要求完全接受核心价值，但对边缘价值不强求全部认同的组织。允许成员独自处理问题和保持自律性，可采取个人办法。三是不要求认同核心价值和边缘价值的组织。成员的工作脱节，组织活动不确定、不稳定。

这三个类型，第二种是能顺利进行组织变革的组织。在环境变化大的情况下，如果不是第二种进行外部适应很难。也就是说，第二种是伴随组织学习的组织类型，第一种和第三种是不能伴随组织学习的组织类型。

可将以上组织学习的一般想法应用于学校组织，学校也有组织学习。学校组织学习是把握学校组织所处的环境和学校组织活动的变化，按照学校组织的规范与价值观的妥当性采取适切活动，或者是在修正规范与价值观的过程中发展组织管理能力的学习。从管理学的视角正面挑战学校组织的 Senge 等（2000）强调要从“教的组织”向“学的组织”转换，他们主张“学习型学校”，是学校组织推动学校改进的方法，体现“开放的学校”“灵活的学校”，以及具有“自我改进性”的学校组织的基本管理方针。

> 学校，不是命令、指令、强制排名，而是指引学习的方向，以变成持续的、有活力的、创造性的场所。系统中的所有人，表达自己的愿望，增强意识，共同发展所有的能力。学习型学校中，依然长年有相互不信任的人，如家长与教师、教育者与企业家、行政管理者与工会成员、学习中的人与外部的人、学生与家人等，在共同体中，均承认存在利害关系。

在中央集权的官僚制机构中，日本学校组织的价值规范是按照法规或者以前的惯例决定的。只要是学校就不能无视被一般的学校文化所拘束的一面。但是，学校的环境多样。对于公立学校，如在校规中所见的承认校长的自由裁量权，各学校可以自主编制课程，学习指导和生活指导的方法各学校也不同。这种多样性，是各学校根据各自的组织学习形成的。

因此，对于“进行组织学习的组织特点”的论点，学校组织在现实中不存在第三种类型。即使第三种类型不放任管理，在积极拒绝核心价值和边缘价值时，也是“全制式设施”中理想的X（参照图3–1），现实中并不存在。实际的学校组织是第一种或第二种类型。从成员的社会化来看，“全制式设施”程度高的“死板的学校”是第一种类型，“全制式设施”程度低的“灵活的学校”是第二种类型。

“灵活的学校”是经常进行组织学习的学校。从学校管理的角度看，如何接近第二种类型是重要课题。将自己定位于“作为学习者的教师”（teaches as learners），如果不在教师合作之中展开学习活动，就不能产生和保持学校组织的开放性、灵活性、亲密性、自我改进性。

在“组织学习与个人学习的关系”的论点上,对于“以工作学校为基础”的教师合作中的组织学习，可以取得大学的专业知识学习不能产生的学习成果，在对学校环境和学校组织加深认识时，能展开作为变革理所应当前提的价值标准而改变行为样式的新学习。学习成果作为新学校组织文化而存蓄下来，同时这样的学习也会带来教师发展。

对于“学习内容”的论点，“高水平学习”以及“双回路学习”，意味着学校组织文化深入到“默认的前提”，变革默认理所应当的价值标准。展开学校组织学习,是以深入到“默认的前提”为对象,综合研究包括“价值、行动样式”和“形态”的学校组织文化，以改善学校组织的标准。

四、作为学校组织学习的校本研修

从以上学校组织学习的观点重新看第四章第四节的尾鹫市立中学事例，总结会正是这个中学的组织学习，而且是“高水平的学习”。如果在地区、家庭、同伴团队秩序崩溃时，没有研究变化中的学生教育指导的价值和方针，只是简单地依靠传统标准，学校组织文化不能对应其环境，结果是使“全制式设施”程度变强。作为校本研修的总结会确立了新的学校组织文化，再建学校。

再次研究作为学校组织学习的校本研修时，对于日本的校本研修，可以提出以下问题。

第一，校本研修能否成为组织学习的问题。一是三个组织类型中，为维持完全遵守核心价值与边缘价值的学校组织，是不是利用了校本研修？二是是否不考虑工作学校的学校组织文化，只研究个人研修就能探究一般的问题内容？三是方法上是不是停留在个人学习的单纯的集合，而没有有效利用组织学习的独创性？

第二，虽然以工作学校的学校组织文化为对象，但是否深入到对"默认的前提"的研究？是否停留在"低水平学习"和"单回路学习"而未能够应对环境与学校组织的变化？

第三，及时进行学校组织文化的"默认的前提"的变革，是否存蓄在组织文化中？在人事调动时有没有通过校本研修向新教师传达？

第四，以上所有问题，是否实现了以校本研修为基础的教师合作？即是否确立了教师团队？

这四点是校本研修应当考虑的问题。最后一点在下节探讨。

第二节　教师协作体制与教师发展

一、教师协作文化

日本教师之间称为教师团队，教师协作体制对于学校组织文化的变革，对于学校组织学习来说，都是重要基础。

第二章第四节曾提到，对于教师发展而言教师协作体制是相当重要的。Hargreaves（1992）根据加拿大的现状论述了教师文化（teacher cultures），将教师文化分为"内容"（content）和"形态"（form），教师的态度、价值、信念和习惯等是"内容"，通过教师之间关系的"形态"而表现出来，并从形态视角展开了教师文化论。教师文化论，与其说是教师共同的一般文化论，更不如说使教师与其他教师的关系呈现多样性，是与学校组织文化和其变革相重合的问题。教师常作为个人而被理解，传统上处于孤立的工作状态中，因此教师关系性是极为重要的教师文化问题。

日本的教师文化论以“内容”为中心，对“形态”的关注较少。因为日本教学工作基本上是通过教师团队而展开的，观念已固化。但是，重新从“形态”的视角认识教师文化，有必要研究一下日本教师团队的思考方法及其实际情况。所以，这里要对教师文化“形态”进行详细研究。

Hargreaves（1992）对教师文化的“形态”做了以下分类。前三个是根据现状进行的形态分类，最后一个是以变革为目的的实践形态。

第一，“个人主义”（individualism）。在教室单独进行教学的教师，容易陷入与同事隔离的状态。很多教师的个人主义是教育上的保守主义的温床。

第二，“团体分割主义”（balkanization）。有些学校中，几个教师建立小团体而相互竞争。同事关系的割裂多见于高中，多反映出学习观、教育方法和课程观的不同。割裂主义使同事间的交流式微，容易造成学校内的对立冲突。

第三，“协作文化”（collaborative cultures）。虽然协作文化全面起作用的学校较少，但会带来教师间相互的开放、信赖和帮助关系，是日常生活中自然渗透出的温暖的同事关系。在协作文化之中，对于教育指导上的失败和不确定性不会采取防卫的姿势。互相帮助，同事共同承担，相互探讨。教师之间要求教育的核心价值一致，对于细致的边缘价值的不一致也能够宽容。只是，建立和维持这样的关系并非易事。

第四，“刻板的协作”（contrived collegiality）。教师文化的变革，是从“个人主义”和“团体分割主义”向协作文化的转换。但是，协作文化很难自发产生，作为过渡措施即使强制实现“刻板的协作”，也难与学校改革和教师发展联动。例如“教师之间互相讲授经验”和“成为好的指导者”是具体实例。

然而，协作文化具体在什么样的场景下出现，根据美国的情况，Littele（1990）叙述了四个场景：①对教学进行日常会话。教师之间的核心话题是教育，在休息室、大厅和不使用的教室等，都能听到他们对教学理论与实践的讨论。②合作进行教学设计、教材开发和教育方法开发。减少个人的教学设计时间，按照学年和学科等集中教师，或者组成跨学科的混合团队而准备教学，学生的学习评价也同步进行。虽然一起授课的机会少，但对学生的指导负有共同责任。③观察同事的授课。但只是稍微窥视，与为促进专业性发展的系统观察不同。要不断探索学生学习的核心问题，对教学实践与其改善进行系统观察。④教师之间交流新想法和新实践方法。抛弃"讲课就是工作"的想法，对课程设置、教学方法和班级管理等进行探究，相互提供经验与成果。教师培训是教师共同接受训练，以互教的形式实现组织化。

从如上观察教师之间关系的形态和教师协作的具体活动中，可总结教师协作体制的意义。

第一，打破教师的孤立性。防止出现成为学校官僚组织中单纯的零部件的"单纯劳动者化"，形成同事相互提高、共同发展的基础。

第二，提高教师团队的凝聚力。迄今为止的组织理论指出（Blau & Scott，1962），团队凝聚力有利于提高组织生产性。特别是面对存在各种障碍的学校组织的变革，教师的连带作用和团队凝聚力不可缺少（Cohen，1981）。日本的学校现场中所说的"教师团队问题"，也有连带作用和凝聚力的意思。只是，只有凝聚力可能不知道组织生产会朝哪个方向发展。为朝变革的方向提高生产性，要使组织学习成为条件。

第三，推动组织学习。使超过教师个人范围的团队学习成为可能，其中，学校组织文化深层的"默认的前提"成为教师的反思对象，打破思考样式和行为样式的壁垒，提高教师能力，以实现教师发展。

二、日本教师协作文化

日本学校中的教师协作文化似乎被理解为常态，但是从以上研究可以看出几个问题。

第一，日本教师实际上是否有协作文化？从教师之间的关系来看，与欧美国家相比，日本教师文化的四个“形态”中的个人主义相对较少，但并非不存在。如在与第三章第一节兵库县立高中一样大规模的高中所呈现的典型特征中，也能看到切断的教师“个人主义”。油布（1994）指出，社会全体的私有化渗透到教师世界，以年轻人为中心出现“私生活型”教师，强化了“个人主义”的形态。而且，“团体分割主义”的形态使学校管理发生混乱的情况也在现实中存在。

第二，日本教师是否明确理解协作文化？对于教师的连带作用和凝聚力，日本常认为是理所应当的，而连带作用和凝聚力的定义却相当含糊。例如，关于“教师之间要求教育的核心价值一致，对于细致的边缘价值的不一致也能够宽容”，其中，教育的核心价值一致是不是被误解是“协作”？传统的“共同体文化”被误认为是“协作文化”，那么就不会出现尊重教师个人的主张而只谋求全体一致的态度。

第三，日本教师频繁进行教学参观。校本研修和公开研究会中，教学参观已成为基本内容。但是，这样的教学参观能否成为促进专业性发展的系统观察方法？会不会为了借用教学技术和教材内容“只是稍微窥视”？教师培训如果停留在传统的徒弟制训练，“教师之间互相讲授经验”和“成为好的指导者”也会缺少系统研究的特性，不会提高专业性，促进教师发展。

第四，日本学校中，为了使协作文化扎根，在实践中是否积极进行“刻板的协作”的变革？在学校环境的变动中，虽然对此有所要求，但 20 世纪 80 年代在日本所见到的，特别是为恢复学校秩序而过于依赖校规，陷入管理主义的学校管理，是“全制式设施”程度加强的结果。

从以上几个问题考虑，需要对日本学校的协作体制进行深入探讨。

三、教师协作体制与教师发展

久富（1988）将“学校建设”作为“学校再组织化”而理解，并与“教师文化革新”问题相连接。“学校再组织化”，与至今谈论的学校组织文化的变革和再形成的问题相重合。“教师文化革新”是以教师全体的共同文化为对象的一般范畴的问题，所以这里设定为是基于个别学校组织文化的“教师发展”问题。

第二章第二节论述过，教师发展是教师个人变化过程，而发展原本是关注个人与环境的相互作用的概念，因此，教师发展要在工作学校中由教师团队、学生团队和家长团队所构成的学校组织，以及管理学校组织的教育行政组织，或者地区社会和更广的信息环境中进行。因此，如第三章第四节所述，教师发展研究不能停留于教师个人的变化，而应以教师团队为媒介，教师与环境的变化也成为研究对象。在这个变化过程中，教师一方面将工作学校的学校组织文化内在化，另一方面与同事共同改变，在创造中实现教师团队发展，每个教师的发展是最终的成果。

这种想法构成了与提高教师质量的教师教育相关的“学校教育改进模型”。那么，为什么现代的教师教育研究会从“教师个人模型”转向“学校教育改进模型”？其背景和意义，可以整理为以下七点。

第一，转变教师专业性的基本想法。与单纯拥有高度专业的知识与技术相比，在与学生的关系中，更要求教师反思实践的指导内容，以及提高完善指导内容的能力，这不意味着专业性对“实践”的要求超过“理论”。虽然要求“理论”，但不是著名学说的“公理论”，而是重视通过实践得到的“私理论”（对这个理论的划分将在第六章第三节中详述）。

第二，探究这个专业性的场所，是以与眼前的学生的关系为中心的学校现场。教师质量可以理解为学校教育的质量，“以工作学校为基础”的方针也是由此产生。

第三，然而，伴随学校教育规模的扩大和地区环境的变动，在学校秩序的变化过程中，各学校迫于实际要解决各种各样的教育问题，教师专业性与质量问题也在实际的问题解决中被探究。

第四，在变动社会中，不得不根本性地再研究学校教育与教师的任务，包括具体问题的解决，这是教师培训的课题。

第五，根据以上四点，工作学校不能缺少教师协作体制。在重塑学校教育与教师任务的过程中，对于解决各学校的教育问题，教师可能会怀有抵抗情绪和对不确定性的不安感，结果是出现防卫姿势，教师协作体制变弱。

第六，教师协作体制会促进学校组织学习。组织学习会带来在个人学习中得不到的学习成果。组织学习是在学校与变化环境的关系中，在已有的为适应环境而保持的学校组织文化中，再研究“默认的前提”的基本价值规范的学习。

第七，“学校教育改进模型”着眼于教师与环境的变化。这是学校教师继续变化的过程，是着眼于自己的教师成熟过程，即教师发展过程。对此，“教师个人模型”基本不关注教师与环境的变化，只是对传统意义上的教师形象的一种完善，这对教师职业社会化的概念或许合适，但作为把握变动社会中的教师发展过程的模型是不充分的。

第三节 “灵活的学校”与教师教育

第三章和第四章论述了在变动社会中变革学校组织文化的方向是“灵活的学校”。“灵活的学校”是指促进教师发展的学校环境，也是变动社会中的教师教育目标。“灵活的学校”的一般特征有开放性、灵活性、亲密性和自我改进性。在减弱“全制式设施”程度的同时，追求“灵活的学校”，对教师教育有什么样的具体意义？下面要针对四个特点分别研究教师教育的问题与课题。

这里会举出日本现实中的几个事例，更实际地进行思考。从“灵活的学校”和教师教育的角度，研究具体事例怎样定位，以及从这样的事例中引出的一般论点是什么，同时具体论述学校教育实践中关于变动社会的教师教育的讨论。虽分特点进行叙述，但实际上各特点相互关联。

一、再问开放性与封闭的教学体系

开放性能够分成对学校外部的开放与学校内部的开放，这里思考的是学校内部的开放性中容易忽视的教学系统，因为教学系统是教师教育的中心问题。第三章第三节提到“死板的学校”的教育理念是保持封闭的教学系统，传统的教师教育范式与其相联系。因此，教育实习和教师培训基于传统范式，教学系统是传统的封闭的，学校变成“死板的学校”。

追求学校的开放性，会注意到传统上对教师能力的要求实际是在特定的教学形态的范围内，这是某前任教师的论述。他离开学校教育，向不上学的学生提供独自学习的场所。奥地（1988，1992）曾做过 22 年小学教师，1985 开始在日本经营自由学校“东京超现实”（東京シューレ），已有 300 多名毕业生，作为全国有 60 多个团体加入的“思考不上学的各地会议网络”（登校拒否を考える各地の会ネットワーク）的核心并持续开展活动。在这个过程中，奥地将做学校教师时期没有怀疑且理所当然接受的教学方法的研修看作是封闭的教学系统的问题。

> 经营东京超现实后，才清楚地认识到，教师时代教学研修的方向是，40 名教师如何使所有班级学生在课堂上集中精神。……为了让全员高度集中 45 分钟，教师的教学技术受到考验。提问、板书、教具的使用、时间和桌子的分配、笔记的记法……指导主事、管理人员、观摩教师对细微之处提出意见。当教学不顺利时感觉是因为自己能力不足而会消沉。

当然，现行的教师培训并不都是这样单纯的技术训练。教学参观的研修中，有时还会展开其他各种研修，例如怎样区分没有上课的学生和不能上课的学生，对他们日常的学习状况、家庭背景和同伴关系等信息教师所求的是什么，教学所用的教材的结构是什么和提问是否适切等研究。但是，对于教育实习生，不能否定其不断进行的教学研究或教师培训具有一般技术训练的倾向。

代替封闭的教学系统，形成“开放的学习系统”基础上的新“教师教育范式”，并立足于这个范式进行教师培训和教师培养是重要课题。至少，不全部是“一齐”“一律”的方法，在实际学习还有个性化教育的各种方法中不会存在障碍。弱化封闭的教学系统，也会成为停止其再生产的契机。实验性地采取“开放的学习系统”，学习从“死板的学校”内在突破知识、技术和价值规范，会成为以各种形式实现学校开放性的原动力。

二、灵活性与“开放的学习系统”的创造

开放性会使学校活动产生灵活性。学校活动的灵活性分为教学—学习活动的灵活性与学校管理的灵活性。这里从学校设施的开放性的角度，举出向教学—学习活动的灵活性发展的事例。

学校批判与教师批判在日本高涨的20世纪70年代后半期，爱知县东浦町立绪川小学着手开放学校。1978年旧校舍改建时，新建了有开放场所的校舍，后又撤去教室的墙壁，代替职员室成为各学年教师的休息室，不仅改善了物理空间，还有以85分钟为一个单位的矩阵时间表，并用一齐教学形态和自学形态，设定扎根生活经验的主题而展开“综合的学习”（総合的学習）等课程改革。另外，还引入学习援助志愿者等，作为日本正式的公立开放学校进行了地区教育实践。回顾10年的发展过程，教师写出以下实践记录报告。

我们所想的，不是只依据“一齐”指导的标准化的学校，而是在公共教育范围内，成为尽量能够保障各种活动的快乐学校。……最重要的是教师每个人都能敞开心扉，重审以前的学习观、学生观，为了向这个目标转移要有果敢挑战的决心。不是单纯应对学习能力个人差

> 异的个别化追求，而是向保障每个学生的学力且发挥其本性的个性化方向转变，这是无止境议论的结果且已形成共识。

这里的“重审以前的学习观、学生观，为了向这个目标转移要有果敢挑战的决心”表明了在给课程带来灵活性之时不能绕过教师这个基本课题，而且这个基本课题是属于学校组织文化的“默认的前提”。这里的“……个性化方向转变，这是无止境议论的结果且已形成共识”作为以工作学校为基础的教师培训的成果具有重要意义。教师处于不断的调动中，在日本为了维持数量很少的开放学校，校本研修中对学校组织文化的继承是不可或缺的。15 年后，绪川小学的横山（1989）教师的中期实践记录报告，谈到为实现自学形态而进行的教师活动。

> 自学是让学生自己思考课题，除了针对学力，教师还可通过课题让其有提高学习能力的愿望。为解决课题，学生要利用的所有东西都要由教师准备。……如果准备不充分，教育的愿望就只是愿望，不会成为有责任的教育活动。……把学习交给学生，习惯教学的教师会非常不安，但把学习交还给学生是非常重要的事情。

这个报告中，“习惯教学的教师会非常不安……”，向“灵活的学校”转换问题使教师感觉不安，且不安情绪会使教师对新的转换产生抵触，而教师教育为减少或消除这些不安情绪做了什么，或者是否培养了教师“果敢挑战的决心”的态度，这些疑问会浮现出来。以前的教师教育问题是，教师培养阶段是否有针对学校改进的方法，以及是否能使教师对学校改进形成积极态度。

三、亲密性与教师作用的转换

亲密性可以从师生关系和教师—教师关系两方面来看，这里以师生关系为焦点，从作为权威者的教师与作为从属者的学生的关系，转换为作为学习主体者的学生与学习促进者的教师的关系，这构成了教师的“新专业性”，是“开放的学习系统”的重要条件之一，已在第一章第四节论述过。

在日本，教师承认与学生之间有距离，也能见到尽可能缩小距离的积极态度，例如，从新任教师常说的“教师首先要对学生有感情”“先要记住全班的名字”等就可以看出。但是由这些积极态度产生的亲密性，并不表示学习场景中教师对学生的积极态度。缩小与学生的距离而接近学生，并不是于从单方面的教授者向促进学生学习的援助者转换。原有的教师教育对这一点并没有深入研究，只在表面上理解亲密性，没有研究人类关系和学习场景中的本质课题。

但是，处于变动社会中的学校，要求把此作为本质问题。“东京超现实”的奥地（1992）所写的内容更进一步接近学习场景中师生关系的本质。

> 一般来说，教师教授某知识，更多的是因为教科书里有，这时没有体现“自己”，对此拒绝上学的学生们能敏锐感觉到。

这里所写的“没有自己”，是只展示“状况的自己”和“作为教师的教师”，而没能向学生展示“根本的自己”和“作为个人的教师”。如果亲密性是从向学生展示“作为个人的教师”当中产生，那么不仅包括休息时间和放学后，还有必要在教学中表现出来。当然，这不是说舍弃教科书的内容而教师随便教的意思。利用教材时怎样进行教材解释，如何向学生传达教学主题，教师在各自探索这些问题中，当然要表现“自己”及“个人”。

“死板的学校”的教师追随传统的封闭的教学系统，成为单方面的教授者，其结果是没有表现“自己”，这与“单纯劳动者化”相重合。与此相对，“灵活的学校”基于“开放的学习系统”，根据学生每个人的实际情况努力帮助他们学习，这时体现了教师专业性，也是对教师“自己”的表现。

对于第一章第四节所述的“新专业性”和“援助专职”，教师会表现“根本的自己”和“作为个人的教师”。因此，教师教育不仅要关注“作为教师的教师”一面，还要求关注“作为个人的教师”，研究促进学生学习的帮助者的新任务。第一章第四节论述的，加深自我理解的学习，以及学习与人交流中的试行错误而加深相互理解等多种方法，都可用于教师教育中。

四、自我改进性与教师团队组织化

变动社会中的学校，教师自己进行对环境的“适应性创造”的自我改进性，是“灵活的学校”的核心特点。前面提到，对于自我改进性而言，教师协作体制以及教师团队组织化很重要。在这里，举出克服“死板的学校”的缺点而进行自我改进的事例，回顾一下教师团队组织化过程。

1988 年，文部省为应对“管理主义教育”的舆论批判，呼吁日本学校修改过细的校规，实际上 20 世纪 60 年代中期，就有学校因学生总提出校规问题而减少了很多规定。

有 800 多学生的山梨县巨摩中学，创立将近 10 年时，学校管理和教育指导出现管理主义倾向。当时，这所中学的重点是学生指导、贯彻纪律，看起来是有秩序的学校，对于违反校规行为，教师和学生处于互相监督状态，也就是说“全制式设施”程度较高。1963 年，担任美术教师的久保島（1975）赴任时，感觉到对于学校的状况，校长和教务主任要负很大责任。以下是他对学校的认识。

> 学生很拘谨，会向老师打招呼，在教室听讲的姿势也很好，但是不进行自由讨论，每个学生都没有活力，呆板又没有个性。这是巨摩中学从数年前便有的状态。教师也很拘谨。……教学中，考试成为学习的支撑，学生只要是通过考试就好，这对教师和学生是很普通的事情。

校长和教务主任即使对现状有正确的认识，以“灵活的学校”为目标，实际上从内部改进学校并非易事。从教师团队的观点出发，久保島（1975）

做了如下论述。

校长和教务主任再怎么呼吁，实际工作的教师如果不坚定信念不辞辛苦地与学生共同前进，就不能有所改变。学校里有教师团队，教师团队里有年级主任……年级主任如果不理解教育就不能工作。教务部门进行学校管理，教务主任和年级主任是要承担管理工作的人，与教育研究相比，常常会更多关注行政方面。……因此要维持现在的学校体制，不敢去走为了学生的危险道路。

这里所描述的是教师团队的实际情况，但不是所有学校都这样。有不高喊理想的校长和教务主任，也有年级主任和教务主任会以“灵活的学校”为目标因而导致与校长关系紧张。总之，考虑“改变”学校管理团体，会与考虑“维持体制”的团体对立,展开学校自我改进一般如此。前者称为“变革者”，“变革者”与是否出现支持他们的“变革促进者”，是具有自我改进性的教师团队形成的一个焦点问题，即领导层与支持的追随者层是否存在。

久保岛任职第四年时担任 1 年级班主任。1 年级的 6 个班主任“都想要脱离现有教育”，能够“没有隐瞒相互交流”。他们商量好“看能将 1 年级学生提高到什么程度，3 年中谁都不调到其他学校，一直当班主任到学生毕业”。还有，1 年级班主任在“不能不考虑学生的心情，只以自己的感情去批评”“不用考试去威胁”“发展自主活动”等教育方针上形成共识，向全校提出问题。第一学期结束时，1 年级学生对学校的规定提出了意见，经过学生会的反复讨论，1965 年末的学生总会中，将 56 条校规减少至 9 条。其后，他们继续担任 1 年级学生的班主任，到学生毕业为止的 3 年间，组织学生能够发挥自发性和积极性的实践，如开展以学生为主体的学校活动，设计学生能够积极参加的教学活动，重视作文、合唱、表演等能表现学生自己的艺术教育。

6 位教师作为一个教师团队发挥“变革者”作用，校长和教务主任是背后支持他们的“变革促进者”，见到1年级学生发生变化的其他学年的教师中，也逐渐出现“变革促进者”，新教育实践在全校推广。这样，巨摩中学从“死板的学校”转向“灵活的学校”。有趣的是，校长和教务主任在制定基本方针上是领导层，在实际的实践中却是教师团队的追随者。

学校再生或“特色学校”建设，一定会有教师团队的协作存在。日本教师教育基本没有正面面对教师团队组织化以及教师合作问题，这些问题只是在成为教师后的教职生活中，涉及教师自身的个别实践课题，在教师培训中并没有成为教师教育的正式主题。

当然，在教师培训的管理者研修中虽然开设了学校管理讲座，但与从学校内部改善的想法不同，没有充分讨论教师协作问题。学校管理问题不只是管理者研修的课题，和班级管理一样，是所有教师都应当研修的。领导的作用不是孤立的，要有追随者的支持。

在20世纪80年代后期，英国和美国把“成为好的指导者”和“教师同事的互教”作为教师培训中教师教育的重要方法，并高度关注，而在日本这看起来像是教师世界的惯例。但是如本章第二节所述，日本教师协作文化中潜藏着再探讨的余地。第二章第四节也谈到，教师协作体制的形成，是以学校内部的改革为目标，也是谋求教师个人发展和教师团队发展的具体方法。日本传统的教师合作，若说是充分把握了这个宗旨，其实未必。从自我改进性的观点来看，日本有必要把教师团队组织化以及教师合作问题作为教师教育课题并进行正面研究。

以上，根据“灵活的学校”的四个特点，指出了教师教育的课题，包括封闭的教授系统与开放的学习系统，学校改进的方法与意义，学习场景中的师生关系，教师作用的转换，教师协作体制及教师团队组织化。从这些课题可以看到，日本教师教育对学习主题和学习方法应当再进行研究。在第Ⅲ部分，对于教师教育的学习主题和学习方法，找出大学和大学院中各自存在的问题，并研究解决对策。

第Ⅲ部分

大学和大学院与教师教育

概要

第Ⅰ部分与第Ⅱ部分论述了教师专职化、教师发展以及学校环境与教师教育的关系等问题。根据已有的观点，在第Ⅲ部分将对大学与大学院中教师教育的内容和方法进行考察。以学校现场为焦点（school focused），针对大学与大学院怎样对教师教育做出贡献展开原理性的讨论。

第六章讨论已有较多研究的大学本科阶段的教师培养问题。作为新的视角，研究学校现场所要求的素质、能力基础等教师培养课题。特别是研究学生怎样与学校现场相联系，阐明反思学校现场经验的原理。

第七章，研究大学院的教师教育，从学术研究与教育实践的关系的视角考察教师专业性的培养。在讨论教职大学院的同时，针对教师教育，提出有别于传统的 PhD 的 EdD。

第八章，从多视角再探讨教师教育研究方法。这也是从学术研究与教育实践的关系的视角出发整理各种方法，然后从“学校临床社会学”的新视角探讨教师与研究者的关系。

第六章

大学与教师培养——以学校现场为焦点的职前教师教育

第一节　从教师培养到教师培训

21 世纪 10 年代的日本，可以说对二战后大学和大学院的教师教育政策进行了最大幅度修改，同时中央教育审议会咨询报告《担当今后学校教育的教师的素质能力的提高》（2015 年 12 月）也非常重视学校现场与教育委员会的作用。无论是教师培养阶段还是教师培训阶段，今后的政策走向是重视大学还是学校现场，这由教师教育是以大学为中心（university centered），还是以学校为中心（school centered）所决定。

然而，教师教育中的大学和学校，即教师培养和教师培训都不可或缺，与其阐明主导权在哪一方，综合把握二者的原理更为必要。这里，为了找出原理并基于原理探讨教师教育的具体项目，首先要从第五章的讨论中归纳出以下四个要点：第一，不局限在教师一人的活动范围内去捕捉教育实践。打破容易使教师陷入孤立状态的困境，培养教师合作的态度和能力。这是教师协作文化的形成。第二，培养以自己的教育实践为对象的反思态度和能力。这是以成为实践研究者的教师为目标。第三，以以上两点为基础，教育实践以"灵活的学校"为目标。这是依据"学校教育改进模型"促进教师发展。第四，促进以教师发展为核心的教师教育研究。大学、大学院等研究机构与学校合作，在教师教育研究中，发现学校和教师的现实问题，通过研究创造新的教师教育范式，将教师教育项目具体化。

以上涉及的四点“教师合作”“教师成为实践研究者”“灵活的学校”“教师教育研究”，可分别在教师培训阶段和教师培养阶段举出具体的教师教育实例。尽管教师教育大都以教师培养→教师培训的顺序来论述，但这里也要以教师培训→教员培养的相反顺序来思考。鉴于教师教育概念是从重视教师培训的立场所提出，而且在变动社会的学校中要重视教师面对的实践问题，所以要从教师培训的课题出发。

教师教育是教师培养和教师培训两方面的综合，但是迄今为止只对一个方面进行了讨论，只将两者进行罗列的议论也很多，其中很大程度上是因为两者综合的原理并不明确。因此，要从教师发展过程或教师终身学习的基本观点去综合把握，通过对这个课题的研究引出教师教育课题。

一、教师合作

1. 教师培养阶段

在所有学习活动中都要与同事共同进行研究工作。例如，原有的模拟授课（微教学）不再单纯是教育实习者的预备练习，而是需要互相练习，从互相检查对方行动的研究视角来重新评价。或者以教材开发为共同主题，在现场教学和项目中采取团队学习的方式。此外，也可以有对人关系的实习性学习。

2. 教师培训阶段

通过教师之间相互讲授经验以及以团队、工作学校为基础的校本研修，能克服“教室王国”的孤立性，探讨学校组织文化及其变革。在这个过程中，要建构能够使教师之间产生互相坦诚、信赖、合作的协作体制。如果不建构出这个基本的协作体制，那么无论怎样在学校中分配学校社会工作者和课外活动指导者，学生指导和活动指导也只是托付于人，不会形成统一的学校活动的分工，而是陷于断开状态。

总之，教师培养阶段的学习如果只停留在个人学习阶段，教师发展的基础会变得狭隘,很难有打破学校孤立状态、“教室王国”思维的力量。为此，教师要尽量让学生进行自主研究，自己只是起到建言者的作用。这些方法大多与最近引人注目的主动学习吻合。

二、教师成为实践研究者

1. 教师培养阶段

学习记录。不仅学习记录方法，还要培养观察力和发现问题的能力，为培养校本研修中的探索态度奠定基础。可以是学校观察和授课观察，也可以是有关实际工作和项目，或者是自己所接受的学校教育的体验，对此进行详细记录，积累经验，从记录中发现事实分析和事实背后存在的意义，提高发现问题的洞察能力。如果可能，在一年级就提供走进学校现场的机会，引入对记录的训练。下一节叙述的“服务学习”就是具体实例。三年级和四年级的教育实习记录，大多停留在“日记”水平，要将其提高为“实践记录报告”，需要系统提供做报告的机会。

2. 教师培训阶段

要使校本研修具有研究、探索的性质。观摩其他教师的授课，不是为只借用同事的实践中可利用之处的表面参观，全体教师要有促进专业性发展系统观察和考察的基本观念。这时，要对教育指导的状况与作为教师的自己的关系进行反思，不只是停留于职业上的“作为教师的教师”范围内，重要的是培养对“作为个人的教师”进行自觉检讨的态度。

为了不使教师的研究视点陷入片面的、固定的、封闭的状况，能够对学校组织文化有客观的、深层的理解，要建立能够容易听取咨询师、社会工作者、医生、律师等校外各界人士建议的机制。

三、“灵活的学校”

1. 教师培养阶段

在学校教育课件中引进学校改进的内容。利用社会—教育变动中的学校，或者说“死板的学校”“灵活的学校”等概念，对有关学校论的教育史以及教育管理学和教育社会学等进行再检讨。在偏重于各科专业知识的教职课程中，应当更广泛深入地论述变动社会中的现代学校论。

除课件形式外，分析环境变化中实现适应性创造的学校实例，对地区中开放的学校进行积极的实地考察，以及根据情况分别扮演普通教师、领导、指导者、建言者等。

2. 教师培训阶段

认识校外环境和校内状况，发现问题并加以解决，将自我改进置于校本研修的中心，在所定目标下计划具体活动，尽可能进行实践。设立有效的目标，可以是针对地区社会的开发性和学校内部的开放性、教学—学习活动的灵活性和学校管理的灵活性、师生关系的亲密性和教师—教师关系的亲密性等。重要的是，检讨评价其成果和问题并制订下一步计划等一系列的评价活动。

四、教师教育研究

在研究以上课题中，大学等研究机构、学校、教育委员会、教师工会、社会教育团体等，以及有关教师发展的学校外部专业人士和机构，要发挥其作用，在教师教育问题研究中做出贡献。在探索新教师教育范式的同时，要开展对原有教师教育改革的研究。

1. 教师培养阶段

不仅是短期的教育实习，要开发大学与学校能进行日常交流的共同研究形态，将研究场景应用于教师培养中。开设各种专业人士和机构能参加的学校论、教师论的研究会和研讨会，对教师培养项目中的课程改革进行研究。

2. 教师培训阶段

有很多课题需要研究，例如，各自治体建立的教师培训体系能否满足各教师的需要，能否有效实现教师发展；开发校本研修的新方法；从曾陷入心理危机的教师的经验及其成功克服危机的事例中得到的经验要设法运用到教师培训中；学校外部的专业人士和机构参入教师培训的方法和对其进行组织化研究等。

针对以上四个论点，我们指出了几个具体课题，研究了该项目。此外，还有更多课题和项目。重要的是，从迄今为止不充分的视角，即从教师发展以及教师终身学习的立场，将教师培养和教师培训作为连续的、整体的教师教育课题，创建有效的项目。

第二节　志愿者服务与实习

一、从学校志愿者到服务学习

下面考察在第一节“教师成为实践研究者”课题中，相当于教师培养阶段的学校志愿者服务和学校实习。现在在很多拥有教职课程的大学中，学生去学校现场进行实地体验已经得以普及。在大学本科阶段，接触学校现场的重要性很久前就已经提高且受到强烈关注。只是，实地体验是否有强化教职志向的效果暂不清楚，学生有时或许只是考虑对教师录用考试有利而去参加，并没有完全把握其对于教师教育的意义。按照“以学校现场为焦点”的教师教育观点，志愿者和实习等词语常被混用。“志愿”是很多领域里自发的奉献活动，“实习”是特定职业的实地训练，二者的内容和意义有所不同。忽略四年间大学生的成长发展过程而随意进行各种实地训练，可能产生混乱。提供实地体验的机会，要关注年轻人的职业意识、职业选择、职业知识等要素。这里要考察“服务学习”等词语。

从教师培养来看，“志愿”有局限性。第一，包含为老年人和残疾人提供福利、支援灾区等很多方面，原本是基于“自发性”的活动，不会使全体学生都关注。第二，即使参与地区社会的规划，并不会注意“学习”的意义。在这些反思之上，我们要遵循关注“服务学习”的長谷川、望月、菅野（2014）的主张。对于学校现场来说，因为不必考虑志愿者的经费而称之为“学生志愿者”，而对于同类活动，若对其的教育特别关注就要称之为“服务学习”。

服务学习大体上的意思是，“通过地区各机构的奉献活动（服务）而进行的经验学习”，原本是以培养地区社会自立（律）市民的“公民性”（citizenship）为目的，始于20世纪90年代后期的美国，21世纪以后作为构成美国初中、高中教育的“公民教育”的关键词而被广泛使用。对于这个活动在适用于教师教育时的效果，已经有了各种讨论。例如，通过在大学内见不到的具体情况中服务、学习，获得“能够自主决定”的态度和能力，经验性学习教育中有关服务、学习的知识，技术，服务精神，这些都对未来的教师非常有益（Erickson & Anderson，1997）。或者说，大学与地区合作，成为学校所在区域的社会实践工作的一环，将服务、学习引入教师教育中，参加的学生进行各种记录，能够更好地理解地区中的学校教育，提高教职能力（Hallman & Brudick，2015）。这里要根据第一节论述的教师教育课题，从教师培养方面对服务、学习进行定位。

服务学习是从美国发展起来的针对教育实践方法的术语，日本在21世纪以后才开始使用。首先，用来在社会科学领域中展示公民教育；其次，在高等教育领域作为强调社会体验活动的大学教育方法原理得到重视；最后，在文部科学省的各种文件中也被提及，从而逐渐地推广起来。（唐木，2008；木村、河井，2012）。总之，采用以往重视的志愿者活动作为教育方法使其更加成熟，日本此后取消了一般性的“志愿”一词，而使用强调经验学习性质的“服务学习”。

“服务学习”作为与“志愿”类似的词语，加入了实习的含义后被广泛使用，使得语义更加抽象化。这里要对“服务学习”进行更严格地定位。Jacoby（2015）将相关用语放入更广阔的视野，经过先行研究整理出图6-1。他将“服务学习”分为“服务”和“学习”两个性质，并对各性质进行重新整理。服务学习既非志愿也非实习，服务“接受方”的地区各机构与“提供方”的学生双方都会产生利益，是位于二者中间的方法。

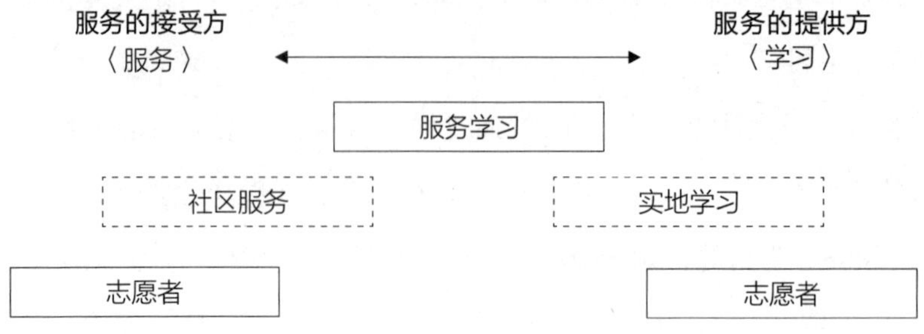

图 6-1　服务学习的定位

那么，就可以探讨青年期的职业发展过程的诸实践课题，职业发展过程如下:从初中、高中阶段各领域的志愿体验开始，大学后进行教育机构的“服务学习”，随着年级的增加，经过正规的“教育实习”而转向与教职更加相关的“学校实习”。持续进行四年的志愿者活动，即使是地域改变也不会加深学习，一年级开始马上实习也不会产生服务之心。因此，在实习之前的阶段，应当重视服务学习。否则，过分强调学校实习，最终会陷入以教师录用合格为目的的就职对策中。如果重新对其进行划分，表现为“志愿者”（高中生）→“服务学习”（大学一、二年级学生）→“教育实习”（大学三、四年级学生）→“学校实习”（大学四年级学生）的一系列经验学习过程。沿着这个过程就可以实践性地探索教师素质能力的发展过程。

二、服务学习的实践案例

下面介绍在大学一年级学生进行服务学习的实践事例。

爱知东邦大学教育学部位于名古屋市中心。2014 年春天，在原有的人类学部儿童发展学院保育专业中增加了小学校教师培养课程，儿童发展学院独立成为新的教育学部（定员 80 名学生，在入学后可以选择取得小学和幼儿园教师资格的“初等教育专业”或取得幼儿园教师资格和保育士资格的“幼儿教育专业”）。新学部一年级学生的服务学习过程如下。

名古屋市周边的几个私立大学在 5 年前就已设置了教育学部、教育专业，爱知邦大学教育学部因起步晚，有必要宣传其特色活动。此外，儿童发展学院里不擅长坐着听讲记笔记学习的学生很多。而且，学校现场认为“不能坐着培养教师”，当时在日本做学校志愿者很流行。2013 年赴任后，笔者在 8 个月内分别访问了名古屋市名东区内的 19 所公立小学校，向各校长介绍新设的教育学部并听取了有关初等教育的见解，得到的很多反馈是，“近 10 年，学生和家长发生了变化，或许是家庭、地区、信息等社会环境变化的结果”。因班级数减少，教师也减少，但若开展比以往更丰富的全校性活动则人手不够。针对这种大学内和周边小学的实际情况，教授委员会讨论的结果是，新设教育学部的教育方针应该是“体验性地了解学校现场的情况”“互释互构现场经验与大学学习”，因此，决定从新生开始进行学校现场访问。

2014 年春新教育学部开设，约 20 名新生分别进入大学周边的 5 所小学，帮助准备 5 月末的运动会。这是与各小学校长商量的结果，经各校长同意后，向教授委员会进行报告。名东区唯一的大学与周边小学的信赖关系得以建立。一般是在大学经过一年的适应准备，然后在二年级进入学校现场，入学后两个月就接触学校现场，是为了改善大学内“坐着学习”的状况。当然，开始前，从仪容开始，严格规定了要严守时间、打招呼（包括敬语的使用）、保守秘密、记录参加笔记、写作事后的感谢信等社会行动准则。

帮助准备运动会的结果是，从小学校方得到“这是一次积极行动”等预想不到的评价，从学生方得到“以前完全不知道运动会的运作方式，感觉与学校的运作方式更近了一步”等积极的经验感想。之后他们又参加了秋季的作品展、学艺会等，中间还得到参加以家长为对象的公开课的机会。因为小学的服务学习很顺利，又扩展到名东区内的幼儿园、保育所、儿童福利院等。在学校与幼儿园等的联系中，担任学生指导教师的一年级教师们一致认为，这不单是志愿者活动，服务学习应成为积极的教育活动的强大支柱（今津、新實、西崎等，2015）。

同时教师们还认识到服务学习有以下两个功能。一是促进学前教育、保育实习。对缺乏与小学生接触的机会和各种生活体验的现代年轻一代，在正式实习前需要有相关的经验。二是通过服务学习，学生发展方向会发生变化。很多人的发展方向都被强化，但也有少数不稳定的情况。后者可能是对当教师不太向往，或者因高中的未来指导教师和家长的推荐以取得资格为目的而入学的学生，在入学后见到实际职场和职业活动，感觉到其的残酷性，开始考虑这是不是适合自己的职业。学生动摇时，如果积极面对大学内的学习和教育实习则没有问题，但是如果强烈感觉到与自己的关注点不符或不适切，在与指导教师商量后仍不改判断，早期改变方向对学生来说是幸事。在教育学部没有取得资格也能够毕业，可以去民间企业或者转专业，这样服务学习就有了潜在的筛选功能。这个功能不应当被否定，应站在学生立场正确处理。

基于地区诸机构与个别大学的相互理解，学生通过奉献活动进行经验学习的服务学习在大学一年级就作为课程，这种做法在日本很少有，而且又带有促进学前教育、保育实习和筛选的双重功能，这对于四年的大学生活是极其重要的实践。

因为这是难得的尝试，所以参与者会对一年的成果进行总结，做成便于在今后活动中具体运用的小册子《"服务学习"手册》(以下简称为《手册》)第一版。2015 年，服务学习的二年级学生根据《手册》第一版对新一年级学生进行指导，两年的尝试使服务学习的要点在第二年基本固定。2015 年度末做成第二版，1 年级学生指导教师们组织了服务学习委员会，在 2016 年入学的学生中开设"服务学习实习Ⅰ·Ⅱ"课程(选修科目,一学期 1 学分，全年 2 学分)，经过两年的试行后第三年开始确定成为正式授课科目。学生一学期 15 次课中 7 次是在大学学习(介绍 4 次、中期汇报 1 次、最终汇报的准备和举行共 2 次)，剩余的 8 次是校外实习(在学校、幼儿园等不同的地方进行，包括节假日，共计 12 小时以上)。

学年初开始就要求学生提交实践报告。因为如果只是参加学校、幼儿园的活动进行现场体验，就不是大学教育。一年级学生的报告只是感想作文水平。大学内的研讨会和服务学习中要求加深分析性考察，获得新知识，并发现下一个课题。

这个实践报告是以走向学校现场为目标，还是以现场经验为基础对大学进行思考为目标，会出现差异。前面提到的教育学部教授委员会所讨论的教育方针是“体验性地了解实践现场情况”“互释互构现场经验与大学学习”，停留于前者只是将学生派往现场，而发展到后者会使大学教育变得重要，但以现场经验为基础进行学术说明在日本也并未完全实现。因此，如果不确立后者则大学的教师培养形同虚设。

三、服务学习与记录报告

前面指出教师培养课题之一是如何进行记录。这里引用《手册》第一版中两名学生的报告进行讨论。首先是参加春天小学运动会的学生的感想。

> 运动会当天早上8点半，我第一次见到了校长和副校长，并了解了注意事项。校长特别要求“要仔细观察学生的状况”，并建议说：“虽然以前经历过很多运动会，现在要站在教师的角度去看运动会，要看到小时候没有注意的内在状态。”
>
> 运动会采取红白组竞争得分的传统形式，不是以班级为单位，而是从一年级到六年级进行纵向分组。团体操是男女混合表演。我对于以上两点与自己母校的不同之处而感到惊奇。
>
> 我的工作是帮助管理器械。让我印象深刻的是以高年级学生为主体的器械准备。因为学生们积极准备，我基本上不用去帮忙。学生们一边思考自己应当做什么一边行动。具体来说，为了更容易地拿出器械，统一摆放，大家一起想办法做出安排。下次利用这次的经验，会更加考虑周围的事情。切身感受到观察现场的重要性，这是个非常好的体验。

在这份报告中，包含了在大学里应当进一步调查研究的观点。服务学习者的思考对于大学教师培养是很重要的课题。例如可以举出以下问题和观点。

第一，运动会是小学极具规模的活动之一。类似运动会的学校活动在世界各国有没有？学艺会和作品展又如何？是否应从国际比较的观点出发在学校活动问题上研讨日本学校文化的特点？

第二，运动会的目的是什么？能提高运动能力和促进身体发育，和学艺会、作品展一样可以提高“表现力”。因为很多家长来观看，“开放”了学校，不能忽视展示努力成果的学校的存在。

第三，不是以从前的儿童角度，而是以教师角度参加运动会，会有什么样的不同？对于运动会的所有方面应怎样重新认识？教师管理过程中如何行动？教师应怎样关注学生？为了运动会教师做了怎样的练习和准备？等等。

第四，学生们纵向分组以及男女混合的团体操与过去不同的理由是什么？是因为关于学生团队构成的想法发生了大的变化吗？与少子化和性别变化是否有关系？

第五，以高年级学生为主体准备器械，是不是立足于尽可能以学生为中心管理运动会的方法？学生广播运动会能说明什么？对于从一年级至六年级学生的成长发展，应怎样理解小学教育？

第六，为了不发生事故，教师进行了怎样的安全防范？

服务学习者回到大学后，对以上六点进行了调查和讨论，可以进一步加深服务学习，现场经验也可以再次被激活。

另一个是对从秋季持续到冬季参加的家长公开课的感想。参加公开课，严格来说不能称之为服务学习，因为没有服务的一面，只有学习的一面。作为帮助学校各项活动的“额外所得”，得到了校长允许，要求“以家长为对象的公开课要在不添麻烦的前提”下进行。一年级学生参加公开课的机会是非常宝贵的。

当然，就参加公开课的写作记录来说，小学各科教师都会事先说明。学生还没有接受教育课程论和各科教育法的学习，在完全没有预备知识的状态下，参加后能否理解成为问题，但在没有一定框架和模型的束缚下得到的观点是有利的。作为学校活动的延伸，也是实地了解以家长为对象的公开课的绝好机会。这里引用某学生对公开课的感想。

参观5年级教学，很感动。在教学中有起承转合，教学内容很容易理解，这是值得思考的。教师在与学生对话时，会有目光接触，其间还有点头示意，感觉到教师通过与每个学生的交流建立了信赖关系。而且，根据老师的声音的抑扬顿挫，容易理解指示，好像是我自己在接受教学。与学生的信赖关系是通过教学而建立。重新体会到教书育人不仅需要责任，还需要专业的知识和技术。

这个报告是站在教师角度，基于对讲课者言行的观察所写，包含以下应当讨论的各种观点。

第一，授课中的“起承转合”是什么？与大家所熟知的导入、展开、总结有怎样的关系？或者说，教学如何展开的？而且，教材在教学中如何使用，且对学生理解起怎样的作用？

第二，容易理解，且被内容吸引的声音是什么样的？

第三，面向学生时的姿势和视线是什么样的？

第四，与学生的信赖关系在教学中因什么样的言行而建立？侧重点是建立与全体学生的信赖关系，还是特定学生的信赖关系？学校生活的其他方面中的信赖关系与教学方法怎样产生联系？

第五，教学所要求的“责任”是什么？

第六，教学中必要的“专业的知识和技术”具体来说是什么样的？

以上，第一点和第二点在大学内的模拟教学中有可能会研讨到。但是后面四点如果不在学生面前进行现场教学则很难被讨论。回到大学后，参加公开课的服务学习者进行自由讨论，回顾现场经验，一点点接近大学中真正的教学研究。这就是从经验起步，并从中体验服务学习的妙处。

第三节　教师教育与“反思”

一、经验学习

从经验起步并从中学习是怎样的过程？不明确其构成，就不能够把握服务学习的内容和实践现场与学术研究的关系。

众所周知，最初真正论述经验与教育关系的是 Dewey 的《经验与教育》（1938 年）。他针对“只学习读物和年长者头脑中内容”的传统的“旧教育”，提出“从被教的内容至最初建构的路径，或者未来肯定会发生的变化”的“新教育”。在他的基本主张中，“经验”并不是个人的事情，经验的根源在个人之外，“是个人与当时构成的个人环境之间所产生的交易性的业务”。即，经验是“个人与环境的相互作用”。他做了如下论述。

> 传统学校的环境有桌椅、黑板和校园。传统学校的教师将地区社会中自然、历史、经济、职业等各种条件作为教育资源加以利用，对其没有必须熟悉且精通的要求。相反，基于教育与经验存在必然联系的教育系统，如果忠实地遵守这些要求，以上所述之事，必须时时刻刻考虑。

从中可以看出，与地区社会相联结的活动成为经验的源泉，这是教育的支柱，与环境相互作用的经验对学习很重要。服务学习的源泉来自杜威的经验论。同时，他重视“实验”，教室内的实验环境也成为经验源泉，因为学习而存在。在杜威经验论之后，教育学和心理学或者管理学中有关经验学习的各种研究开始进行（Kolb，1984；松尾，2006）。

从 20 世纪初期杜威主张以学习者个人的经验为基础的“新教育”至今，已经经过了 100 多年，在今天的日本，“接受学习”向“主体学习”的转变终于成为教育界的主流。在2017年发布的改订案，2020年至2030年的新《学习指导要领》所重视的“主体的、对话的深入学习”中，“主动学习”成为关键词。除了以学生为对象，教师教育也要求研究经验学习。教师自身不了解“主体的、对话的深入学习”，就不能对学生们提出同样要求。在这里，有必要阐明经验在个人内部是如何生成的。

经常被引用的是Kolb（1984）的经验学习论。将经验作为学习周期模型而去把握是其特点，如何验证以下公式化过程的各个方面成为问题：具体的直接经验→反思的观察→抽象的概念化→积极的实验。

这个模型是经验学习研究的初期学说，图式过于简单，有必要详细说明从“抽象的概念化”向“积极的实验”的转移。但在这个单纯朴素的模型中可以看到几个基本的观点，要在考虑大学与学校现场的基本关系的基础上进行说明。

第一，参加服务学习的学生往往停留于记述具体的直接经验的内容（仅仅是感想作文），从反思的观察向抽象的概念化的发展并非容易，因为客观观察的态度需要平时训练的积累，而为了实现反思的观察，必须要阅读很多文献，学习广泛的基础知识和各种概念。第二章第五节的“实践记录报告”中出现的“反思”一词，成为现代日本教师教育的关键词之一，其意义会在后面单独叙述。

第二，直接经验的具体内容升华为抽象的一般概念是学术研究的真髓。面对个别的学校现场不大可能进行抽象的一般化思考，如果不在大学接受指导教师的指导就不可能进行这种思考。反言之，如果抽象的概念只是抽象性地描摹，不与学校现场的具体情况相联系，则大学将不被学校现场所期待。

第三，用抽象的概念进行积极的实验，更能够发挥学术研究的作用。这些经验学习贯穿于大学教育。

第四，学校实习是在学校现场度过大半时间，切身体验学校教育的观念以及行动、价值判断的诸样式，接近工匠的“徒弟奉公”方法，无法明确在学校现场内能够实现多少经验学习。学校现场总是“具体、个别的”，不容易实现“抽象、一般”。

第五，从学校现场中得到的是“具体的直接经验”，但是教师自身立足于此进行的研究，即使实现“反思的观察”，也很少达到“抽象的概念化”。因此，这里不可缺少与学术研究的对话。

二、实践与反思

自杜威以来，经验学习已被关注了70多年，但杜威首先使用的“reflection”一词在现在的教师教育领域仍然特别引人关注。起初翻译为“反省”，之后翻译成“内省”“自省”“反思”“回顾”等，现在大多用“反思”或“回顾”。“反思”的意思是反躬自省。如果是在学校现场稍作停留并回顾自己的努力，即使是参加服务学习的大学一年级学生通过短小的感想作文就可以做到。但是，我们想要的不是这种初级阶段，而是通过教育实习的实践更广更深地学到基本的素质能力，成为教师后也不断反思，使其素质能力不断提高，这是非常重要的课题。

最近，因学校现场忙碌化教师没有精力去回顾，因此常被追问对自己的实践能够反思到什么程度，能否反复考虑，其广度和深度如何。反思之所以被频繁提及，是因为强烈要求以实践为对象进行深入分析研究。第一，提高教育质量，如果只是重复形式上的实践并不一定会提高效果，有必要经常回顾实践。第二，提高教师专业性，使其成为实践研究者。第三，对于在日本教职大学院进行研究的在职教师，将对自己实践的反思作为研究主题和方法的人很多。

第一章第四节中区分了教师的教育行为与教育实践，这里再次确认二者的差异。“教育实践”与指向教师的有意或无意的一般“教育行为”不同，教师是反思对象。但是，实践并不一定总会成功，有时会出现预想不到的结果。如果教师是反思研究的对象则都是“实践”，问题在于之后的研究。

Dewey（1933）以“思考的方法”在哲学、心理学文脉中一般性地对反思进行论述。对其观点进行归纳,最好的思考方法是“批判性思维”(reflective thinking)。即，不是头脑中浮现的碎片意识，而是对某种问题的持续探索，从实证推论中得出结论的思考方法，或许可以考虑成对包含 Kolb（科尔布）的经验学习论的全部思考。因此,对于学校现场的经验要求进行回顾的思考,即反思。

根据批判性思维概念，套用专业人士在职业实践中有价值的能力的含义，提出专业术语“反思性实践”“行为中的反思”等概念是 Schön（1983）的“反思性实践者”（reflective practitioner）论。在法律、管理、商业、护理、福利、教育等领域工作时，有能力的实践者（实务家）着眼于“默认的认识和判断，或者熟练的动作”，对此他做了如下说明。

> 在实践者面对状况的不确定性、不安定性、独特性以及价值观的矛盾时,行为中的反思(reflection in action)的全过程占据所用技能(art)的中心部分。

> 行为中的反思大多与令人震惊的经验相联系。在直观的无意识的行为只得到所预测的结果时，我们不会继续进行思考。但是，在直观的行为中，出现令人吃惊、高兴、希望发生的事情，或有预期不到的事情时，我们会根据行为中的反思应对其事态。

“行为中的反思”，严格地说不是对职业行为的回顾（reflection on action），而是在进行职业活动时，在不安定且不明确的状况中，瞬间把握且判断应当采取什么手段的直观的技能。这一系列的实践恰恰是高度专业性的表现。所谓专业性，大多指在大学学习专门的知识和技术。但是实际的职业活动中，这些既成的知识不适用的情况很多。“有能力的实践者即使不能进行合理的准确的说明和完美的叙述，也能够正确认识。”这就是“行为中的反思”“行为中的知识形成”，是使专业人士的工作成为专门职业的原因所在。这是 Schön（1983）的主张。

三、反思与直观

这里研究 Schön（朔恩）常使用的“直观”（intuition）一词，这是杜威在论述反省的思考中指出的重要事项。即，“使复杂而多方面的经验彻底沉淀为综合之物……有时我们会称为“直观的”（intuitive）且会带来判断”

第一章第四节在论及与“感性”的关系中提到，“直观”不是一瞬间的随意的灵感，而是一瞬间综合很多经验而得出的结论性判断，这是专家所拥有的技能。从心理学的立场出发，科学验证“探究”过程的今井（2016）也主张，“为了使直观起作用，要有大量的过去的经验记忆，并且在必要时能够适当地取出”。批判性思维，或者说“行为中的反思”，多与直观相联系。达到“直观”的“反思”是专业人士素质能力中的核心态度和能力。

所以，教师培养阶段不停留于学习部分知识和表面的碎片经验，而是要了解“直观”的世界，培养“反思”的能力和“探究心”。一年级学生的服务学习经验也要作为对“过去经验的记忆”而储存起来，且要意识到通过教师培训使其进一步发展是长期课题。Schön（1983）对“反思性实践者的教师”做了如下描述。

> 作为反思性实践者的教师，要尝试倾听学生的声音。面对学生状况，教师要向自己提问：这种场合这个学生究竟在想什么？学生的混乱究竟意味着什么？学生已经知道的做法是什么样的？但是教师真正了解了学生的活动与状况，会产生超越固定教学计划而开展教学的想法。……制订教学计划要摒弃固定思维而制订整体活动计划，而对于特定的学生问题，教师也要制订能够根据具体情况而进行调整的框架计划。

这里强调的是，对“学生状况”的自问的不可或缺，作为佐证，多角度阐明“学生的混乱”，立即对固定的教学计划进行调整，制订新的教学计划，就是“行为中的反思”。无法估计的不稳定状况中，仔细观察面前的学生，根据平时的经验和综合专业知识，使直观发挥作用，做出适当判断，这种技能是教职专业性的真实体现。或许说对于这些日本教师总会更加用心，举个事例说明一下。

某退职校长（男性）讲述了自己教育实践中的重要事件。1984 年 45 岁时他调到别的小学，接受校长命令“重建陷入崩溃状态的 6 年级某班级”。以下是他刚进入那个班级时的状况。

> 开学典礼日第一次进入教室，看到后边的男生用喷雾向前面女学生的头发喷水，右面有两个学生在窃窃私语，左面有打哈欠的学生。让人吃惊的是，所有人对这些都毫不关心，谁都不说什么。放学后叫来被喷水的女学生多次问“为什么沉默？”，没有得到回答。问别的女学生，回答说：“跟老师说了会受到报复，很害怕。”这时我才明白了校长所说的意思。我的直觉是，教室里有恶性欺凌，不能自由发言的压力支配着班级。

这里要注意最后所写的“直觉”。对朴素的“直觉”进一步客观把握就是“直观”。细致观察班级整体状况，把学生个别的倾诉作为判断材料，综合教师现有的经验和基础知识，瞬间得出的结论是存在“欺凌”。欺凌成为社会问题是从 20 世纪 70 年代末开始的，80 年代后“校园欺凌”被频繁议论。对欺凌有经验是一方面，而如果没有一定关于欺凌的知识，则不会使直观起作用。另外，除了欺凌，注意到“不能自由发言的压力支配着班级”，是对全班的直接印象。这就是“行为中的反思”的展开。

班主任提出班级再建的大目标，提出在日常生活中应当遵守的规则，针对班级、小组、个人布置作业课题，分发班级通信录，强化与学生和家长的交流。在开展了包括解决欺凌问题的班级再建行动后，例如班级崩溃等问题得到有效解决。

校园欺凌成为社会问题已 30 多年，欺凌自杀还会发生，对此国会制定了《防止欺凌对策推进法》(2013 年)。但是，其后欺凌问题仍在日本蔓延，而且还存在很多其他问题，例如缺少对欺凌的定义和对重大事件的应对方法，学校、教师和教育委员会事务局没有理解法律的基本内容等（今津，2014）。其中，为了收集客观数据而把问卷作为辅助手段尚可，而如果确认欺凌存在总是依赖问卷，那么日常教师的学生工作究竟怎样开展？“行为中的反思”被轻视，或许会降低教职专业性。如果现代教师感性和直观力稍稍式微，则不得不说是学校现场中的教师教育空洞化的表现。

四、理论与实践

如之前建议的，有必要以包括大学与学校现场两个视角的整体视角，再次研究理论与实践的关系。一般常说，大学是理论层面，学校是实践层面，这个区分在形式上很笼统。即使着力点不同，大学研究者和学校教师都要对理论与实践两方面进行探索。

第二章第五节中对“实践记录报告”方法进行分类的 Holly 和 McLoughlin（1989），对实践反思而言不可缺少的理论与实践关系研究，提出如下观点。理论包括“公理论”（public theories）和“私理论”（private theories）。前者是系统的理解现象的理论图式，后者是对自己的经验以自己的方式进行说明的概念系统，虽借助公理论，但并不是公理论，是教师自己提炼的产物。提到理论与实践，大多面临如何将公理论与实践作为问题，导入私理论的新思考方法，而对教师专业性发展的理解方法会因此发生变化。反思自己的经验，在完全无抽象概念化的私理论当中，教师以自己为对象，客观理解自己的行动，由此使自我评价更加恰当。根据这个理论，实践记录报告也会超越单纯个人记录领域，成为能让他人从中进行一般性学习的记录报告书。这样的表现内容，即为“实践知识”。这种实践也有其理论逻辑。

澳大利亚的 Smyth（1991）也认为，从作为学习者的教师的观点出发，成人发展源于反思生活经验（lived experience），对教师来说理论与实践是同一硬币的两面，可通过教师之间的实践分析获得理论，正是在理论化的过程中有了教师发展。因此，离开工作学校的大学教师培训，以追求私理论为基础进行反思，会锻炼教师能力，带来教师专业性发展。

在大学，从服务学习开始，通过实地工作和参加观察，以及其他各种调查等，从学校现场的各种各样经验中怎样提炼抽象的概念，是否进行新的实验等成为研究课题。在这个过程中起作用的是包含概念化和实验计划的反思，但要产生大量的学术性教育研究的成果，大学的演讲和讨论也会起重要作用。将“大学中心”与“学校现场中心”二者融合统一的新想法在现在越来越强烈。前述的“实践知识”不单来自学校现场内的作业，要通过大学与学校现场的协作关系才能获得。虽说是协作关系，却并不只是平等友好的关系，也需要学术研究与实践的“血淋淋的对话”，因为“具体、个别”与“抽象、一般”会有充满紧张感的对话。

具体来说，倾听表达学校现场的“具体、个别”的教师实践，大学研究者会用“抽象、一般”的词语来表达。这个表达是否已被领会，教师会在理解的基础上用实践话语来表述，而研究者会以其他的术语来回答。这种交流甚至有时会接近“斗争”。“血淋淋”就是这个意思。重复“血淋淋的对话”的结果是，二者实现互惠的协作关系，也可能有幸创造全新的“抽象、一般”的概念。

举个具体实例。学生之间的“欺凌”和“暴力行为”是学生指导上的日常问题且由来已久。针对每个问题行动都会有具体议论，在学校现场不会使用“攻击性”这个抽象的价值中立的学术用语去讨论。第四章第五节中介绍的这个术语，英语文献中常用于表示人类根源性的行动倾向，但在日本实践上的议论中基本见不到。特别是使用青年初期发展特点中不容忽视的“攻击性”，这样阐明问题行动能够进行更广更深的分析，对处理方法和防治方法的考察也会更加丰富（今津，2014）。然而，总是极为表面的个别、具体的记述一直在重复。

这个例子，难道不要求学术研究与实践之间的“血淋淋的对话”吗？大学积极向学校推荐公理论，学校教师回报以私理论。二者相互交流，就会出现综合型大学与学校现场的两种视角的新的关系原理。根据这个新的关系原理，研究教师教育的调查研究方法成为课题。以研究这个课题为前提，下一章思考大学院教师教育的各种问题。

第七章

大学院与教师专业性——教育专职博士课程 EdD 的可能性

第一节　教职专业性与大学院教育

一、教师的大学院教育

第六章以学校现场为焦点对大学本科阶段的教师培养进行了探讨。本章以大学院（研究生）阶段教师教育为焦点，并继续从关注学校现场的视角，对大学院教育与教师专业性发展进行探讨。

中央教育审议会咨询报告《综合提高贯穿全教师生活的教师素质能力的方针》（2012 年 8 月）提到，为了“推进教师培养高度化与实质化”，“为支持持续学习的教师，要充分利用大学知识充实教师培训”，强调大学院的重要性，对于教师资格以取得硕士学位作为基础条件。对此，存在各种各样支持和批评的声音。支持者与批判者的主要观点如下。

对以硕士毕业为基础条件的支持有以下三个理由：第一，发达国家中具有硕士学位的教师很多，日本则过少。第二，现在取得硕士学位的学生中，实际上只有一部分从事教职，现行制度与教师培养经费投资相比实效性很低，以此可以严选教师志愿者。第三，急速的全球化和情报化、技术革新，或者受家族和地区社会变动的影响，出现新的青少年教育课题，要求教师有高度专业的知识、技术以及持续的探索心。

而对硕士化计划的批判，有如下三点：第一，教师培养从 4 年延长到 6 年，学费负担加重且时间延长，想当教师的人有可能减少。第二，除了工学类，全社会并没有做好对大学院毕业生进行职业分配的准备，与教育硕士两年间投资相符的待遇没有保障。第三，教育课程中有效的硕士课程的编入比较困难。第四，所有开设教育课程的大学都以硕士学位作为基础条件，取得教师资格的教育环境塑造难以实现。在这些讨论之后，加上政权的交替，教师资格硕士学位化的议论也减少了。

但是，如支持者所指出的，日本教师教育中大学院教育不太充分，所以这些议论不可能结束。在教师培养的历史中，二战前处于中等教育水平的师范学校培养，二战后转换为新制大学的开放制培养，上升到了高等教育水平。1978—1981 年，教育大学院相继在三个学校（兵库、上越、鸣门）成立，2008 年设立了教职大学院，教职大学院数量从 21 世纪 10 年代开始显著增加。从 20 世纪 70 年代末至今，日本教师教育的教师培养和教师培训，在大学院教育中的地位得到切实提升。综观这些动向，为提高教师素质能力，利用教育大学院的教师政策仍然存在，这里也有不想低于国外教师学历水平的想法。因此，文部科学省颁布加强大学院实力的政策是形势使然。而且，为了广泛学习，增加专业知识，或解决工作上所面临的课题等个人理由，进入大学院学习的在职教师也在增加。

在教师教育问题上对大学院教育的期待，一方面，是为了促进教师专业性提高，伴随更高学位的教职资格升级；另一方面，是为了在大学院开展以学校教育实践为对象的新研究。前者是教师教育的专业课题，后者是学术课题，这是第一章第四节“新的专业性”中叙述的内容的具体化。在第六章第一节指出的四个课题中，第二个“成为实践研究者的教师”与第四个“教师教育研究”相当于提升大学院水平的计划，但是大学院对教师教育的两个课题的研究还不充分。在这里，提出值得探讨的课题。

第一，获得教师资格所必要的学位是什么？短期大学士、学士、硕士、博士等学位与教师作用和职位级别的关系是怎样的？第二，更高的学位，即硕士和博士所显示的教师专业性是什么？第三，硕士和博士课程中，专业课题与学术课题怎样定位？第四，硕士和博士课程中，大学与学校现场的关系怎样？

以上四点中，前两点关系学位与教师资格、职位级别、专业性，后两点关系大学院教育的内容与课程。针对这些不同点，首先考虑培养硕士的教职大学院，对其现状、问题、课题进行简单讨论。佐藤（2015）全面阐述了日本教师教育中的大学院制度及其实际状况，但对大学院教育整体的先行研究并不充分。在第二节之后，我们对至今还没有得到充分议论的教职类博士课程进行考察。

二、教职大学院的目的与现状

20 世纪 90 年代开始，日本高等教育政策提出大学院的重点化。当时，日本大学总数突破 600，大学（包括短期大学）升学率突破 40%。之前的 80 年代，社会学习和终身学习，以及大学再入学等循环教育是主要话题。在这样的时代背景下出现大学数量急速增加的情况，四年制大学毕业生的地位相对降低，要求更高的学历。政策要求将大学以目标进行区分，整理主要功能，分出以大学院阶段为基础的大学（高度专业的研究中心）和以学部阶段为基础的大学（广泛的教学中心）。另外，在时代变化中要适应社会各领域中人才培养高度化的要求，而创设新的大学院，因此 2003 年出现了专职大学院。2015 年，日本的国立、公立、私立大学院共 114 所，不是原有的培养研究者的大学院，而是培育能够活跃在社会上以及国际上的高度专业化职业人才的大学院，在商务、会计、公共政策、临床心理、法律等领域中，开展融合理论与实务的教育。具体来说，包括现场工作、研讨会、角色扮演、案例研究、模拟等双方向、多方向的实践性活动。与一般硕士课程不同，不要求必须有硕士论文，师资队伍中有一定数量的“实务家型教师”。

教职大学院 2008 年才开始出现，之前也是专职大学院，以培养高度专业化职业教师为目的，学习时间为两年（也有一年或者两年以上），需要在合作学校等学校现场长期实习（实践研究），取得必修学位，毕业时授予其教育硕士学位。开始时共有国立教职大学院 15 所、私立教职大学院 4 所，合计 19 所，之后逐渐增加，2016 年度增加了 18 所达到 45 所（其中两所是联合大学院），总规模超过 1200 人。此后，计划在日本全国范围内设置教职大学院。在这些新增的教职大学院中，很大部分是对已有一般硕士课程的教育学研究科、学校教育研究科的改组，从教师培养的大学院硕士课程基本上可以看出成立教职大学院化的政策方针。

这个政策意图与教职大学院的目的吻合。第一，以本科毕业生为对象，培育更具有实践能力的、有助于学校建设的新任教师。第二，以在职教师为对象，培养在地区和学校中能起指导作用的、具备实践能力和应用能力的学校领导（期待他们成为骨干干部、学校和班级管理的核心推动者、年轻教师的指导者），或者预备干部（中层领导）。这两个目的的共同点包括“实践能力”“学校建设”“应用能力”，推进教职大学院的政策相关者批判性地认为，原有的一般硕士课程不能充分培养这些能力，也就是说，教职大学院化的政策就是将着力点置于学校现场的大学院教育。

教职大学院对“教师教育高度化”做出了贡献吗？从这个观点出发，油布（2016）提出了关于教职大学院的诸问题和诸课题，其中以下三点尤其重要。

第一，追求两种不同目的的本科毕业生和在职教师在一起，那么以不同的二者为对象的所修课程，是简单并列还是统一编制？教学是分别进行还是共同进行？教师教育的整体性不太清晰。

第二，教职大学院与学校现场及教育委员会的合作虽说是其特点，但因此而使“理论与实践”统一的过程并没有得到明确，能否实现专业性的提高值得怀疑。

第三，在教师录用考试中虽然有有利一面，但在教师人事管理制度中没有明确针对毕业者的奖励措施，因此，大多数教师和想从事教师职业的学生并不会感到教职大学院有价值。

实际上，还存在其他很多问题。例如，在教师录用考试中合格的本科毕业生基本上会成为教师，不合格者会为了再次挑战教师录用考试而进入教职大学院。虽然在职教师除了个人意愿之外，或会接受教育委员会的派遣命令，但被期待成为学校领导的有能力的教师不容易走出学校现场，因此存在不以研修为目的而被派遣的情况，其能否获得提高教师专业性的结果值得深思。

三、教职大学院的课题

吉田（2014）于 2009 年对教职大学院现状进行调查时，关注的是本科毕业生与在职教师的学习状况及其成果差异。他调查了 10 个大学院，回收了 121 张调查表，其中未就业的本科毕业生有 53 人，在职教师 56 人（边工作边学习和辞职后学习的 12 人除外）。虽说因样本数少而稍有折扣，但还是可以看出二者回答的特点。针对入学后获得的知识、技能、能力是否有所提高的问题，几乎所有院生都做了肯定回答，肯定率上在职教师超过本科毕业生的只有“对社会问题的理解”和“丰富的知识与良好的素养”两个选项，其他“处理问题的方法”“逻辑思维能力”“对人关系能力”“演讲能力”“文章表现能力”“时间管理能力”等选项上几乎没有差异。也就是说，能够提高在职教师的教职大学院学习效果的选项极为有限，从结论上讲本科毕业生与在职教师没有多大差异。

这个现状调查，是包括法律、公共政策、商务、会计、金融等共 10 个专业的专职大学院调查的一环。其他专业的在职者的提高效果比刚本科毕业生明显更大，而教职大学院的本科毕业生与在职教师在提高效果上看不到明显差异。反过来说，本科毕业生在进入教职大学院之前非常用心学习已经有了很大的提高。但是，如果强调“理论与实践”的重要性，教职大学院中的在职教师取得了更能提高能力的效果。这个课题，借助第六章第四节所述的“公理论”，如何能够提炼出积累教职经验反思的“私理论”，在这个视角上应当留意以下三点。

第一，两种课程的理想状态。因为这是本科毕业生与在职教师难得相聚的机会，能不能采取利用二者差异而启发反思的教育方法？虽非教职大学院的事例，今津（2012a）工作的名古屋大学大学院教育发达科学研究科在2000年实行了大学院重点化改革，增加了硕士课程，以及社会人课程。预料到在职教师会入学，所以每周一次18点以后开设“学校临床社会学”这门课，目的在于想让有教职经验的曾参与硕士课程的教师与没有经验的本科学生通过对话相互刺激。这门课连续开设了9年，对第八章论述的“学校临床社会学”的建构起到了重要作用。他对教学状况做了如下记载。

> 每年有3—4名小学、初中、高中的教师来听课，尽管是在晚上，但年轻的本科生也有10多名。大约15人规模的研讨会从2008年开始一直持续了9年。在讲读文献资料的时间里，在职教师坦率地讲述学校现场情况，本科生根据自己在小学、初中、高中阶段的经验，以年轻人的视角向在职教师提问并发表意见与感想。即使在课后，也常常热烈讨论。我每次都认真倾听。

这门课不期然地成为讨论教学立场与学习立场的自由场所，成为教师对自己的实践进行反思的契机，学生对教师思考了什么、怎样行动，以及学校是怎样组织的等问题有了近距离了解的机会。在教职大学院中，不同的院生不只是集中于讨论应然的教师形象，且通过不同角度的自由对话，进行有关行为的反思，从而实现专业性的提高。

第二，在职教师学习会使人重新想起成人学习的特点。成人学习（adult learning）也说成是自主学习（self-directed learning）。它不是一个人随便的学习，而是接受周围最低限度的帮助的自我管理和自我学习（self-directed），所以，正确的表述应当是“自主学习”，因此，与青少年学习在性质上有所不同。这里，将学习的基本类型大体分为两种而进一步探讨成人学习的特点（今津，2009a）。

第一种学习类型称为“知识学习型”。指导者与学习者的关系，可以说是基于上下关系的以指导者为中心的单向关系，学习内容是理论的、抽象的，属于知识“赋予”型，学习方法以讲义为主，较少考虑学习者需求。而第二种称为“经验反思型”。指导者与学习者的关系是平等的且以学习者为中心，学习内容是更具体的、实践性的，属于知识“摸索”型，学习方法多为参加型学习方式（小组讨论、角色扮演、辩论、现场实习等，即主动学习），较多考虑学习者需求。知识“摸索”是根据经验的反思，创造知识，修正或重构已有知识，进而产生出“私理论”。

以这两种类型来定位，青少年学习以“知识学习型”为中心，成人学习以“经验反思型”为中心（见表 7-1）。当然，近年来提倡青少年在学校学习时应当更多采用第二种类型，在综合学习时间里不是坐着学习而是参加型学习，最近利用这些理念的主动学习常常受到追捧。另外，尽管职业经验丰富的成人更适应第二种类型学习，实际上在职培训中，单向的知识灌输式的讲授、讲演等非常多。如果不理解成人学习机理，不了解第二种类型的重要性，成人学习就不会有效果。教职大学院中在职教师的成人学习受到质疑正是基于这一点。成人学习多大程度上能满足在职教师需求？能够给予他们怎样的满足感？这些课题不容忽视。

表 7-1 两种学习类型

不同点	学习类型	
	知识学习型	经验反思型
指导者与学习者关系	上下、单向	平等、双向
学习方法	讲义方式	参加型学习方式
学习内容	理论的、抽象的	具体的、实践的
学习目标	知识赋予	知识摸索
对学习者需求的考虑	少	多
学习主体	青少年	成人

第三，另外，教职大学院的主要对象是在职教师，对于成为教师后已经在数年的教职经验中掌握的各种课题，进入大学院后得到重新研究的机会，这符合教师需求。这种机会对教师心理健康也非常有益。因此，要合理安排研修时间使其能一边工作一边顺利进入大学院，还要使教职大学院接受在职教师的弹性教育条件等。

如上所述，作为专职大学院之一，教职大学院的焦点理所当然地集中于专业。培养在职教师，特别以培养学校领导为目的的倾向较强。当然，因为是大学院，也有少量的学术课题。至今研究成果较为不足的在职教师教育课程设置问题正在被研究，大学院教育中实践与研究的关系以及学校现场与大学院的关系会被进一步研究（日本教育学会，2001）。只是，课题的专业色彩浓厚，学术课题容易隐藏在其阴影之下，以研究为主的教职大学院怎样反思教师的具体实践？根据公理论与私理论的关系如何得到学术知识？但是，对这些课题的研究没有多少进展，所以，要在博士课程中进行研究。学术与专业二者的关系尽管是潜在性的，因为教职大学院也包括硕士课程，所以对教职博士课程的研究不应只停留在博士层面，这关系重新认识作为教师教育的大学院教育的整体性。

当然，现在只是丰富和完善硕士课程，对教师教育的关注今后会逐渐由硕士课程转向博士课程。随着修习硕士课程的在职教师不断增加，在大学院感受到学习价值的教师自然会想在博士课程继续实践性研究。尽管如此，目前教师教育博士课程的目的和内容基本上还没有被探讨，充其量是校长与教育长对今后是否应当要求教师具有博士学位等发表意见，这与前面所举的大学院四个课题中的前两个问题相关。关于大学院的教师教育在学术和专业二方面的各种观点，下面以教育博士 EdD 课程作为基础进行探讨。

第二节　全球教育专职博士课程 EdD 的现状

之前已经论述过，在国外，提高教师专业性的一般方法，不论与学校现场的合作程度，是要求教师在大学院取得高一级学位，在职教师则是为修习课程边工作边学习。国际比较数据中发达国家教师的学位比较高就源于此。笔者曾在 1990 年末访问伦敦大学教育大学院（Institute of Education，IOE），当时教师面带非常有趣的表情做介绍，“这个建筑物中的学生身份在 18 点后会发生变化。白天是年轻人，夜间是在职教师或社会人”。在职教师或想成为教师的社会人进入大学院学习。IOE 在英国大学教育研究领域中的排名每年都在前列，因此大学院生不断增加。最近，因组织重组被伦敦大学学院合并成伦敦大学教育学院（UCL Institute of Education）。UCL 拥有 1.9 万名大学院生，数量是全英最多的。

博士课程一般是提交博士论文以取得“学术博士”（doctor of philosophy in education，PhD）学位，教育博士课程中除 PhD 学位外还有 EdD 学位。EdD 在美国和英国大学里很普及。首先整理下英美的情况。

EdD（doctor of education 或者 doctorate in education）的起源，可以追溯到 19 世纪末至 20 世纪初，在芝加哥大学运营学校实验室时谋求提高教师地位和提升教师培养层次的杜威构想。与通常的“学术博士”不同，在杜威构想中的 EdD，是要求依据教职实践获得高度专业研究成果的“专职博士”（教育专职博士）（小柳，2010）。只是杜威生前没有实现这个构想，实际上 EdD 在美国和英国急速扩大是 20 世纪 90 年代以后。

EdD 学位有什么样的特点，有什么样的博士课程项目，这些很难用一句话概括。例如，橋本（2002）以加利福尼亚大学洛杉矶校（UCLA）教育与信息研究大学院的 EdD 项目为例，1993 年开设的这个项目是根据 UCLA 所处的时代、地区条件而定位的。EdD 在各大学的历史中以各种方式被采用。

美国哥伦比亚大学教育学院、宾夕法尼亚大学教育学院、哈佛大学教育学院等，英国伦敦大学学院教育学院和谢菲尔德大学教育学院等，都在其官网上记载了有关 EdD 的详细报道。特别是谢菲尔德大学教育学院的网站上，可以看到 EdD 教授的介绍视频。哈佛大学教育学院则从 2014 年开始强化 EdD 课程研究并过渡到 PhD 课程。整理有关 EdD 的报道，可对其特点做如下总结。

第一，与根据基础学问原理进行纯粹学术研究的 PhD 学位不同，EhD 是以教职为中心的专业人员（具体来说，包括教师、校长、心理指导者、学校社工、教育行政人员、高等教育管理者和事务担当、教育非营利组织担当等）在继续职业生活的同时，阐明特定问题进行应用研究的博士学位。

第二，PhD 和 EdD 均涉及的教育研究领域包括国际比较教育、教学论、教育管理、计算机教育、数学教育、理科教育、语言教育、艺术教育等。也有只涉及 EdD 的专业（例如教育领导力等），各院生在职业生活背景下，根据需要选择项目内容与学位种类。

第三，到取得学位为止，PhD 课程是平日授课，同时重视个人的自由研究，EdD 课程主要是利用周末部分时间，重视课程作业。

另外，在亚洲，中国在全国开设 EdD 课程的最新动向不容忽视。中国从 20 世纪 90 年代后期开始急速推进教育硕士专业学位（Ed.M），不仅仅是要增加具有硕士学位的教师与学校管理者。根据以往的入职条件，小学教师是高中毕业，初中教师是短期大学毕业，高中教师是大学毕业，所以目的是要提高教师整体学历。其结果是，10 年后，小学、初中教师中约 70% ～ 90% 是专科、本科学历，高中教师约 90% 是本科及以上学历。另外，进入 21 世纪，开始由国家（教育部）主导，师范大学与综合型大学的目标是推进 EdD 课程。北京大学在宾夕法尼亚大学教育学院的协助下开设以教育行政部门和高等教育部门的管理者为对象的课程。EdD 最初的目标不是主要培养教师，而是要培养教育行政（包括高等教育）管理者的领导力。从上至下的强有力的教师提高政策，是社会人大学院改革的起点。2009 年，教育部批准了全国 15 所大学的 EdD 计划，它们 2010 年 3 月开始招收院生，包括“教育领导力与管理”“青少年发展与教育”两个专业。15 所大学包括北京师范大学、华东师范大学等师范院校和北京大学、清华大学等综合型大学，还有华中科技大学等理工院校。北京大学的新入学者有 28 人，清华大学 19 人，北京师范大学 15 人。中国 EdD 课程开设于 2010 年，对其与教育的关系以及与 PhD 的不同之处等内容的研究是今后的研究课题（丁，2008；胡，2010）。

从以上美、英、中三国的状况，可以看出 EdD 课程的共同目的。第一，提高教育专职的专业性。第二，提高作为职业资格的学位。第三，推进专门职业的行为研究。第一点、第二点与 PhD 相同，重视职业实践的第三与 PhD 不同。那么，日本 EdD 的状况又如何呢？

日本曾经将教育学博士直接翻译为 doctor of education，但这与表示研究者起步阶段的 PhD 不同，具有取得很大学术成绩的研究者的权威学位的特殊意义，与这里研究的教育博士 EdD 也不同。与世界范围内 EdD 的主要发展动向相比较，日本硕士研究生阶段的教师教育不充分，教育博士的发展也相当迟缓。在日本，EdD 学位并不被大众所知，教师有博士学位的必要吗？硕士学位不够吗？如果有必要，那不是当校长的资格条件吗？博士是 PhD，EdD 不是“低级”或者“二流”的学位吗？等等，基于无知和偏见的说法仍然在传播。

中央教育审议会咨询报告《通过全部教职生活综合提高教师的素质能力方针》中，曾提到了 EdD，但停留在片面的且不充分的认识上，只是简短提到，因此有必要进行研究。

第三节　教育博士课程 EdD 与 PhD 的现状

一、名古屋大学大学院教育发达科学研究科 EdD 课程

下面以日本国内最早开设 EdD 课程的名古屋大学大学院教育发达科学研究科的案例为素材来研究 EdD。2000 年因大学院重点化政策对名古屋大学的大学院进行改组，以培养高度专业的职业人（以下简称高专人）为支柱的硕士课程更加多样化且招生人数不断增加。同时，还为博士课程特别选拔社会人才，形成大学院教育机会向社会人开放的体制转换。这种转换本身虽然在研究科内没有异议，但是要聚焦以下两点进行讨论。

第一，关于“社会人”的定义。社会人一般是指在职者，这里是指有 3 年以上职场经验和地区社会活动经验的人。即,“社会人”主要是指教育（包括高等教育）机构的教员，终身学习设施的职员，美术馆和博物馆的职员，图书馆的图书管理员，国家和自治体的专门职员，医疗福利领域相关人员、社会企业的人事、劳务担当等，从事教育、文化相关行业的人员，在教育机构、政府、企业等运用心理学的人员，还有非营利组织、志愿者等具有社会活动经验的人等。因此，不局限于教师而是以更广义的教育专职为对象。

第二，关于博士课程的设置。“高专人”课程之上是否新设社会人博士课程，这是其后几年的议论重点。只是在 2001 年名古屋大学全学评议会为确定新的学位名称进行讨论时，提议并且承认教育科学专业与以往的“教育学博士”相并列，今后应发展的是“教育博士”[心理发达科学专业只有“博士（心理学）”]。只有博士学位名称变更计划先得以实现，然而尽管有从“高专人”课程第一二期就开始要求设置社会人博士课程的强烈呼声，但却推迟了 5 年，其中要考虑几个理由。

一是“高专人”课程应到硕士课程为止，博士课程本来就是培养学术博士，社会人不大考虑博士学位的单纯印象在大学院教授心中已固定。二

是社会人的硕士教育尚可应付，但却不清楚对博士的具体指导应当如何进行，博士论文指导则更加困难，这些问题不明确使人感到困惑和不安。三是心理发达科学专业中 PhD 课程已经有足够的社会人，不考虑单独开设社会人博士课程，所以只考虑在教育科学专业开设 EdD 课程。

如松下（2010）的详细报告，承担教育科学专业“高等教育管理”课程的教师积极提案，因此，以“管理”为关键词，名古屋大学大学院教育发达科学研究科决定开始实施教育科学专业职业博士计划，2006 年在日本最先开设职业博士“教育管理课程”，目的是对生涯教育、学校教育、高等教育的管理进行实践性研究。

从 2006 年至 2011 年，每年平均 7 人入学，是招生计划的 2 倍。除了本地的爱知，也有从岐阜、三重、京都等附近而来的院生，还有从石川、长崎等远地而来的院生。其间共 40 名院生入学，包括大学教师 10 名（外聘 1 名）、大学职员 7 名、初中教师 2 名、高中教师 6 名，还有来自教育委员会、企业、预备校的以及留学生等。对社会人来说，虽然 3 年的课程较长，但一般采用昼夜开讲制或指导者利用在线学习，所以都是一边工作一边学习。与 PhD 相比，“调查技能”等课程较多，能够学习调查研究职业课题的方法等，学生能切身体会学习。

指导博士生的核心是博士论文写作。以往的基本要求是，须在学会刊物上发表 1 篇以上的论文，EdD 课程规定要发表 2 篇大学院研究科纪要论文（包括指导教师等 3 人的修改）。这是考虑到，除了大学教师，社会人院生因职业生活而与学会活动可能有一定的距离。不管能否实现，EdD 院生也以向学会刊物投稿为主要目标，其他如论文篇幅等要求上没有任何不同。由于利用实务经验获得资料，论文篇幅有可能更长。

当然，虽有硕士论文写作经验，但社会人在博士论文写作时在论文框架的逻辑展开、数据统计与处理、学术性文章的表现形式等上都会遇到相当大的困难，而且个人差距较大。从一年级开始，指导教师如果不在学生入会、研究科纪要以及学会刊物投稿等方面进行指导，博士论文写作可能会不太顺利。这就使他们与对这些项目已有某种程度了解的 PhD 院生之间有相当大的差距。

EdD 课程为期 4 年，2010 年秋至 2011 年春，第一期院生和第二期院生中共 5 人经过博士论文审查委员会的审议（包括修改），相继取得日本最早的 EdD 学位。这 5 人中，印度尼西亚留学生 1 人和日本人 4 人，年龄从 30 多岁到 60 多岁，男性 3 人，女性 2 人，类型多样。研究题目涉及中等教育史、教师教育、高等教育内容、医学教育、高等教育政策等，范围很广。这是“教育管理课程”对包括终身学习、学校教育、高等教育等多个研究领域为对象的结果。

有趣的是，完成 EdD 课程的社会人的职业、地位在取得学位后会发生变化，我们对这个变化进行整理发现：高中教师→大学教师，私立大学教师→国立大学教师，国立医院医师→大学附属医院教（医学教育担当），私立大学事务员→私立大学教师。具有丰富现场经验的社会人在大学接受教育是对大学教育与研究的一种刺激，院生本人也实现了学历提高。但也有经历没有变化的情况。从外在的、专业的属性变化看并不能了解 EdD 课程的整体功能。探究 EdD 课程的意义，要了解对什么进行研究，怎样研究，从中会获得什么等，关注各院生的内在世界，包括学术研究等方面的特点会发现更多样的姿态。这些多样姿态中，要介绍的是三个博士生，其中两人具有较长教龄的。另一个是私立大学教师，曾撰写关于大学教育实践法的 EdD 论文并取得学位，最后成为国立大学高等教育中心教师，这里不做详细介绍。

二、EdD 的类型

因为只涉及两个人，因此，他们并不能成为 EdD 院生的代表。但直到他们的博士论文完成，指导教师几年间不仅进行针对研究，还针对每个人的职业等情况频繁进行对话，仔细观察结果，以两个 EdD 院生为例。这两名院生专心写博士论文，对于 EdD 课程为什么要提交博士论文，职业经验与博士论文的主张有什么样的关系等问题，可能没有自己客观的理解。指导教师从专业和学术两个方面观察，可以说是站在更容易理解各院生整体形象的角度。这里要指出从这两个方面总结出的 EdD 院生特点。关于各院生学习 EdD 课程的主要意义，以及指导教师的发言，可客观归纳为两点（今津，2011b）。

1. 教职经验的总结

第一个院生是65岁以上的男性，入学时是私立大学教授，教授教职科目。在县立高中担任多年数学老师后，又任县立高中校长、教育中心管理者等，活跃在数学教育和教师教育第一线。他参加 EdD 课程的原因是想在学校现场和教育中心的多年教师教育经验进行总结。已经在学校教育领域处于最高位置，没有职业提升的必要，只是想要总结职业生涯的心情渗透在三年的研究生活。

研究课题是关于“指导能力不足的教师”（被认定为指导不当的教师等），因在教育中心时曾进行过“指导改善研修”实务性工作而产生了研究意识。“指导能力不足教师”是教师“负”的一面，是学校现场容易回避的问题。作为大学教师培养的研究者，对自己的培养成果要持否定的态度，所以这是难以把握的题目，但相反也是研究教师教育的新视角。对指导教师来说，也是新的课题，所以采取共同研究的姿态，以全国教育中心为对象共同实施问卷调查和个别访问调查并且相互讨论，同时通过在学会发表论文等，充实博士论文的内容。

在合作研究中指导教师也注意到一些事情。以往学术研究中，经验研究者不易看到学校教育的深层现实，但却是教育实践者的强项。以这个现实的视角和方法切入，用学术方法进行研究，这就是 EdD 课程。该院生叙述如下。

> 衷心感谢开设非常独特的 EdD 课程。在大学，我减少了工作时间，能够对学习以前就开始思考的问题仔细进行研究，度过了从做教职工作开始至今最有意义的时光。

2. 教育实践者（在职教师）的专业性提高

第二个院生是一名50多岁的女性，入学时是初中教师，不久调动到某小学。师范大学（美术专业）毕业后，多年担任小学和初中教师，没有管理经验。近年在初中指导新入学学生，对外国学生教育极为关心。针对外国学生密集的地区社会的学校新课题，为探索如何进行实践性研究，而学习“高专人”硕士课程。通过对不上学外国学生的调查以及“居住密度低地区”的学校与“居住密度高地区”的学校实践比较，写出硕士论文，因为还存在有待解决的课题想要继续研究而学习EdD课程。

入学的同时，自愿申请加入其他教师不愿去的外国学生密集的小学，负责“国际教室”，每天指导巴西、秘鲁和中国的学生。实践场所成为研究场所。一方面，根据先行研究进行客观的学术说明；另一方面，进行实践课题的探究，在这两个世界的夹缝中学生的基本姿态常常摇摆，在新参加的学会中发表的论文和研究科纪要的投稿论文中也透露出其的动摇态度。但是，动摇本身显示出了EdD院生应有的样子，隐藏着开拓与原有的PhD课程不同的实践研究的可能性。虽然针对新入学学生的教育已经有很多的学术研究，但是对居住密度高地区与居住密度低地区的比较，是非现场教师不容易察觉到的视角，这突显了实践研究的可能性。

这个事例不是对教职经验的总结，持续研究教师所面临的实践课题而提高专业性是主要目的。博士论文审查委员会讨论其完稿的博士论文，她也通过不断的修改对自己的姿态再三追问。这个基本姿态的动摇可谓是现场教师的EdD论文所带有的困难。其本人做了如下叙述。

> 在学校现场每天都忙于应付眼前的琐事，对于外国学生的日本语教育问题，参考海外动向，调查国内其他地区的措施，进行微观及宏观的研究，这是在EdD课程中为写博士论文才有的体验，因为硕士论文只是描绘问题的轮廓，并没有完成研究。

非管理者的在职小学教师取得 EdD 学位是日本首次（教师辞职，进入大学院取得 PhD 学位的不少见）。她作为博士仍旧在小学工作，退休后应聘到私立大学，成为短期大学教职课程（美术教育等）副教授。

以上两个事例，说明了社会人院生读 EdD 的主要意义，也总结了各事例的特点。下面根据这两个事例把 EdD 课程与 PhD 课程进行比较，并对 EdD 课程的特点进行一般性研究。

第四节　PhD 与 EdD 的不同之处及 EdD 诸课题

一、PhD 与 EdD 的比较

如阿曽沼（2009）所论述的，美国教育专业对博士学术学位（research degree）与博士专业学位（professional degree）的划分较为模糊，有时 EdD 与研究学位类似。前者受大学内专门研究的影响，后者受大学外职业社会的影响，而教育研究受大学外职业社会影响的程度不如医生、律师、会计等。那么，如果以“教育实践”为切入口，阐明 EdD 与 PhD 的不同，就可能以广泛的大学院教育提高教职的专门职业化。

相对于教育学博士，“教育博士”没有“学”字，后者的博士学位地位似乎逊色于前者。但这只是从传统的学术性研究角度得到的印象，从专业角度来看，前者也会被比喻为“象牙之塔”。二者不能以单一的标准进行比较评价学位地位的高低，应当理解二者的性质不同。这种理解会使博士课程中的教育研究更加多样化，有助于培养更广泛的有为人才。

名古屋大学最初没有明确 PhD 与 EdD 的不同，到了实际指导博士论文阶段时才真正意识到二者的不同，即要考虑如何在尊重职业实践成果的同时，以学术风格完成 EdD 论文。在指导上述院士的博士论文时，特别是指导实践经验丰富的教师写作 EdD 论文，要注意几个指导要点。

第一，论及“先行研究”的同时对课题和知识进行定位。教师写博士论文的最大弱点是缺乏对前人的研究进行研讨的态度。

第二，从学校的观察结果中将问题一般化。教师容易停留于学校内对个别问题的观察而不能进行一般化总结。这与以反思和“私理论”为目标的倾向性较小，以及缺乏对前人研究的研讨吻合。

第三，在博士论文主题中对个别问题的研究进行系统化。教师容易停留于对已完成的各章进行分别议论，而较少从多个角度对博士论文主题进行探究和系统化。

第四，辨别对实际情况的分析（实然）与对目标和理想的提示（应然），集中于对实然的阐明。教师易将实然与应然，在没有充分进行实然阐明的混乱状态下将着力点置于应然。

根据以上诸点，将两个博士课程的不同特点进行整理，如表 7–2 所示。其中研究目的的不同之处尤为明显，即在狭窄且被区分开的专业领域之中，是以为学术进步做贡献的研究为目的，还是借用各种相关的专业领域知识，为解决自己所面临的职业课题做贡献的高度专业职业人的实践性研究为目的。教师在指导博士论文时，发现“先行研究的位置”有很大不同。即无论是题目设定还是内容的议论，PhD 论文常常要求明确先行研究的什么地方不充分或在什么地方有局限，而 EdD 论文因为是从职业上应当解决的课题开始，所以要判断和利用对解决问题起作用的先行研究。与 PhD 课程年轻的博士生不同，EdD 课程的社会人院生并没有在先行研究之上进行讨论的习惯，指导教师会更多地介绍相关先行研究。

表 7–2　两种博士课程的不同之处（2011 年名古屋大学教育科学系）

不同之处	教育学博士 PhD	教育博士 EdD
1. 教育方针	培养较高的研究能力与丰富的知识	重视实践、实务视角中较高的应用研究能力与认识
2. 研究目的	对专业领域的学术研究的进步做出贡献	用跨学科方法对解决职业上课题做出贡献

续表

不同之处	教育学博士 PhD	教育博士 EdD
3. 入学考试内容	外语、口述（硕士论文、研究计划）	外语、教育管理、口述（硕士论文、研究计划）
4. 招生人数	13 人（其中若干名是特别选拔的社会人）	3（每年合格者 7 人左右）
5. 先行研究	克服先行研究不完整的问题	在解决职业课题时利用先行研究
6. 博士论文	在学会刊物发表 1 篇以上论文	在学会刊物发表 1 篇以上论文或者在研究科纪要发表 2 篇以上论文

这种性质的不同，与将 EdD 课程院生理解为“成人学习者”的有关，包括在职教师的社会人的硕士课程也一样。一般来说，至今几乎没有关于日本大学年长的社会人的教育方法的实际研究，更不用说大学院中关于职业人的指导方法的实际研究。因此，不仅应把 EdD 院生看作是“成人学习者”，他们也是考察大学院所探讨的教育实践与研究之间关系的切入点。

表 7-1 表明了“知识学习型”与“经验反思型”的学习类型的不同之处。不言而喻，“经验反思型”与 Schön（1983）的“行为中的反思”概念相关。知识学习型以“知识赋予”形态为主，经验反思型以“知识摸索”形态为主，与知识学习型相比，经验反思型更考虑学习者的需要。基于两种学习类型，EdD 课程院生很明显更适应于经验反思型学习。提到指导教师与学习者的双方向性时，在各种职业现场缺乏实践经验的大学研究者如果不与社会人院生进行对等讨论，则可能会踌躇不前。在对经验反思型学习进行具体指导时的方法如下。大学研究者要倾听社会人院生坦率表述的“实践的语言”，并转换为“学术的语言”。通过二者的对话，对社会人院生来说会开拓出更广的学术研究的世界，对大学研究者来说能更多了解社会各种场合的现实，也会注意到学术研究的世界中不充分、歪曲、缺欠的部分。

Schön（1983）主张“反思性研究以实践者与研究者之间的合作伙伴关

系为基础”。EdD 课程不仅对提高院生的教育专职的专业性具有教育意义，还在大学院的研究方面，因实践者与研究者进行交流而蕴藏着创新学术的可能性。

二、EdD 的可能性与诸课题

从 20 世纪 90 年代末开始的日本大学院重点化政策左右了大学院的扩张，其结果是博士毕业生大量增加。但是经过大约 10 年，21 世纪初大学院重点化陷入困境，硕士课程还好，博士课程扩大呈原地踏步状态。有如下三个理由：第一，因少子化年轻的入学者没有增加。第二，经济不景气，收入减少使得学费支出困难。第三，“高学历在职穷人”（水月，2007），特别是理科类毕业者陷入严重的就职困境。高学历化发展已达到以大学院教育为焦点的阶段，导致困境的诸多条件中，EdD 课程又会有什么样的可能性？这里特别以小学、初中、高中教师为焦点，从大学院博士课程管理与教师教育政策两方面进行研究。

第一，EdD 课程不太受到上述条件的影响。这是因为院生是具有在职经验的社会人。对年长的社会人来说，年轻时的硕士课程和博士课程曾是遥远的梦想，但高学历化的当下则是近在身边的教育机会。而且，就是因为有职业上需要解决的课题，院生的研究热情非常高。当然，这种热情要转化为博士论文，需要在时间上兼顾职业以及有经济保障等。

第二，取得硕士学位的教师（校长、教务主任、指导主事等教育委员会事务局担当）今后还会增加，原本关注研究的教师对博士课程的需求将会逐渐增加。因此，有必要明确博士课程的概念。与 PhD 相比，EdD 会成为作为实践者的学校教师的一种选择。

第三，另外，副校长和骨干教师等的出现，以及高一级教师资格证的创设计划等侧重于学校组织人事管理的改革也正在进行。对于着眼教师人事管理的政策动向，EdD 课程的目的是广泛提高教师专业（职）性，因此关于教师质量的提高，在大学院能够采用什么样的方针将成为研究内容。如果没有这种研究，今后只是校长应当有博士学位等肤浅主张，停留于学历与职阶制相关的形式上的人事管理讨论上。

第四，2009 年开始各大学开设的教师资格证更新讲习，对教师来说时间上和学费上都是负担，很难说是根据成人学习原理进行的必要教师培训，边工作边在大学院进行研究对在职教师研修来讲意义更大。近年来学校现场不断出现亟待解决的新问题，而且是从学校内部前辈教师中继承的经验性知识和实践方法不足以充分应对的课题，在三年硕士课程以外的 EdD 课程则能够从多方面进行深入研究。

第五，除小学、初中、高中的教师以外，EdD 课程可以接受更广泛的对象，如支持学校教育的学校社会工作者、教育委员会事务局和文部科学省职员、大学事务担当等教育行政人员、成人学习管理负责人、有关更广泛教育的非营利组织领导者等。他们正是从事儿童、青年以及成年人培养的专职人员。多种人才集中于 EdD 课程，相互交流各自的实践经验，并以其为对象进行研究，不仅会对教育实践起作用，而且会扩大并加深学术性教育研究。

纵观以上可能性，可以列出今后的几个课题。

第一，日本教育界一般性课题。对于今后大学院特别是博士课程的实践性研究，社会人能满足大学院的潜在需要，必须要意识到其存在。现在谈及博士，学术博士的形象还依旧牢固，对专业博士的理解还不够。要提高 EdD 的认知度，在大学院不断增加 EdD 课程，此外，现今对 PhD 与 EdD 的不同之处也并没有详细的解释。若不明确 EdD 课程中教育实践与学术研究的各理论怎样进行统一，那么，就容易与 PhD 混为一谈。

第二，职业忙碌化正在加剧的状况下 EdD 院生的基本课题。无论是教师还是大学事务担当，或者是其他职业，兼顾工作与研究都很困难，因此大学院的课程安排（晚间和周末学习、e 学习等）和职场考虑（考虑研修时间）等条件保障是不可缺少的。否则，对于有工作的院生，博士论文写作容易延迟，甚至有时写作没有进展会借口说是受工作影响。总之，为了取得学位需要加强自我管理。

第三，指导教师针对 EdD 院生的课题。与对待年轻的 PhD 院生不同，对于疲于兼顾工作的 EdD 院生，需要更细致的个别指导他们的研究动机和时间管理等。有的 EdD 院生比指导教师年龄更大。对长年的职业经验丰富的院生要保持尊敬的姿态，与其说是指导教师，说是共同研究或许更加适合。同时，也要有严谨传达学术理论的姿态。论文的写作方法和学会发表的方法等，对 PhD 课程院生基本上没有必要指导，但对 EdD 院生需要积极细致的指导。

以上考察了作为今后教师教育中重大课题的大学院教育的各种内容。其中如果关注 EdD，就要求以学校现场中的教育实践，以及以此为对象的学术研究为中心，研究教师教育研究方法。下一章将讨论这个问题。

第八章

教师教育研究的方法——教育实践与教育研究

第一节　教师研究与教育实践

在第六章第一节中，以学校为焦点提出了大学教师教育的四个课题，其中第四个是“教师教育研究”。这个课题在大学（院）等研究机构成为中心问题，但是要与学校、教育委员会、教师工会、社会教育团体等合作才能够进行研究。这就要求从综合视角关注大学与学校现场。在探索新的教师教育范式的同时，为改革已有的教师教育项目展开实践研究时的各种问题，可以整理为以下四种。

第一，对大学与学校现场的教师教育，就从何种视角、以何种方法阐明情况，并从中提出什么样的课题？第二，如何定义教师教育相关政策（国家、地方自治体、学校现场的政策规定）的影响？第三，在教师教育中如何把握教师个人？第四，教师教育采用实践方式进行，因此以其为对象进行分析时，要考虑基本框架中“实践与研究”或者“理论与实践”的关系。这个框架如何贯穿于上述三点？

以上四点中，第二点在序章和第三章，第三点在第二章和第四章中已有涉及，本章主要论述第一点和第四点。第四点是第六章内容的延伸。如序章所述，针对大学的教师培养，日本和世界其他国家已经有大量的调查研究、事例研究和实践报告，可是针对学校的教师培训的调查研究却并不多，因此对于大学研究者与学校教师的关系以及“理论与实践”的关系等问题的研究还不太充分。本章将研究大学研究者与学校教师的“理论与实践”关系问题，这不仅会为教师培养，而且也会为教师培训提供有用信息。

在20世纪80年代后期，日本的教育社会学、教育行政学、教育管理学、教育方法学、教育心理学等都比以前更加注重实证性教师研究，得出了很多成果。为什么进行教师研究？教师调查的目的是什么？作为调查者的研究者与作为被调查者的教师有怎样的关系？这些都有必要重新思考。毋庸置疑，实证性教师研究是以阐明教师和学校的现状为目的。现在要重新回顾方法论的基本问题，即怎样阐明现实？为了什么阐明？真正深入挖掘阐明了吗？阐明后会怎样？

以教师和学校为对象的调查常常会有困难。油布（1985）指出，教师多会怀疑研究结果对教师自身是否会起作用，常常拒绝调查，对学校现状调查的抵抗会更强烈。教师调查研究怎样克服这些拒绝态度和减少抵抗是重要课题。关于学校调查实施的困难，进行学校现状调查的酒井（2009）指出了几个因素。

第一，与重视问责制的英美学校相比，日本学校的封闭性更强。第二，从个人信息保护的观点出发，使用录像的调查方法变得困难。第三，学校因忙碌化没有接受调查的时间。第四，学校在决定接受调查时，组织上存在不确定性。即使管理者决定接受调查也会因担心教师们反对而推脱，或者因为教师调动使得调查不了了之。第五，现场调查的结果会打破教师常识性思维，常常暴露出他们的行为中所隐藏的部分，接受这样的调查结果报告的教师会感到困惑，甚至对调查表现出敌意。

如第一章第一节所述，教师社会学研究的关注点不仅在于教职论和教师的社会地位，还包括教师的教育行为。越是接近具有较强抵抗情绪的教师对象，越要开发以教师实践为焦点的调查方法。第一章第四节提到，教育实践是以教师为反思对象的教育行为。而且在教育实践中，教师的烦恼、痛苦、高兴、挫折、成长，是作为职业者同时也是活着的人或者作为生活者的教师主体的情感和活动。

然而，教育社会学迄今为止始终与实践问题存在距离。理由是，大家常认为实践是教育学、教育史或者教育方法学的课题，不是教育社会学的领域。实践里有教师的主观思考和意识形态，提出实践问题会有损研究的客观性，因此，对教师的实践进行调查非常困难。

至今为止的教育社会学也并非完全无视实践的问题，曾对有关具体实践问题的教师的意识和态度进行问卷调查，在教室观察调查教学过程，研究课程结构，或者研究什么样的实践会对学力产生影响等，对这些实践问题都有过实证性研究。但是，对学校教育实践的深入调查一般来说很困难，这是调查研究的困境之一。对于这个困境，不仅是因为日本学校自带的封闭性，也有必要考虑以下几方面。因为调查困难就不能对实践的现状进行深入研究吗？是因为探究实践现状的问题意识很少，不容易与教师产生关系，所以调查变得困难吗？

研究者平时与学校和教师没有什么关系，却突然到访学校，重视并想要理解教师的实践，但与其说是提出建议，更多的是只提出批判性意见，耽误非常繁忙的教师的时间和精力进行调查，收集到数据后立即返回。之后的结果如何并不清楚，或者即使是已告知也不会对实践起作用……

这或许是极端表现，而且并不是所有的调查研究都会如此。但大家多少会感觉到这种态度，教师和学校拒绝调查也不是没有道理。因此，研究与实践的关系、研究者与教师的关系受到质疑。

为了探索被视作“黑匣子”的学校教育内部过程，关注教师教育的英国教育社会学者 Woods 和 Pollard（1988）一直在研究教育社会学理论与实践的关系，以及社会学者与教师的协作关系。从他们的论述中可以了解日本和英国有同样的基本问题。

> 教育社会学现在在其发展过程中面临着危机。首先是教育社会学

对学校活动的影响力较小。过去不论有何种成果，社会学没有为教师提供足够的信息，存在基本的交流问题。

他们论述了研究者与教师的交流产生隔阂的原因，作为教育研究新领域的教育社会学，通过建构学术理论早已积累了一定成果，但始终游离于教师教育实践。当然，这是大约 30 年前的文章，现在英国和日本的状况都发生了变化，但基本特点相同。教育社会学究竟为教师提供了什么？研究的不是教师的现状没有关系吗？抽象的理论看起来与学校的具体现状相分离，他们的主张提出了什么基本课题？研究者将收集到的数据进行理论化和推动教育政策制定的愿望强烈，但对学校中具体的实践课题的研究容易被搁置一旁,行动研究只是在方法论上多少被意识到。整理行动研究的动向，探索研究与实践以及理论与实践的问题，这会在思考教师教育的研究方法时成为重要参考。

第二节　行动研究方法

众所周知，20 世纪 40 年代后期至 50 年代前期，Lewin（勒温）提倡的行动研究是把实际的问题解决和具体的改革相结合的实践调查研究方法。这个方法以实践的科学改善为目标，快速引入教育场所，适用于课程改革、学校改革、教师职业发展等问题。但是，对于研究与实践的关系没有被充分认识，研究者对探求一般理论付出了大量精力，却远离实践现场，行动研究有所衰退。

经过 20 多年，英国教育社会学以学校教育和教学研究为中心，开始重塑研究与实践的关系，同时作为研究与实践的统一体，行动研究再次被关注。初期的行动研究具有将科学方法引入教育现场的意图，而新行动研究带有学校教育研究进而发展到教师教育研究的方法论意义，不是止步于非常表面的科学方法，而是从根本上重新追问研究与实践的关系。

回顾约40年的研究历史，主要是围绕着课程开发和学校改进方面展开，展现出研究与实践关系的特点。对如何定位教师与其实践的观点进行整理，可以归纳为以下两个阶段（今津、三浦，1989）。

一、初期行动研究（20世纪40年代至50年代）——作为理论接受者的教师

20世纪50年代前期，行动研究被引入学校教育，是开启科学研究运动的一环，作为对传统教育研究的批判而常被提起。推进行动研究的核心机构之一的哥伦比亚大学教师学院的Corey（1953）认为行动研究的性质包括如下几点：①客观追究教育问题；②不是权威和惯例，而是基于事实进行教育决策；③不仅有可能测定学生们在学校学习什么，而且在实际应用上有效。根据这三个性质，行动研究方法与原有的调查研究方法相比有以下特点。

第一，重复假设→实验→测定、验证→再假设的步骤。传统的调查方法，在假设阶段长期进行细致的研究，假设成为“神圣之物”，调查计划也被固定化，没有后续的步骤。

第二，对某学校的调查结果的一般化，不是扩展向其他学校的“横向”的一般化，以“纵向”的一般化为目标。即，针对某校三年级学生得出的行动研究结果要用到同校下一批的3年级学生。

第三，行动研究要根据教师团队与研究者的协同调查活动而形成。这个协同调查的形态，常常对孤立的教师有重要意义，在推动学校改进之中有实质的力量。另外，为实践场之外的研究者提供了有意义的研究场所。

对于具有以上性质的行动研究，确实是因为学校做出了科学研究的姿态，才能在课程开发和学校改进等日常实践课题方面取得与研究相关的成果。但是，对于研究与实践的关系，二者最终都是研究者与教师之间关系作用分担的结果。从理论出发构建假设并制订调查计划的是研究者，基于

此实践的是教师，考察结果且引出下一个理论假设的是研究者。行动研究在 20 世纪 50 年代后期衰退的原因是，与扎根地区进行实践研究相比，社会科学者更愿意从事全国性的巨大研究，在加强理论研究中理论与实践的脱节越来越严重，这是 Kemmis（1985）的观点。

也就是说，基于理论假设，会关注课程和教学项目等输入与教学效果等输出的测定，而教师实践过程并没有得到关注。进行行动研究的主导者是研究者，教师是服从者，因此，理论假设和对调查结果的考察容易被接受。因此，研究者如果离开了实践现场，行动研究也会走向衰退。

二、新行动研究（20 世纪 70 年代以后）——作为实践研究者的教师

20 世纪 50 年代后期衰退的行动研究，70 年代以后在英美和澳大利亚再次受到关注。Kemmis（1985）认为其理由是，第一，教师认为很多的教育调查起不了作用。第二，教师想要对自己的实践活动进行调查研究。第三，解释论的方法和案例研究、实地调查、民族志等研究方法开始兴盛。

支持教师自身进行调查研究的理论重新被提起，这就是研究“人性化、课程、项目”的英国 Stenhouse（1975）的过程模型（process model）。

过程模型的提出，是出于对 20 世纪 60 年代主导美国课程开发行动的科学“行动目标模型”（behavioral objectives model）的批判。对其出现的背景，基于佐藤（1985）的整理，简单总结如下。

“行动目标模型”的特点，首先是设定一般的教育目标，进而分为特殊目标，以行动科学的语言将学习目标公式化，开发能有效达成学习目标的系统，设计教材和教具，尽可能量化学习效果，对照行动目标进行评价，带有合理的、客观的、工学的性质。但是，这个科学方法出现了几个问题。用行动语言论述教育目标可能吗？预先使行动目标中的教育目标精细化是否会束缚教学过程？以客观的、量化的尺度测定目标达成情况，只是对教学前后状态片面的把握，不会舍弃教学过程中出现的重要因素吗？等等。

相对于“行动目标模型”，过程模型重视教学过程，因为在学习过程中，

学生在与行动目标不同之处学习得更多。学习课程的能力与可能性有可能不适合当初的目标。教学过程中会思考性地探索知识，并不能事先决定学生的学习成果。过程模型中，会更广泛弹性地把握学习目标，而且引用人类学的观察方法，基于教室研究而进行课例研究。

Stenhouse（1975）的“人性化、课程、项目”的过程模型，是在社会状况中理解人类行动，以及提高对价值问题的理解。这个模型指出的是，“理解”具有深意，是可以量化的尺度，但并不意味着学习的结束。更重要的是，不仅是学生，教师自身也会使“理解”发展。如果说“行动目标模型”中教师的工作是“评分”，“过程模型”则是“批评”（critic），因此“过程模型”要求教师质量。这个质量如果很差，就会表现出较弱的教学过程。“过程模型”与教师发展相关。

从观察教学过程的必要性和教师发展等课题，引出 Stenhouse（1975）已经多次介绍的“成为实践研究者的教师”的概念。如果直译为“研究者的教师”，教师作为实践者的特点不明确，因此意译为“成为实践研究者的教师”。这个概念的意义如下。教师工作是在实践中观察和研究教学过程中出现的状况。每个教师在各个教室中不是孤立的，对于自己的实践记录，如同医生反复研究病例并进行互相研究一样，会获得共同的概念和理论战略。在进行合作的实践研究过程中，教师专业性会得到提高。在日本，大学院学习的在职教师也容易接受这个想法。

“成为实践研究者的教师”显示出与初期行动研究中“作为理论接受者的教师”不同的研究与实践的关系。“作为理论接受者的教师”中，研究者是主体，根据研究者的调查计划，教师实施教育行为，其数据由研究者处理，因此教育行为研究与教师自身的实践相分离。与此相对，“成为实践研究者的教师”中教师是主体，这是因为会出现以下问题。即，研究者的调查真的会对教师和学校起作用吗？研究与实践是否要由研究者与教师共同承担？教师自身不断进行实践研究不是对教师和学校更有益吗？只是，如果在对学校教育的调查研究中教师是主体，又会留下研究者的作用是什么的问题。

关于这一点，Elliott（1987）主张，教师独自进行行动研究存在几个问题，外部研究者应当在如下方面进行援助。

第一，教师的行动研究可以收集很多数据，但数据分析能力相对较差。外部研究者可以以教室里的教师的经验等为对象进行数据分析。

第二，教师的行动研究容易停留在教室内的个人的自以为是的考察。外部研究者可以在更广的视角中反思、评价、议论。

第三，然而，这些援助如果过度，教师容易依赖外部研究者。为了防止这种情况，针对上述两点，每个教师要深入开展自己的行动研究，外部研究者也要给予帮助。

如“成为实践研究者的教师”所表述的，新的行动研究以阐明教学和课程等学校内部过程为目的，同时也试图提高教师专业性，但是对于研究者与教师关系的研究还不充分。总之，教师教育研究的对象是教师培养与教师培训的全过程，也包括实施教师培养和教师培训的大学与学校现场。如何研究并阐明教育现场，指出问题，提出解决问题的方案，是教师教育研究特别是探索研究与实践关系时的中心问题。因此，可以采用对教师教育研究有效的学校临床社会学的“干预参与法”。

第三节　学校临床社会学的干预参与法

一、学校临床社会学的方法特点

新的行动研究受到了流行的实地调查和民族志等的影响，学校临床社会学也与其发展动向吻合。先要把日本近年来受到关注的以教育临床学为首的教育临床研究作为目标，之后在教育社会学领域将着力点置于实践过程中出现的学校临床社会学的历史背景，并对其的方法特点进行整理。

首先是“临床研究”。临床（clinical）是医学用语，指诊断病情且进行治疗的行为。只是，从哲学的视角出发，川本（1998）注意到“医院”（hospital）一词来自拉丁语“hospitium”，表示“郑重接待客人的场所、住所”，指出“医院原本是‘款待’其他旅游者（特别是贫困和患病的朝圣者）的场所，体现主人与客人之间的相互扶持”。“主人与客人之间的相互扶持”表示医生与患者的关系，学校教育的临床研究是探究研究者与教师等的关系。这里要总结在教育临床研究的对象与方法。

研究对象是“有问题的委托人或信息提供者”“应当解决的问题”“问题的解决过程”。前两个组合在一起又可分成两部分。一是如同临床心理学以个人的身心问题为对象，二是特定的学校组织或教师团队所具有的“社会问题”化的各种教育问题。“社会问题”在序章中有所涉及，是人们必须有深刻感悟，而且急需解决的社会现象，一般包括失业、贫困、犯罪等。20世纪80年代后，日本的校内暴力、欺凌、学生自杀、不上学、学力低下、班级崩溃等各种学校教育问题不断发生，受到社会关注和议论，成了“社会问题”。而“问题的解决过程”与以下的研究方法相重合。

研究的逻辑出发点有：与委托人或信息提供者有什么样的关系，如何制定解决问题的方案，对其方案如何实行，对实行成果如何评价。关于“与委托人或信息提供者有什么样的关系”，河合和鹫田（2003）指出，以临床场景的“人与人的距离”为标准就很容易思考。基础医学与对象拉开距离进行客观分析，临床医学不与对象关系很近，会产生个别的治疗关系。中村（1992）所说的“科学知识”与“临床知识”也是表达与对象的距离。观察这个临床研究的全过程，谁进行调查研究，为什么进行调查研究，调查研究的结果会对社会产生什么样的影响，如何保护调查对象的人权等问题，是调查研究的伦理问题（ethics），即研究者的“责任与义务”问题，显示出其与研究价值相关联（Payne & Payne，2004）。日本对这些伦理问题的讨论并不充分，20世纪90年代后，随着质性研究盛行，大家才开始对其进行关注。临床研究更加不能从伦理问题上移开视线，因此论述研究方法的本章会随时关注伦理上的诸观点。

其次是“学校临床社会学”。这是指学校的临床社会学（clinical sociology of the school），是以临床社会学的方法阐明成为社会问题的各种学校教育问题并对解决问题做出贡献的研究领域。临床社会学在 19 世纪末期至 20 世纪初期，从引领草创期美国社会学的芝加哥学派开始。以当时产生所有城市问题的芝加哥为基点，芝加哥学派的调查研究基本都是临床社会学的，一方面，是客观的科学主义；另一方面，是社会改良主义，即客观的实证与实践的性质混在一起。原本的临床方法常包含着客观的理论与主体的实践的分歧。对芝加哥学派的形成起一定作用的 Dewey（1899，1915，1990），1894 年到芝加哥大学赴任，两年后开设“实验室学校”并运营至 1903 年，基于其前期的成果出版了《学校与社会》。这部著作，贯穿着在初等教育阶段面向全民开设公立学校的实践性目标，能看到“干预参与法”的萌芽，这可能是学校临床社会学的源头。

在与临床诸科学相比较的同时，若对临床社会学和学校临床社会学的性质进一步定位（今津，2011a），如图 8-1 所示，以“身心问题”和“社会问题”的一般化作为对象画出横轴，以“人与人的距离”和临床教育学个别的委托人或信息提供者的距离作为“方法”画出纵轴，形成四个象限，将各研究领域配置于各象限。Ⅰ如同临床医学和临床心理学，“临床度”最高，是直接面向委托人谋求解决身心问题的领域。与Ⅰ相对照，Ⅲ的“临床度”最低，Ⅱ的“临床度”适中，Ⅳ的“临床度”相当高。Ⅱ、Ⅲ、Ⅳ都是应当开展（学校）临床社会学的领域。说到这四个象限，临床教育学与委托人和信息提供者的距离非常近，处理身心问题和“社会问题”化的教育问题，与Ⅰ和Ⅳ相关。

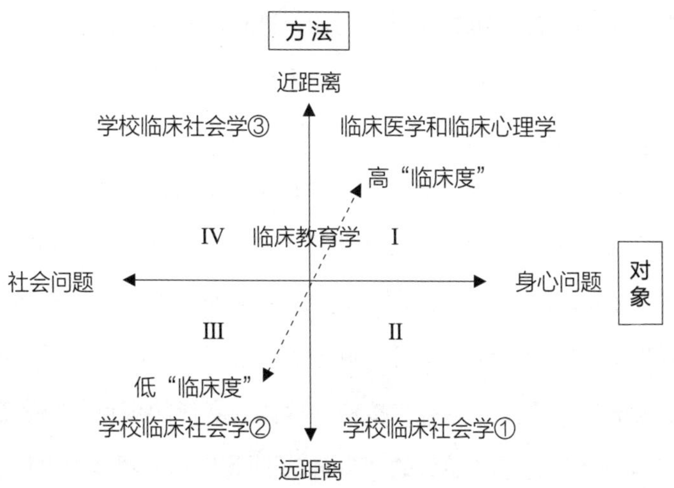

图 8-1　临床研究的对象与方法

这些定位于Ⅱ、Ⅲ、Ⅳ的学校临床社会学有什么样的性质呢？如图 8-1 所示，学校临床社会学①②的客观科学性较强，学校临床社会学③的实践性较强。①处理身心问题，同时也阐明学校组织背景和社会的文化的背景。②、③处理各种学校教育问题，③是参与特定的学校问题解决，②是对学校一般问题的客观阐明，学校临床社会学有多个方面。因此，对于教师教育研究，定位于Ⅱ、Ⅲ、Ⅳ的学校临床社会学的方法可以同样适用。

二、学校临床社会学的干预参与法

此外，成为焦点的是，对于与学校临床社会学③的委托人或信息提供者有关的研究方法，还有关于研究者参与问题解决的实践性，要如何进行一般性的论述。这一问题大多是由各研究者自己想办法解决，论文中几乎都不涉及。但是，不明确临床场所如何确定，临床研究的发展会很难。那么，由此出现的是"intervention"的方法概念，一般翻译成"干预"，其已经是目前日本临床社会学、社区心理学、社会工作等不可缺少的关键词，也形成了"干预调查法"（intervention research）的调查研究方法。

原本，Fryer 和 Feather（1994）也论述过，从更广义的角度论述干预，所有调查多少都包含干预的性质。例如，进行问卷调查会有提高调查对象对题目关注度的作用，进行采访会建立采访者和采访对象的新关系。只是这里不是作为结果的干预，而是从最初开始就意图转变为某种情况的干预。

英语中 intervention 是“调停”和“仲裁”的意思，作为法律术语也有“诉讼参加”的意思。在以干预作为主要调查研究方法的社区心理学中，表示“对痛苦和有问题的人（或团体），由第三者伸出手，进行减轻痛苦解决困难的援助”（安藤,2009）。会让人联想到“管闲事”和“干涉”的“干预”一词并不太恰当，因此，也有直接使用片假名音译的观点。或者在临床教育学中，“伸出手”超过了单纯的“参加”，因此也有人翻译为更积极的“参与”（庄井，2002）。这样，“干预”有了更广泛的内涵，基本上表示对个人、团队或组织起各种作用的干预者（intervener），为解决问题有意图地使得情况发生变化，其中常说的是必须紧急恢复平衡状态的“危机干预”（crisis intervention）。

作为危机干预和危机预防干预的例子，常说的是威胁学校安全的各种危机。具体地说，有校内暴力（包括美国的校内枪击）、非法侵入等犯罪，地震和暴风雨等自然灾害，艾滋病、毒品、自杀、虐待、父母离婚和亲人去世等，基本上都是社会问题化的深刻问题，由这些问题所引起的对个人强烈的精神冲击，随着时间的流逝怎样进行心理援助等，是危机干预的主要课题。为了不陷入这些危机如何采取预防措施，是危机预防干预的课题（Pitcher & Poland，1992；OECD，2005）。另外，还有的干预是为解决某组织的问题，用相当长的时间参与改善组织，创造新的组织文化（安藤，1979，2009；山本等，1995）。

整理出这些干预形态可更好地进行理解，将干预的目的（脱离危机、恢复平衡、创造性变革）与对象（个人、团队、组织、地域）设定为两个轴并进行组合，如图 8-2 所示，干预可以分为四个形态。为了更容易理解这些形态，需要引入学校临床社会学脉络，且各自又增加了具体实例，这些具体实例都涉及教师教育主题。

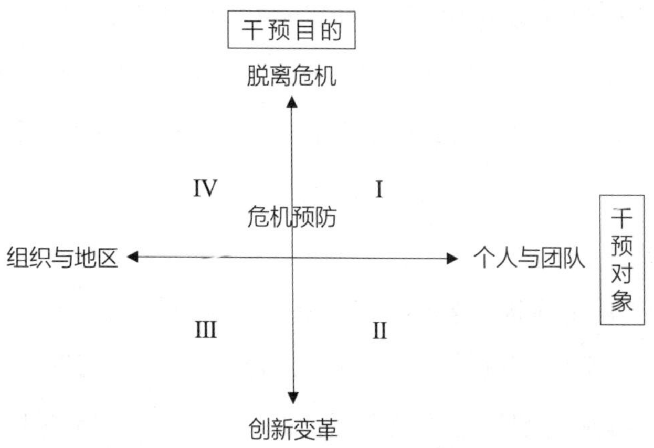

图 8-2　干预参与的目的与对象

干预Ⅰ为被虐待儿童的安全保障与家长援助，干预Ⅱ为探究学力下降的原因与提高学力的计划制订，干预Ⅲ为对地区开放的学校的管理，干预Ⅳ为校内暴力的学校秩序恢复与学生、教师、家长的援助等。

需要紧急"干预"的是Ⅰ、Ⅳ象限，临床研究也有Ⅱ、Ⅲ象限的参与。对于干预Ⅱ、Ⅲ，"干预"一词可以更广义地使用。为强调参与的一面，且与社区交流心理学重视的危机干预相区别，也因为情感上不接受"管闲事""干涉"，在学校临床社会学中使用意译的"干预参与"。只是，这个意译不是单纯将"干预"与"参与"并列。"危机干预"在"参与"中发展，日常的"参与"也会成为"危机预防干预"。总之，综合广泛把握是"干预参与"的宗旨。

三、干预参与的五个阶段

那么，干预参与的具体顺序是怎样的呢？对于其的公式化，Lazarsfeld 和 Reitz（1975）和提出的社会学应用过程的六个方面可以成为参考。参照六个方面，划分出能够适用于学校临床学的五个阶段。这样做的目的是在学校这个临床场所，使研究者对实践研究的方法进行客观的对象化。各研究者不是随意与学校产生联系，而是明确所得的研究成果的诸条件，并将其广泛运用于其他的临床研究。各阶段的（ ）内表示具体内容，后面会进行说明。当然实际上，明确区分的五个阶段，并不一定按顺序进行。例如A与B、C与D、D与E可能同时进行，有时停留于A—C阶段而没有达到D、E。

A阶段：问题把握与课题设定（针对某个问题通过对先行研究的讨论和教育言论的探讨等进行课题设定）。日本（也包括其他国家）的学校教育问题曾多次被报道和分析，出现了大量的论文和著作，所以在A阶段，需要探讨已有研究。只是，虽然教师对已有的实践模型有所关注，但是对学术研究不可缺少的先行研究的探讨却不太重视。这主要是研究者的任务，对先行研究的探讨在B以后的各阶段会发挥作用。在对先行研究的探讨中重要的是，对于教师无意识追随在学校现场易视作理所当然的各种认识，采用相对化的教育视角（今津、樋田，1997，2010）。而且，A阶段中不仅有文献研究，还可以运用其他各种方法，如对教育问题的统计资料的解读，在全国及各地区实施新的量化调查等。

B阶段：事先诊断与干预参加计划（根据对象学校的采访、参与观察、问卷调查等资料的收集锁定课题。以包括校长、教务主任等委托人为中心与研究者共同制订干预参加计划）。B阶段中以特定的对象学校为焦点，对学校要求而且是研究者也想要调查的课题，互相调整并缩小范围。这个阶段中通过与对象学校的教师自由的讨论，得到结论，研究者能被学校长期接受，产生信赖感是非常重要的。可采用参与观察以及民族志的方法。

C阶段：面对问题解决的援助实践（沿着对象学校的干预参加计划的援助实践与重审）。与制定干预参加计划阶段相比，此时与教师的合作关系更进一步，还会扩展与学生和家长的关系。与B阶段一样，继续进行参与观察、采访、与学校成员相互讨论，有时在学校内实施小规模的问卷调查。这里要留意的是，实践不一定会完全按照干预参加计划。其计划虽然事先要得到学校职工大会议的认可，但到了具体的实践场景也会出现不同的情况。有实践的技术问题（进行实践的学年、时间，实践项目内容，班主任任务等可能出现变化）；对学校的干预参加计划，也有当初的目的、课题没有被教师了解的情况。各种各样事情的发生，不仅会加深对对象学校的理解，也能更深入理解学校组织的一般性质，因此在客观观察事情的同时，作为援助实践的方法，以弹性的姿势对待最初计划也是非常重要的。

D 阶段：基于援助实践的对象学校的组织文化进行探讨（根据对象学校教师的组织文化研讨制定学校政策、学校教育基本方针和实践）。D 阶段中，根据援助实践的结果，进行如第四章所论述的对象学校的“学校组织文化”的研究。学校组织文化是学校通过校本研修探究的课题，成为学校改进、学校改革的基本方针，新实践开发的线索。这个研究是超越教师个人学习的学校的“组织学习”。研究者可以参与研究过程，或者即使不能参与也可以从侧面通过报告提出建议。在干预参加计划的实施中，即使能够实现 C 阶段，达到 D 阶段或许很难，但 D 阶段却是将成果扎根到学校组织文化的重要阶段。

E 阶段：事后评价（干预参加使对象学校发生变化的综合分析与评价。相关对象学校所得知识的假设性一般化）。D 阶段是对学校有用的阶段，研究者处于关注其活动的视角，而 E 阶段是对研究者有用的阶段。学校向研究者提供干预参加的评价，研究者据此回顾 A—D 的全过程并加以评价，整理学校临床社会学研究的一般知识，开始下一个 A ～ E 阶段。以上的五个阶段是学校与研究者面对面的过程，形成连续且发展的循环。对于 E 阶段的综合评价，如果学校与研究者意见一致，可再从 A 阶段出发在新的课题下继续合作。相反，如果学校或研究者的综合评价较低，学校会寻找其他的研究者，或者拒绝研究者的合作要求，而想要加强与学校现场关系的研究者也会寻找其他的对象学校。

沿着以上的 A—E 阶段，关于学校临床社会学研究成果的具体事例，这里受篇幅所限无法详细介绍，所以介绍 21 世纪后东海地区的小学、初中、高中发布的三个研究报告（今津，2012a）。这三个研究报告是将小学中外国学生的学力保障、初中的防止欺凌的学校政策制定、高中的预防手机风险的学生自身授权，分别作为课题的干预参加的具体成果。小学报告是在日语学习中提出“学习言语”构成的假设，初中、高中报告是共同重审“教师中心”的规制主义，而“学生中心”是在学校整体支持下的新尝试。

四、调查方法上的诸问题

下面是在运用干预参与法的实践调查中，更应当留意的研究伦理上的两个问题。

1. 匿名调查

文化人类学的实地调查法中与伦理相关联，且常常被讨论的是“匿名调查”，即隐藏调查意图悄悄进行调查的方法。Cassell（1982）指出，匿名调查会伤害与对象的关系，存在使将来的调查变得困难的危险，对实名调查的其他研究者也不公平，这个方法应当极力回避。此外，在学校临床社会学中对要求解决问题的学校的调查研究，秘密调查原则上不可能，一般都会让学校的全体教师得知并且了解研究者作为调查者访问学校和调查的目的。

但是，有对研究者访问学校有抵抗情绪的教师，或者虽赞同访问学校，但反对详细调查的教师。还有，虽告知班主任只是“观察教室里的学生活动”，却也有实际上同时暗中观察教师动向的情况。或者，学生和家长对研究者的来访表现出与平时不同的态度。因此，可以预想学校调查结果会出现偏差。那么，为了能够对学校真正的日常进行调查，对于选择调查对象，怎样进行调查，怎样实施问卷调查等，要和教师（包括校长、教务主任）商量，仔细研究接近学校现实情况的技术办法。例如，一开始就将调查的主题传达给全体教师而不提及详细内容，向学生和家长传达研究者为与学校合作要来访问而不提及具体的合作内容，这些都是不使学校现场出现更多混乱局面的技术办法。

当然，在最初阶段就找到技术办法，在调查过程中研究者会与调查对象产生信赖关系，然后向包括学生和家长的学校全体成员传达来学校的目的等详细内容，这会使全体成员都有机会解决学校的问题，反过来会成为强大的推动力。或者从最初就谋求这个效果而向全校公布调查计划。例如，对校内暴力的根除和欺凌的解决等，可以作为全校解决的共同课题。重要的是阐明问题并且加以解决，要明确这是最终目的，可以向学校的全体成员公布调查研究的相关信息，或者说使信息自然扩散。

2. 调查对象的对待方法

作为外部专家的研究者进入学校设立临床场所，如何对待调查对象成为问题。近年来，随着调查研究的伦理受到关注，调查对象的称呼也需要重新考量。原本，对象被称为被试（subjects），因为具有和物体（things）同样的意思而带有否定的含义。现在对象的自发性，以及包含向调查对象充分公开有关调查信息的意思，他们被谨慎地称为“调查参加者或调查协力者”（participants）（Merriam，1998）。此外，在文化人类学的实地研究中被称为“资料提供者”（informants）。临床社会学中使用“依赖者”（client）一词，其不是从治疗的观点而是从调查研究的观点出发，调查对象在请求解决伴随身心异常的烦恼至一般社会问题的个别问题时，用日语的片假名直接表示为“client”的情况较多，而在指对社会问题提供各种信息的作用时，用片假名直接表示为“informant”。

在这些称呼中重要的是，要认识到调查对象与研究者处于对等的状态，要消除以往研究者的优越性感，对调查对象保持敬意。盛山（2004）在《社会调查法入门》中最先提起的是，无论是自然科学还是社会科学，作为学问伦理的“学术研究的特权性都要被否定”。

> 社会调查曾经以学术和研究的特权为前提。……研究者是相对调查对象的社会和在那里生活的人而处于另一个世界的观察者。在调查对象看来，研究者所属的群体是难以接近的。……今天，这样的看法不成立。最重要的是，研究者与调查对象住在同一个世界，是构成同一共同体的对等的人。

第四节　学校临床社会学中教师与研究者的关系

一、临床场所的建立

干预参与法使以该学校的问题解决为目标的临床场所得以建立。学校组织由教师、学生和家长等构成，在向研究者传达所面临的问题时，委托人或信息提供者主要是教师（包括校长、教务主任）。对于研究教师和研究者的关系，重新审视临床场所时会有几个问题。

即使是处于A阶段，学校要求研究者合作的情况也不多。当然，如果作为指定研究学校，研究者会作为指导者而来，但大多是形式上的合作。通常是，学校内部的问题由学校内部处理，或者借助近邻学校、教师、教育委员会事务局（指导主事等）、教育中心等附近的相关学校教育机构的帮助。理由之一是学校基本上没有随时能与研究者合作的机会和有关研究者的信息。

为填补学校与研究者之间的沟壑并达到B阶段,研究者要把握各种机会，平时多与学校接触，努力传达有关研究者及干预参与法的信息。这与解决学校教育问题的研究者的诚实且谦虚的态度等相关。

而且近年来因为学校的各种理由实施调查研究越来越难。现在的学校不一定会拒绝研究者。“研究者单方面要求的问卷调查，常因学校忙碌无法回应而不得不拒绝，但学校问题如果想得到解决就要请求与研究者的合作”，这是学校所表明的态度。

然而，向研究者请求合作时，学校全体成员的意见却不一定统一。只是校长等管理者的判断，其他的教师有可能不积极，学生和家长也会不理解研究者为什么来学校。那么，就要求对B、C阶段中的教师与研究者之间的关系进行调整。

考虑到以上问题，B—E阶段中的临床场所不能忽视的伦理问题还会出现。

二、互惠关系

在调查研究伦理的重要性还没有被认识的20世纪60年代，民俗学者宫本(1986)就强调了调查“回礼”的重要性。“如果对方不是作为合作者而迎接，绝对不会有好的调查。……调查不只是夺取，必须也有给予。给予和获取是调查的铁律之一。”这里的“给予之物”，是利用研究者的专业等向村民介绍对其生活有用的技术，讲述生活信息等，体现“精神的”礼貌态度。宫本提到民俗调查的目标，就是积累这些态度，产生“信赖”感和“同伴意识”。

这里的“给予和获取”的关系，实地研究称之为互惠性或者互酬性(reciprocity，reciprocal benefits)。在文化人类学的角度上，高橋(1998)也对长期维持实地研究中研究者与信息提供者合作关系的重要伦理，即“互惠”原理进行了论述。

那么，学校临床社会学中与学校的互惠关系是什么呢？干预参与法虽说应当重视学校的情况，但实际未必如此，因为研究者的理论框架、假设、实验计划等在B阶段会无意中被优先处理，C阶段中为回避研究的困难，研究者有时会不知不觉地强行推行干预参与计划。而且，D和E阶段是超越具体实践的抽象思考的层次，或许会出现研究者单方面考察和评价的情况。

这样，把研究者的思考、价值、行动放在优先位置，互惠关系会变弱。为了不出现这样的结果，认真探究A—E阶段的时间必须充足。在学校进行临床调查研究至少需要半年或一年以上的时间。在一定期间，研究者以何种姿态面对学校，应当采取什么样的行动，这都是伦理课题，也是干预参与法的核心“教师与研究者的关系”问题。

三、教师与研究者的协作关系

实践由教师承担，研究由研究者发起，如果固定把握这样的作用分配，就容易陷入研究者主导的弊端，违背研究伦理，或者实践和研究双方不会都产生丰硕的成果，这个观点已经广为人知。因此，从教育心理学的视角出发，無藤（2007）主张，研究者探究的理论不是在学校现场的实验及应用，重要的是“与现场问题交往”。

今天，研究者将学校问题对象化并进行研究，向学校提出各种建议，临床关系变成互惠关系。而干预参与法则更加促进了这种想法，为阐明和解决学校应当解决的教育问题，不同的教师与研究者结成合作关系，在学校改进、改革的课题下产生“同伴”意识。因为是面对共同课题的协作关系，所以教师与研究者会共同完成实践与研究的任务。

在学校壁垒依旧很厚的现实状况中，要有至少半年或一年以上的临床调查时间，即使学校有需要，研究者持续访问学校并非易事。研究者团队即使组织化，长期滞留学校详细观察记录干预参与的过程，在现实中也很困难，这就需要经常接触对象学校和研究者的媒介者。

除了“回礼”，宫本（1986）还写道中介与调查地之间存在“同伴关系”是能详细介绍调查地的当地人，这样的人因为总是做各种学者的向导而有专业的知识，了解当地所有的情况，因有这个向导才使民俗调查得以经过顺利开展。这样的向导在文化人类学中称为夏尔巴（Sherpa），原指居住在喜马拉雅山系的夏尔巴族人运送登山者的物品并当向导，与之相同的是研究者在异文化世界的向导。

无论何种实地调查都不可缺少这样的向导，学校临床学的干预参与研究也同样。经过学校内部同意，同时对学术研究有兴趣，接受过一定训练，兼备实践与研究两方面的人才才能成为向导。在这一点上，最近大量增加的在职教师大学院生（包括教职大学院，以下简称为教师院生），就能够作为向导，成为研究者的助手。

教师院生在大学校园内，某种意义上可以很容易地访问学校，了解学校的需要，因此教师院生和研究者的关注点一致时可以进行共同研究。在引入干预参与法时，教师院生成为宝贵的向导。当然，实施干预参与法的对象学校的教师院生最适合，但其他学校的教师院生也可以成为对象学校的媒介者。教师院生也会通过干预参与项目，客观地再研究实践，或者接受某种实地训练，对象学校的实地调查也会成为对教师院生的指导。干预参与法中向导的具体事例，在今津（2009b）的研究中涉及过。

以上，叙述了教师与研究者的关系。一般来说，除了宏观上的教育制度和教育政策的研究，微观上对教育问题的临床研究，聚焦在对作为对象的学校组织、教师团队、学生、家长等的研究，研究者容易将对于研究学校怎样进行干预参与的讨论搁置一边，也容易疏忽对其所包含的伦理问题的研究。但是在对委托人或信息提供者进行近距离临床研究中，如果不能清楚解释和说明其知识是在怎样的干预参与条件下获得的，就不能准确地理解知识。这种解释和说明与阐明对象学校的教师和研究者为解决一定的学校教育问题的合作过程有关，将从中获得的知识一般化，不仅是对象学校，任何学校、任何教育研究者都会得到各种对实践和研究的启发。学校临床社会学特别强调对干预参与过程的反思。这个反思与追问实践与学术研究的关系相通。

四、实践与学术研究的关系

这里的实践一般是指“职业者对想要给一定的环境带来变化的重复性意图行动”。那么，教师是对学生进行教育“实践”，研究者是对学校进行临床社会学的“实践”性的研究。这个“实践”中，教师与研究者不是互相无视、对立、排斥的关系，而是协作关系。调查对象与研究者是对等关系、友好的同伴关系，这就是互惠关系中的状态。原有的实践与学术研究被看作是互不相通的活动，由教师与研究者分别进行。这里，实践与学术研究能匹配到什么程度？两个任务不是由教师与研究者机械性地承担，而应当建构成什么程度的融洽协作关系？从这些观点出发再探讨实践与研究的关系，是对教师与研究者的关系，从实践与研究的视角重新进行具体观照。

在方法上，对于学校实践及其与作为对象的学术研究的关系，举四种情况进行分析。志水(2003)认为学校临床社会学中“临床”的含义分为两种:“以问题解决为目标”的狭义含义及“扎根于现场”的广义含义。按照这个分类,(1)和(2)属于“扎根于现场”的广义的临床,(3)和(4)属于对学校现场“以问题解决为目标”的狭义的临床。

(1)学校的民族志必会伴随实践与研究的基本关系。对于具体的研究线索,可以清水(2006)的论述为例,他通过以教育社会学为基础的实地调查,从调查伦理的角度对研究的真实性问题进行了细致考察。

对于20世纪90年代后在各地出现的新生,提出了日本公立义务教育学校对这些学生的教育应怎样进行实践的全新课题,各学校在困难的状况下反复出现试行错误。清水将有印度难民等很多外国学生的关东圈公立中小学作为现场,为描绘新生的日常世界,以参与观察为核心开展了民族志研究。学校没有特别提示应当解决什么具体课题,研究者关注的是少数的外国学生的日常世界,而教师实践是以包括多数日本学生在内的全体学生为对象,因此二者对学校现实的认识当然存在差异。

清水拘泥于志水(2002)指出的“研究者与调查对象的有意性结构的偏离”。如果只在表面把握偏离问题,会关系调查的妥当性与信赖问题。但是,研究者如何把握这种偏离,在这一点上深入挖掘,就会遇到实践现场与研究者的基本关系问题。意识到偏离却不重视,研究者了解到的学校现状仅是从民族志单方面研究中获得的,这是学术研究的特权态度,学校或认为这是错误的认识,或以自己的实践并非如此而提出抗议。这种情况会破坏调查中的信赖关系,违背调查伦理。

佐藤(1992)提出,对于实地调查伦理之一的民族志,重要的一点是,“要努力得到信息提供者的确认”,“听取当地人的意见,和他们互相讨论”。对于得出的调查报告,研究者不能单方面强行解释。清水虽也是这个观点,但关注的是“互相讨论”过程中出现的偏差。当然,为使调查结果的偏差少而事先会与学校进行调整,但这或许也会使研究者的探究性变弱。对于二者对偏差相互讨论的结果,学校与研究者如果分别得到新的知识,这就是先前所述的互惠关系的实现。例如，学校以偏离为契机重新审视以往的实践并引入新方法，研究者以往没有的研究关注点，以及新课题。目标是“使‘研究者’与‘调查对象’的异质性显在化”（清水，2006），研究者明确自身的立场，同时注意与学校对话。这样的关系如图 8-3 所示。

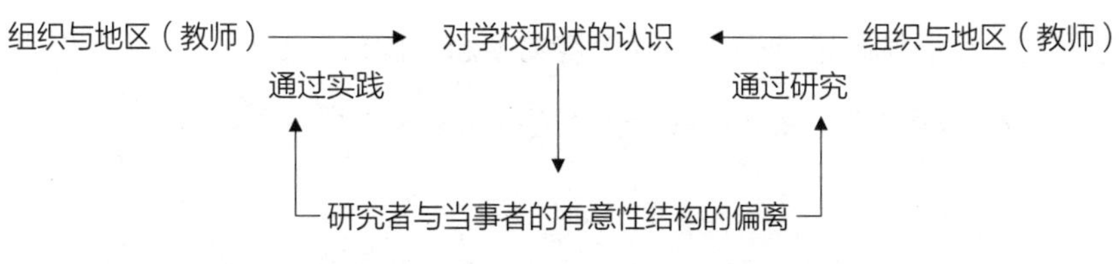

图 8-3　实践现场与学术研究的关系

（2）关于理论与实践的关系以往常被提到的是，研究者探究有关理论的实验或与作为临床场所的学校现场的关系。在学问研究框架中重视实践现场，不只要尊重学校现场的意向，也要形成研究者和学校的合作关系。以教育心理学为基础考察学术研究与实践现场关系的无藤（2007）认为，重视实践现场，“与现场问题交往”是学术研究应有的立场，在这个立场上重要的不是（2）而是（3）。

（3）在以实践现场的问题为研究对象，对现场提出建议的关系中，双方互惠，临床性更强。只是因为探究教育心理学普遍知识的特性，不易看到阐明个别学校组织课题的问题意识。（2）与（3）的关系如图 8-4 所示。

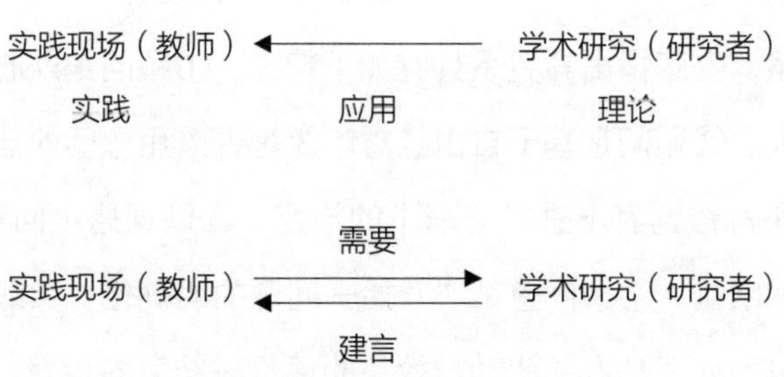

图 8-4　实践现场与学术研究的关系

（4）从临床的角度看，使提炼实践现场问题并如何进行学术研究的（3）更进一步，是为解决实践现场问题，推动实践者与研究者合作。即，对于应当解决的学校改进课题，为了阐明和解决问题，使性质不同的学术研究与实践现场达成协作关系。根据教师需要，研究者干预参与现场，随时提出建议，在其过程中得出新的研究成果。因此，学校临床社会学的侧重点是（4）。在学校改进课题下，（4）容易唤起“同伴”意识，在学校与研究者之间容易建构“互惠”关系。这个关系如图 8-5 所示。

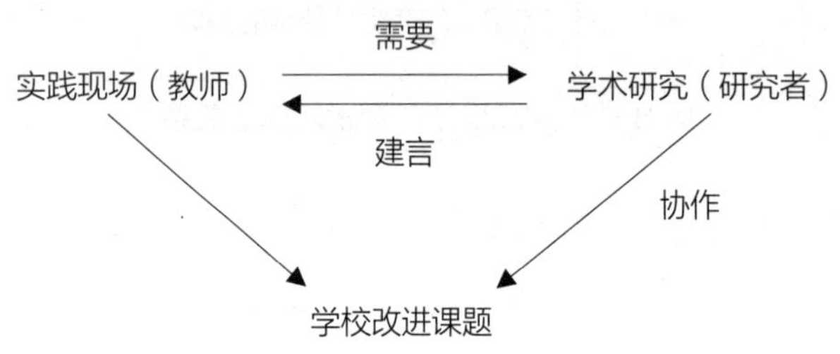

图 8-5　实践现场与学术研究的关系

五、与学校顾问的不同之处

（3）与（4）表示的关系显示出研究者“建言”的重要性。“建言”与社区心理学主张的“学校顾问”有什么样的不同呢？安藤（2009）认为，社区心理学中不可缺少的干预方法的重要领域之一“顾问”（consultation），是完成专门的职业活动时为克服所面临的困难，由其他的专职人员提出建议等进行帮助。寻求帮助的一方是“咨询者”，帮助的一方是“顾问”，二者是对等关系，安藤指出其关系具有如下特点：①顾问是以心理临床家为中心的局外人。②顾问是基于自由意志。③是否采用顾问的建议由咨询者自己决定。④对咨询者不进行心理上的治疗。⑤以课题（问题）为中心。⑥顾问有时间限制。⑦顾问遵循“开始—问题的明确化—实践分析—理解或对实践障碍的处理—有关活动与效果的评价—结束的步骤。⑧学校顾问是对存在某些问题的教师的帮助。

从以上特点可以看出，顾问是对个人指导方法的延伸，起到建言的作用。与此相对，学校临床社会学中有必要对教师进行建言，但研究的重点与其说是建言行为本身，不如说是实现建言的各种工作。当前，学校教师所谈的“课题（问题）”属于“社会问题”的情况很多。这里，关于这些社会问题要探讨国内外已有的研究，考察关于存在社会问题的该学校实情的各种调查以及以往教师的处理方法及实践，进而再探讨该学校的问题设定，这些都不可缺少。根据研究者的干预，对学校变化过程的追踪和评价等是学校临床社会学的任务。

不限于在限定时间内进行个别顾问的形式，随时展开与教师的对话。当然，“课题（问题）”的解决主体是学校教师，研究者使“课题（问题）”共有化，为了解决问题而建立协作体制，采取这个方针是学校临床社会学的立场。

第五节 作为学校临床现场的校本研修

一、校本研修

将学校临床社会学的目标与教师教育研究相连接的具体场域是校本研修，这是教师教育研究的重要现场。校本研修的一般特点包括如下几点。

第一，校本研修包括“个人研修（自我研修）”，但一般是指“集体研修（共同研修）”。集体研修是以学校问题为中心设定主题，全体教师有组织地不断探索研修的方法。中留（1984）对日本校本研修进行了历史研究，认为在小学以集体研修为主，在高中以个人研修为主，而在初中二者混合在一起。

第二，在日本，校本研修经过多年发展已是固定的传统，是为公开课积累素材而进行研究讨论的方法。常有以观摩教学为核心开展的研修，在各种各样的校本研修中也有部分附加观摩教学的研修。

第三，校本研修的目的多样，但大体可以总结为三点。一是追求工作学校的教育目标以及解决工作学校的教育问题。二是通过教师自身的实践性研究实现教师专业性发展。三是由以上两点的协作推进，强化教师间的合作。

上述目的实际上体现了各学校有所不同。有基本不进行集体研修的学校，有的学校即使进行，也是由教务主任或某人针对一般的教育问题做报告，其他教师只是听取报告，不太涉及学校问题，形式上重复。而观摩教学，是教学“高明”的教师展示其技术，教学力较低的教师去模仿。与此相对，有在协作体制下教师团队为解决学校问题而进行的校本研修。总之，如何进行校本研修，是左右学校改进方法的重要课题，也有特别委派研修负责人的学校。

那么，对于为什么将校本研修作为教师教育研究的特别现场，有以下几个理由。

第一，校本研修在日本学校中已成一般惯例，其具体方法和运营涉及各种问题和课题，但所有教师都已经认识到校本研修的重要性，对于校本研修的策划、运营方法和改善，希望大学研究者协力推进。

第二，序章和第一章曾提到，校本研修在20世纪80年代后成为促进教师发展、学校改进、提高学校教育质量的方法，在世界各国备受重视。教师培训的焦点，从学校外的“个人研修”（在大学听讲取得更高学位）向以工作学校为基础的“集体研修”转移，这是国际性趋势。在这里如果以校本研修为现场，教师教育和学校教育的国际比较研究成为可能。

第三，如第五章所述，校本研修是持续研究并继承学校组织文化，进而改善组织学习的方式。在重新审视学校组织文化的各阶段的同时，也要追问教师协作体制，因此含有很多教师教育的基本问题。

第四，作为组织学习的校本研修，是教师作为个人发展，同时也作为集体发展的场域。对校本研修长期进行追踪，除了第三点的学校组织文化问题，还能够获得有关教师发展研究的有趣资料。

第五，作为组织学习的校本研修，是确立大学与学校协作体制的具体场域。面对学校组织文化的变革，大学研究者有可能起到提供临床知识的“建言者”的作用。

关于校本研修的具体事例，如第四章介绍的出现校内暴力的尾鹫市立中学的实践记录（川上，1983）等很多学校教育实践记录报告中都涉及过。本书因篇幅关系没有收录，初版的“附章 学校组织学习与教师发展——校本研修的事例研究”从教师教育的角度对校本研修进行了总结。

二、对世界教师教育做贡献的日本课例研究

日本校本研修的代表——日常可进行的传统的“教学研究”现已在全世界普及，作为“课例研究”（lesson study）被广为人知。基于之前列举的五个理由，作为教师教育研究之一的课例研究，意味着以教学研究为焦点的在职培训在全世界得到普及。在日本被认为是理所应当的研修方法在世界教师教育中做出了贡献，这值得深入探讨。日本独特的教师教育文化出人意料地“输出”，这是因为国际学力调查结果显示日本学生学力高，此外，20 世纪 90 年代后期对日本学校教育进行实地调查研究的美国研究者介绍了教学研究。进入 21 世纪，教学研究在全美推广采用，其后在新加坡、英国、瑞典、伊朗、爱尔兰等国家的课例研究中也得到推广。2006 年成立“世界课例研究协会”（The World Association of Lesson Studies，WALS），并设立网站，其他各种实践研究团体也在世界范围内展开活动。

日本传统的课例研究始于 20 世纪 20 年代，从二战前出现一起发展到现代。详细历史可以参考日本教育方法学会（2011）的英文研究著作，这里整理了海外研究者和教师所开展的课例研究，主要有三个特点。①提高教学与学习质量；②提高教师专业性；③培育教师协作文化。课例研究不是单纯对教学的探讨，而以教学为重心改善课程，开展关乎教师成长的广泛议论为目标。

以上三个特点各国大体上一样，但因为文化背景和学校教育制度的不同，在教师的学习和研究等微观层面上看，各国也存在多样性。例如，是先建立理论还是先行实践会有不同。对于前者，课例研究接近行动研究，对于后者，课题研究把重点放在研究讨论公开教学上，接近同行指导。

此外，也有将重点放在教学与学习质量提高上的国际合作课例研究，例如，日美研究者合作观察1993年广岛县小学算术教学的研究，并对教师一年的实践活动进行总结。从设定课程，到教学内容、师生互动方式、课后的教学研讨会、教案的再确定，再到年终的算术教学课例研究公开发表会（lesson study open house）等，进行详细记录并探讨了一系列课例研究。需要关注的是，最后的公开发表会中教师的自我评价、校外参加者的参与，以及通过公开发表会讨论的对于提案课程的反思及从中得到的教学改善的知识（Fernandez & Yoshida，2004）。首先列举几个研究教学的成果。①不擅长算术的学生从以前被动接受的态度转向积极态度。②在校本研修中通过解决问题取得的成果是，学生们开始互相听取意见，积极乐观听课。③教师的指导计划更加详细且明确；④原本参加校本研修意愿不同的教师的一体性显著提高，对教师团队的任务与责任的把握更加适切。

然而，也存在以下课题。①学生们如何表现自己的想法，在教学过程中教师怎样根据他们的表现进行帮助需要继续研究。②为进一步提高学生学习效果的评价方法需要进一步研究。③对算术理解上有困难的学生的指导，教师团队需要研究。④因时间关系没有研究的诸问题，教学研究结束后，为加深对教学经验的反思还需要研究。这个课例研究强调的是，包括校内和校外的参加者从教学研究中得到的知识要与全体教师共享，要促进形成教师协作文化。参加者中有在县内各地自主活动的算术教育研究会成员，因此这会成为教师实践研究会（teacher clubs）成员相互交流的契机。

这个课例研究，通过算术教育研究会具体描绘了教学研究的三个目标。同时，遗留的课题恰恰是现代教学研究的内容，教师要更深入地探究对教学经验的反思，这将会提高教职专业性。而且，这个课例研究，采用了基本观察和采访法，没有干预参与。但为解决遗留的课题，改善以教学研究为核心的在职培训，也可以利用各种各样的干预参法。

终章

自主学习与教师教育——提高教师素质能力

第一节　变动社会的终身学习与教师教育

一、终身学习与自主学习

教师教育涉及刚毕业的学生或者有其他行业经验的人，从希望成为教师开始到在大学接受教师培养，直到退休的数十年间一系列的过程。其间，包括大学毕业时取得教师资格，在教师录用考试中合格，到工作学校任职，接受教师培训，在不断调动的工作中与同事合作提高自己的专业性等各阶段。对于这个过程，Fullan（1992）认为，“教师教育是从教师培养阶段到成为教师的全经历中持续进行的‘终身学习’（life-long learning）”。因此，在变动社会中实践性地把握教师发展过程，可以看作终身学习的教师教育。这里要对终身学习，以及与其相关的“自主学习”的理念进行探究。

众所周知，20 世纪 60 年代后期，“生涯教育”或“终身学习”作为教育的新理念，进而作为学校教育改革的理念在全世界流行，对于每个人从出生到死亡的一生中的学习，以各种“教育”机会怎样能够有机地把它们结合起来且进行援助的问题为核心。变革传统的教育系统，创造适合变动社会的教育系统，这个理念就是“生涯教育”。站在学习主体的角度看是“终身学习”，站在教育机会的角度看是“生涯教育”。二者表里一体，不能认为与“终身教育”相比，“终身学习”的强制性较弱，只是分别从学习的主体与学习机会的提供者角度看（今津，1993b）。不过现在大多把它们综合起来用“终身学习”一词来表示。

作为个人一生的学习，是在结束学校教育后的继续学习，所以为毕业后的自我教育奠定基础是学校教育的新任务。在 Illich 和 Reimer（1971）主张“脱学校论”的同一时期，多个学者提出了终身学习的基础是“自我教育”。例如，Silberman（1970）做了如下论述。

> 教育，不是单纯培养能够谋生的人，而必须培养有创造力、有人情味儿、感性的人。……即爱护自己的家庭、友人和地区社会，更重要的是培养可以教育自己的人。……教育自己的能力是自己想要学习且努力发掘值得学习的课题的愿望与能力……

而联合国教科文组织的 Faure 等（1972）也有以下观点。

> 未来的学校，必须将教育的客体当作进行自我教育的主体。接受教育的人必须是教育自己的人。教育他人也是教育自己。这个根本的变革是将来数十年科学、技术革命时代教育所必须面临的最困难的问题。

另外，Toffler（1970）也做了如下论述。

> 以加速进行为前提，能得出知识的陈腐化更加加剧的结论。……因此，明天的学校，不单是教授数据，也要教授怎样处理数据。学生必须学习如何舍弃旧的想法，学习怎样且何时进行转换。简单来讲，他们必须学习掌握学习的方法。

根据以上观点可以了解到，对“可以教育自己”的自我教育的关注，是在近年大的社会变动中，从根本上重新审视原有的学校教育作用与教育方法。针对信息化和国际化，或者价值变化等，原有的学校教育的内容和方法的界限受到质疑。结合“脱学校论”的登场，20 世纪 70 年代初是学校教育基本认识的根本转换期。

日本在 1983 年中央教育审议会《教育内容等小委员会报告》中首次使用“自我教育力”一词，对应学生们的生活变化，代表主体学习的意志、态度、能力的“自我教育力”成为话题。1986 的临时教育审议会第二次咨询报告中，把“自我教育力”作为所有学校教育活动中的统一概念，并做了如下说明。

> 今后的学习，要脱离学校教育的自我完结的想法，同时要在学校教育中培养自我教育力，基于在此基础上的各人的自发意志，并根据需要，以自己的责任自由选择适合自己的手段和方法，而且应当是终身进行。……作为生涯教育机构学校承担一定的责任。从这个观点出发，在初等、中等教育阶段中，要扎实培养基础、基本的能力，培育自我教育力，考虑教育的适时性等。……

这样的“自我教育力”，是成人将自我教育放在心上，作为学校教育应当培养的基础能力，定位于终身学习体系中。其后大约 30 年间制定的各个教育方针，如综合学习、主动学习等，都是为实现培养自我教育力的目标的具体措施。然而，学校现场总是片面把握当时的个别教育方针，并没有充分理解终身学习理念下的一贯目标。2017 年公布的《新学习指导大纲》中提到了终身学习的最终目标——“主体的、对话的深入学习”，这也与以往终身学习理念的素质、能力形成有关。学校现场中能否接受令人怀疑，在教学中引入小组讨论和角色扮演等主动学习的具体形态，有停留在表面的可能。

二、自主学习的特点

20 世纪 90 年代后，“自我教育”（self education）在世界上表现为“自主学习”（self-directed learning）。关于自主学习力，这里稍做分析。首先，学习过程分为四个阶段。①问题及课题设定。不仅包括专业学习，也可以是生活上的问题与课题。②有关的信息收集与学习。③问题或课题的解决。④对问题和课题的评价和下一个问题、课题的设定。

对这四个阶段的主体进行判断，将作为学习者的学生与指导者的教师区别开，大体可以分为教师作为主体、接受教师指导的学生作为半主体、学生作为主体三种情况，将各种情况进行组合可得出 6 种类型，如表 9-1 所示。例如，Ⅰ型是教师提出问题、教授方法，学生记忆，教师评价的方法。而Ⅵ型是学生自己提出问题、收集信息、解答、自己评价的方法，四个阶段都以学生为主体。那么可以指出如下几点。

表 9-1　学习过程与学习主体

类型	问题与课题设定	信息收集	解决	评价
Ⅰ	□	□	□	□
Ⅱ	□	□	△	□
Ⅲ	□	△	○	□
Ⅳ	△	○	○	□
Ⅴ	△	○	○	△
Ⅵ	○	○	○	○

注：□ = 教师，△ = 教师—学生，○ = 学生。

第一，自主学习力不意味着单纯脱离Ⅰ型，也不是指向理想的Ⅵ型，而是脱离被动的机械的Ⅰ型，根据自己的程度能够从Ⅱ型实现到更高类型转换的能力。

第二，脱离Ⅰ型，从Ⅱ型向更高类型转换时教师指导的相关性更大。随着从Ⅰ型向Ⅵ型转移，□和△变少，○变多，看起来似乎教师工作减轻，指导变少。实际上正相反，Ⅰ型是最简单的指导，越向更高类型转移，越有必要更细致地考虑课程设置和师生关系，正如第五章第三节绪川小学的事例，在开放学校中为了满足学习要求，教师要做更多准备。因此，向更高类型转移，在提高学生自主学习力的同时，实际上也不能缺少教师自身的学习和研究活动。

第三，终身学习的想法，要求打破以往停留在Ⅰ型的传统的学校教育。这意味着学校教育范式的转换。这里所说的学校教育范式，是包括学校教育的信念、价值和思考样式等基本观念的默认的框架，问题提法、解决方法、实践方法都是从这个框架中自然引申出的。当然，"学校教育范式"与序章中叙述的"教师教育范式"表里一体。

传统的学校教育范式，可以说是基于军队、工厂的模型。至今教育史、社会史、思想史中常谈论到，近代学校的结构与军队和工厂的组织结构很相似（桜井，1984）。在日本，例如立领加金纽扣的校服原本就是参考了陆军下士的军服，也可以说明这一点。近代学校起到培养工厂劳动者的作用。Toffler（1970）对于近代产业化中的学校教育制度问题做了如下论述。

> 大众专业教育生产出产业化社会需要的成人，可以说这个教育制度是产业化社会创造出的天才体制。……如何教育学生并把他们送到新世界——在狭窄的屋内重复工作，在满是烟雾、噪音、机械的恶劣居住环境中，怎样教育学生并把他们送出去。而且，对于劳动时间不是由日出日落决定，而是由工厂的汽笛和钟表所决定的世界，怎样教育学生并把他们送出去。这个问题的解决方针在于模仿新世界制度形象而制定制度的教育结构本身。

这样，近代学校以军队和工厂为模型而运营，课程表、服装、礼仪、一齐教学等，通过纪律严明的团队统治可以看出其特点。学校教育的旧范式，是表 9-1 的Ⅰ型。听话、遵守规则、不夹杂个人情感的决策和创新、不扰乱团队统治、达到少浪费的有效的目标等，是此时学校的教育理念。这是“死板的学校”的典型例子,图 3-1 所示的“全制式设施”尺度中接近 Z 点。反过来，表 9-1 的Ⅵ型接近 X 点，无论现实中是否存在，是“灵活的学校”的典型例子。因此，脱离Ⅰ型向Ⅵ型转移，同时获得自主学习力，是“自己的发现”，若学校向 X 点的发展，“全制式设施”程度会变弱。

然而，在现代的变动社会中，旧的学校教育范式已不太适合，滞后于时代变动的学校，为尽快掩盖与变动社会的差距以及从中出现的问题，不是转换为新范式，而是仍有依赖旧范式的倾向。20 世纪 70 年代末至 80 年代的“管理主义教育”，就是旧学校教育范式显露出的形态的具体化。

“自主学习”听起来很美，且具有说服力。但是，如果不是意图革新学校教育范式和教师教育范式，只接受教育方法上的技术，那么“自主学习”也只能是以能够不断学习的态度进行的低级别德育的诠释。那么，不是发挥学生的自主性，而是压制自主性的强制学习，如果把不能学习归为学生的责任，那么这是新“军队、工厂模型”的学校教育的倒退。

三、自主学习与教师的作用革新

那么，自主学习力将教育的客体转换为自我教育的主体，理想是实现Ⅵ类型，首先就要求重新审视师生关系中教师的作用。传统的教师因固定的地位而将学生作为教育的客体，持续俯视学生，即使学生反抗，自主学习主体的成长也很困难。怎样才能促进学生的自我学习呢？如第一章第四节中所叙述的教师的新专业性，这里再度引用学者们的主张。

教师，与教授知识相比，更要重视帮助学生自身进行探索（Faure et al.，1972）。“教师任务是教授学生理解学习知识的方法。”（Cropley & Dave，1978）“教师作用的革新，是由一齐教学注入知识和给予否定评价向对每个学生进行辅导、学习组织化、使学生有学习动机、给予积极的评价等转换。”（Marklund，1976）“教师要与社会工作者和医生等合作，自己要承担顾问的任务，这是促进学生成长的方法。”（Cropley & Dave，1978）

20世纪70年代出现的这些观点，与50年代后期到60年代被提出的，追求高度专业的知识与技术体系或教职自律性等的教职专业性不同，显示出从重视与学生的关系和教育实践的角度建构新专业性的意图。90年代后在日本，教师的“心理咨询”以及对学生发展的援助等观念不断渗透，作为单方面权威者的教师的把握方法不断被舍弃。但是，现今“心理咨询”和援助的思想作为维持学校组织秩序的方法还在使用，不能否认实际情况中存在着有时会把其作为忽视学生的问题行为和隐藏问题的借口。还有，不能忽视这些词语只在学生指导领域使用，而在学习指导中不太使用的状况。

对于学习指导援助必须要详细研讨。日常教学中，问题的确认和提出、选择题的提示、指出疑点等看起来像援助的教育实践，但最终更多的是由教师之手决定的教学目标引导学生。培养自主学习力的援助关系真正被审视，是如表9-1所示，“问题与课题设定”以及“评价”中，学生是否可以成为主体。达到主体阶段，教师怎样理解每个学生，指导基础训练，将什么阶段认定为学生向自主学习主体蜕变的阶段，这是教师怎样转变援助方法等应当探讨的几个问题，也是研究教师自主学习力的课题。

四、教师的自主学习与探求方法

第一章第一节曾提到新教师教育范式中教师形象之一是“成为实践研究者的教师”。这个教师形象在经过实践研究方法论的推敲，上升为具体的教师教育方法论，例如，美国和英国提出的探求方法（inquiry-oriented approach，enquiry based method）。这个方法，是在反思的理念中再探讨行动研究的方法，更具有批评性质。或者说是Schön（1983）主张的专职教育中反思性实践者的讨论在教师教育中的具体应用。

代表性学者，主要有研究大学教师培养阶段的威斯康星大学的Zeichner等，还有主要研究教师培训阶段的剑桥教育研究所（Cambridge Institute of Education）的指导者Nias等。二者的实践研究，侧重点分别在教师培养和教师培训，但基本上都采用了“探求”的方法。这是教育实习生和教师通过实践深入反思对教育的认识和态度的方法。Zeichner（1983）认为，“探求方法”是教师新教育范式，但不作为单纯的教师教育项目而考虑，这就涉及教师教育观念的根本转换。

探求方法，不以至今为止常见的见习训练去理解教师培养和教师培训，而是探求学校教育变革，能够实现作为实际促进变革主体的自我成长的教师教育的方法。那么，其不是适合传统的、固定的教师形象的职业训练，而是时常面向变革实现自我成长的能力和态度的教育。这些方法出现的背景包括，如第一章第三节指出的，学校教育的官僚制化中教师出现“单纯劳动者化”，教育行为陷入“减低技术主义”，为脱离这种状况，对应对专职的自以为是批判和问责制的议论，以“成为实践研究者的教师”为目标，提高教师专业性。

Zeichner（1988）基于探求方法，针对具体项目列举了小学教师的学生培养课程。有关各学科教育法的课程工作与小学教育实习在两年间重复进行，探求方法的特点特别表现在教育实习项目中，这个项目有以下三个过程。

第一，观察自己所属年级以外的教学情况，展开以下活动。一是在一定的学年中，比较研究不同的教学法。二是教授某教材时比较研究不同的教学法。三是分析一定的教学理论在某班级实践的结果。

第二，除了课程分析，还参加行动研究、民族志研究、课程设置分析等研究项目。

第三，使各自在教育实习中得到的经验在教育学上一般化，进而为加深考察，参加大学指导教师的讨论会。

以上过程中，将观察作用结构化，实践性地获得分析教学的方法，学校实地调查与大学研究相结合，发现教育活动中的问题，目的是要培养分析教学实践的视角与态度。

另外，Nias 和 Groundwater-Smith（1989）对教师培训的“探求方法课程”（enquiry-based courses）做了如下论述。“探求方法课程”中的学习，与按照讲义学习、个人指导和去图书馆等传统学习方法不同，是收集自己的教育实践的所有事实，与其他教师一起面对事实，做出自我认识和自我评价，发现与自己实践相关的问题。这个课程带有自我批判性，教师个人最初会感到害怕和恐惧，但越是与其他教师进行深入讨论，越会感受到教师之间的信赖感和相互支持的必要性。

基于“探求的方法”，对日本教师教育提出以下问题。

第一，要有以教育实践为对象进行反思和研究的基本姿态。日本教师教育中，传统的、固定的职业型见习训练的性质依然很强。

第二，教师要有对自己的实践反思的基本姿势，有效培养学生的自主学习力。教师教育如果不转变，或者教师的指导作用不进行转变，学会就不会产生自主学习力。

第三，教师培养阶段中要重视教育实习。立足于“成为实践研究者的教师”的观点，怎样将教育实践的经验对象化并对其研究，这与教师发展相关。早川（1993）指出，对于专职教育，主张比理论学习更重要的是“实习”的是 Schön（1987）。可在日本有限的短期教育实习，无论是大学的还是学校的，大多还是停留在传统的职业训练。

第四，教师培训阶段的教育实践中，要有意识地研究作为实践主体的教师个人怎样教学及与学生的关系。这是第一点中自然引出的课题。在第五章第三节提到过，不上学的学生会敏锐感觉到“（教学的教师）没有自己”。这个“（教师自身）没有自己”，也与这个问题重合。

第二节　教师教育中指导者的作用

一、自主学习与指导者的作用

从正面将自主学习作为研究对象的是成人学习论和终身学习论。提到成人期的自学及自己学习，也许会想到在图书馆读书或者一个人学习远程教育教材的情景。但正如已经提到的，自主的本来意义，就是在计划学习、学习和评价时，学习者对自我管理负有责任。因此 Brookfield（1985）、Brockett 和 Hiemstra（1991）都叙述到，自主学习绝不是一个人孤独的学习，无论是一个人还是在团队中，或者是多数人的学习，都是以互相负有责任的形式出现。同样，学生的自主学习也如此。

这里的问题是，个人从最初就开始自主学习是否可能。终身学习的特点是自发的自主学习，但在成人学习中，学习的开始不一定都是出于自发性。而且，个人学习由自己主导，负有管理统治的责任，要在一定时期接受一定的指导。被统治的学习，不久也会转化成自发的自主学习。另外，遇到困难时，还会出现必须寻求他人指导的情况。虽说是自主学习，但也需要“最小限度的援助”。根据各人情况，或者根据每个人的学习进展，“最小限度”是什么，或者“援助”的内容是什么，都有多种可能性。

自发的学习、非自发的学习或自主学习、非自主学习，其实各自的界限并不明确。这里根据表 9-1，对自主学习中的统治性程度设定尺度，那么就可以把握自主学习中自我统治性的变化过程。从这个角度来看，以终身学习为基础的学校教育，自我统治性弱的极端典型是“死板的学校”中的教育，在学习者与指导者的关系上，可以看作“教师中心”。相反，统治性强的极端表现是“自学”，是“学习者中心”。这里，从“教师中心”中自我统治性弱的学习，向“学习者中心”中自我统治性强的学习的转移，是自主学习的深化，也是学习者成长的过程。

按照这个“强—弱”尺度的阶段对应，可以对指导教师的作用进行划分。不使用“指导教师”而是使用“指导者”，是因为考虑到进行指导的个人要分演几个角色。“指导教师中心”阶段中指导教师是“教师”（teacher，instructor），“学习者中心”阶段中指导教师是“建言者”（adviser），处于二者间的指导教师是“领导者”（leader）、“导师”（tutor）、“促进者”（facilitator）（见图 9-1）。从“指导教师中心”到“学习者中心”，根据教室学习、小团队和班级学习、个人学习等学习形态的不同，有了这些名称。对“领导者”“促进者”“导师”进行比较，前两者是小团队学习指导者,后者是个人学习指导者。“领导者”的指导作用较强,而“促进者”会引起学习者的兴趣和关心,促进研究的援助性作用较强。“导师”与“建言者”相比较，前者“教师”的性质更强，而后者这种性质较弱，能更有效利用学习者的自我统治性。

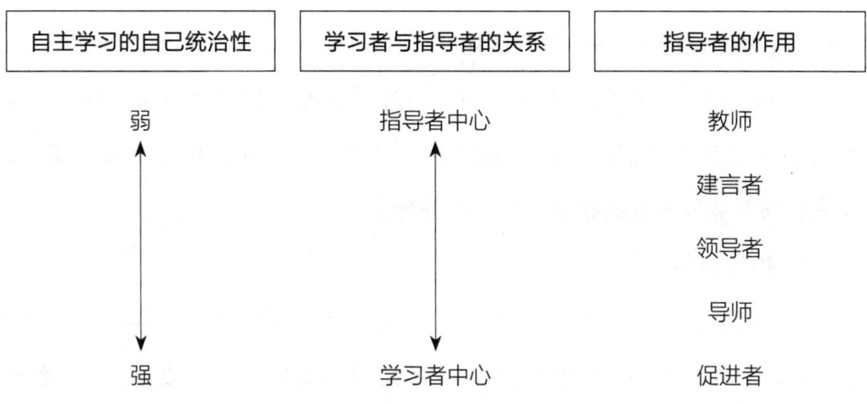

图 9-1　从自主学习程度看指导者作用

这些是实际存在的指导者，同时也是根据作用进行的分类，指导者面对不同指导场景扮演不同角色。不仅是成人教育，学校教育也如此。如果站在第一章第四节叙述的学校教师的“新专业性”立场，教师的角色要求是体现新专业性。例如,根据学生状况和与学生的关系,不仅是起到“教师”作用,还要起到“导师”作用和“建言者”的作用。根据指导者不同的作用，可实现“灵活的学校”的亲密性和灵活性。

这样的指导者作用分类，是将学校教师定位于终身学习指导者，教师教育也要从这样的观点出发。按照同样的观点，真野（1991）从家庭中的家长和学校的教师等更广的视角出发，定义了终身学习指导者，是“对人们从出生到死亡的整个过程在家庭、学校、地区、职场等的学习，站在目的性援助的立场，被社会公认的人”。而上杉和岸本（1988）也对终身学习中的指导性格做了如下论述。

对于帮助学习者的自发性的终身学习，支撑其的是生涯教育。因此,“帮助”赋予教育意义,且以“指导”一词指代。有教授知识的指导,也有时是谈话、提供资料、培养学习小组等的指导。在终身学习时代,关注这样指导的必要性在增加。

二、教师教育中指导者的作用

下面，对教师教育的指导者的作用进行思考。有三个问题：第一，教师的指导者是谁？第二，教师的自主学习中指导者的作用是什么？第三，促进教师专业性发展的指导者的作用是什么？

1. 指导者的种类

以前提到的教师培养阶段的指导者，是指大学研究者与教育实习生的指导教师，而教师培训阶段的指导者，包括工作学校的校长、教务主任、教育委员会的指导主事，偶尔加上大学研究者。但是，接受对变动社会中的学校的各种批判和意见,受支持自主学习的终身学习思想的影响的世界教师教育,通过实践研究，对教师培训阶段为中心的指导者有了更多思考。第四章第四节和第五章第一节提到了具体例子，一方面，是利用学校和大学的外部人力资源；另一方面，是利用学校内部的教师和大学内部的学生。

学校外部的人力资源，除了大学研究者、教育委员会指导主事和其他学校的教师外，还有医生、顾问、社会工作者、律师等各种专业人士。对于与这样多样的人相关的教师教育的必要性，使在变动社会中的学校教育中，小范围内出现教育关系者不能单独阐明并解决的复杂问题，这也是因为要求要提高“灵活的学校”的开放性和自我改进性。而多样的指导者的存在，打破了只停留在传达传统教师形象的教师训练法，同时也是促进“探求方法”的契机。

而且，在日本，对于学校内部教师之间和大学内部学生之间的互教，从来都是以非固定的或非正式的形式部分利用，而作为立足于自主学习与对其进行支援的终身学习方法理念的定型方法，应当重新把握。

2. 自主学习中指导者的作用

教师教育指导者的作用应当注意两点。一是先前叙述的自主学习中指导者的作用问题。即，对自主学习的帮助是指导的重点，那么教师教育指导者根据对象的状况和指导场景，要分别作为教师、建言者、领导者、导师、促进者起作用，这是依据促进自主学习、促进其发展的终身学习的指导理念。而这些指导方针，在大学研究者和教育实习指导教师面对学生时，以及校长和指导主事面对在职教师时，应当予以特别考虑。

二是医生、顾问、社会工作者、律师等多样的指导者与学生和教师的交流，是教职对其他的对人关系职业的开放，也是向重视与委托人的关系的作用而发展的过程。第一章第四节涉及，变动社会的学校中，教师的作用中重要的是与学生建立关系。这里再次引用 Cropley 和 Dave（1978）的观点。

> 教师判定学生的需要与能力，诊断学生状况，能够起到使他们的学习经验组织化的作用。教师要培养每个学生自我成长和自我实现的态度，并使其最大限度地实现。为探究这些目标，使学生们的潜在能力成为现实而进行援助，教师有必要学习与社会工作者、心理学者、医生等进行更紧密的合作。进而，也要求教师自身扮演社会工作者和顾问等更多的角色。

关于教师作用的建议，从教师教育指导者的角度看，可重新认识教师为培育学生自主学习的态度，自身也有必要接受指导而学习作用模型。反言之，在教师培养和教师培训中没有接受传统封闭的单方面教学形式指导的人，作为教师后对学生也会采取同样的行动。多样的教师教育指导者对教师提供各种形式的指导援助，教育活动不仅在教室，也要向社会开放，创造出使教师的自主学习继续发展的环境。

3. 促进专业性发展的指导者的作用与监管

对教师教育指导者的作用，要从教师专业性发展的观点来进行论述。上面提到，“医生、顾问、社会工作者、律师等多样的指导者与学生和教师的交流，是教职对其他的对人关系职业的开放，也是向重视与委托人的关系的作用而发展的过程。”重视与委托人的关系的对人关系职业的专业性发展，其促进了我们熟知的“监管”（supervision）。

监管在字典的原意是“环视”，进而引申出“指导、监督、指示”之意，在对人关系职业中，是促进专业性提高的教师培养和教师培训方法，表现为经验还不丰富的专家（“被监督者”,supervisee）接受经验丰富的专家（“监督者”，supervisor）的建议。

在日本，监管主要是在心理咨询和个别调查，以及实习训练和教师培训的初期使用的方法。而在英国和美国，监管是教师培养阶段以教育实习等指导为中心，作为教师培训阶段的指导理论。例如，英国的 Stones（1984）认为，监管包括观察对学习教室里发生了什么的能力、理解教室里所发生情况的洞察能力，以及预言教室会发生什么的能力等。而美国的 Glickman 和 Bey（1990）认为，监管会提高教师的思考能力，加强教师之间合作，消除不安和倦怠，促进自我成长。

以上观点是从将监管作为促进教职专业性发展的指导方法而理解。在“环视”的原意上，是客观观察教职活动，以与学生的关系为中心，对狭隘的想法及随意的判断，有给予使自己能注意到的适当启发的意义。在变动社会中的学校，学生和地区的状况变化及教师对变化的认识之间容易出现不一致，因此，监管对于教师教育的必要性更加凸显。教师教育监督者包括教育实习指导者、初任教师研修指导者、校长、教务主任、前辈教师、教育委员会指导主事、大学研究者，以及其他顾问、社会工作者等。对于教师教育的监管，需要再次确认以下几点。

第一，监督者的职责，如果说是通过学生的教育实践，对被监督者反思求助的过程进行援助，那么能否实现援助反思求助过程的教育功能？有没有将学生的具体状况搁置一旁，只是传达教师的传统形象，或只解说学习指导纲要和只传达文部科学省通知？

第二，对教育实习生和新任教师的指导，不是象征性地交给一个负责人，而是由多数的监督者提出建言的机制是否建立？不是由一个人而是多个顾问提出建言，就要求基于各种建言，被监督者进行综合性探索。这与培养后辈教师的教师团队问题重合。

第三，监督者自身的专业性发展需要达到什么程度？而教职经验丰富的校长等作为监督者未必有较高的专业性。局限于传统的认识框架中，难以把握变化的学生与地区的情况也时有发生。

第三节　教师评价

一、教师评价的前提

在本书的最后，对近年来引起争议的教师评价问题进行多方面研究。若以一般国际性客观指标来做评价的话，首先会以第七章第一节论述的“学位”为例。与发达国家比较，日本教师在大学院取得学位的人较少，在学位水平上看，世界其他国家或许会评价其专业性低。但是，如第八章第五节所介绍，日本教师的研修方法，即传统积累的“课例研究”（教学研究）已在世界各国得到推广，日本教师之间共同进行教学改善的独特性与合作实践的高水平受到高度好评。接近学生，每天为解决他们的各种问题和课题而奋斗，教师的人类爱和实践力的有无，与学位高低没有太大关系，日本教师都如此认为。日本教师文化，与学位相比更重视人类爱和实践力，包括私立大学等各大学虽然都开设了大学院一般硕士课程，但追求更高学位的趋势在日本教师之间却没有盛行。根据这种状况，在学位以外如何确立教师的评价方法呢？

公务员制度改革，从按年龄加薪、升职的传统的人事评价制度，向根据能力、业绩的新人事评价制度转换。与此呼应，2000 年东京都在教育公务员中引入《教育职员人事考勤制度》后，全日本对教师评价的议论高涨，各自治体也在推进制度建设。“考勤”原意是律令时代对官员的职务评定，今天的“人事考勤”代替了过去的“勤务评定”，由教师自己设定上报目标，除了校长还有教务主任外，还有其他等评价者，以确保客观性。评价内容包括教师素质、能力，对教师研修、指导力等，教师教育的所有方面都进行评价。

只是，要注意将公务员人事评价制度用于教师会有不适切的一面，对其原因的思考，关系到对教师评价的广泛研究。21 世纪后，对日本教师评价的研究活动更加活跃，有与先进国家的教师评价制度比较的研究（勝野，2003；窪田、木岡，2004），也有对某自治体（“都道府县”）教师评价制度成效的实证调查分析（苅谷、金子，2010）等。这里针对教师评价，首先从学校临床社会学的视角考察这些议论的前提和基本框架。

1. 学校组织特点

作为基本前提，要先明确政府机构与学校组织不同。政府组织与企业一样，由积累上升职阶的金字塔形的组织结构而统治、指挥、命令整个系统。而在学校组织，如金字塔形的贯彻校长指挥命令的形态会使各教师很难进行活动。第二章第四节介绍过英国教师精神压力调查结果，与学生们接触的教室活动可发挥班主任的自主性，减轻精神压力。学校组织变得灵活才会出现协作性，能够发挥教师专业性。因此，如大规模组织里见到的稳固的上下关系的职阶制并不适合学校，各校长、教务主任等管理小规模的学校组织协作体制，才能容易创造出各学校的特色。受近年来教师攻击风潮影响，学校组织也引入纵向的职阶制，实施强化指挥命令系统的措施，增加副校长和骨干教师等职位，或者聘用非学校人员当校长采用企业式管理方式。但是，即使依据企业和政府机构的模式，也改变不了学校组织的独特性。承认这个独特性而研究教师评价、学校评价会更加有效。

当然，另外也有应当“分工合作”的学校作为组织不能充分进行活动的情况。例如，在日本经常出现以下情况，欺凌信息在教师之间不共享，应当成立的“欺凌防止委员会”也没有启动，欺凌问题加剧，以致出现最坏的结果——自杀。这种情况是由于学校缺乏组织功能，危机管理欠缺的弱点不断显现，因此，需要加强教师的合作性与学校的组织性。

2. 评价结构

下面，要阐明作为基本前提的“评价”（今津，2012b）。现今世界所有领域都高呼“评价”，但一般都没有正确理解评价结构，因而出现歪曲理解、抗拒评价，或消沉抵抗等常见态度。这里要将容易混淆的“评价”（evaluation）和“评估”（appraisal，assessment）区分开来。很多人认为的“评价”实际上应当是“评估”。“评估”是外部评估者单方面对现在或一定时期的状态，按客观尺度严格判定且用数值表示的静态方法。评估者举行考试并评分排名的做法就是代表。

与此相对，“评价”不一定由外部评价者进行，自己就可以成为评价者。“自我评价”与“相互评价”，都是评价全体参加者动态的活动。与评估不同，评价是对一定时间后状态会怎样变化进行测定的方法。测定方法不仅有客观考试，还可利用报告、各种作品、面谈记录等质性资料进行。针对某一时期的状态，评价者与被评价者交谈并设立下个目标，随着时间的流逝而研究学习成果，不仅涉及目标达成程度，而且还有如何有效工作、什么会阻碍目标达成、目标设定是否合适、遗留了什么课题、什么下一个是什么目标等。例如，即使某时期得到不好的结果，也要与周围人交换意见而设立下一个目标，相互判定一定时期后其目标实现了多少，进而再设立下一个目标。根据一系列的过程，自我评价与他人评价的综合就是评价活动，结构如图 9-2 所示。

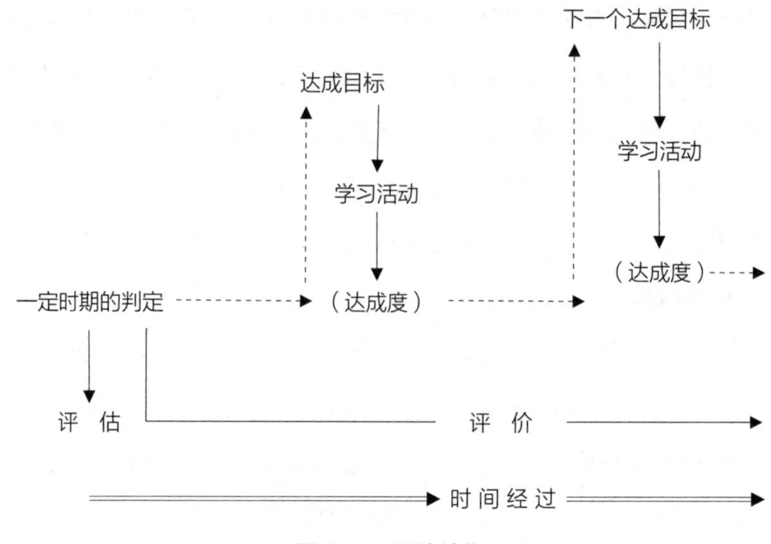

图 9-2　评价结构

评价的基本思想可引出最近常用的学校经营目标管理 PDCA（plan，do，check，action）方法。以人和组织的成长与发展为目标时，评价必不可少。相反，没有评价也就没有成长发展。这样理解，就能减少抗拒情绪，减少消沉情绪，参加评价活动的全员能够冷静判定，进行下一期的目标设定。然而，现实中“教师评价”容易被认为是“教师评估”。总之，评价是促进各种活动的手段。但现实中，往往将评价自我目的化，用固定的数值表示达成度，陷入只用“好成绩”和“坏成绩”标签的困境，并使其与人格评价挂钩。如果“坏成绩”的烙印会使活动停滞，这就是本末倒置。

3. 评价对象

此外，要明确评价对象。序章和第一章第四节论述过，教师质量的提高分为“教师个人模型”与“学校教育改进模型”。根据这个分类，教师个人模型涉及教师个人质量，学校教育改进模型是学校整体质量，评价对象分别是教师个人及学校的教师团队。当然，二者无法分开，而且相互渗透。只是，教师评价通常以教师个人为对象，而教师团队常被忽略。如同至今反复叙述的，教师基本上是“分工合作”，教师团队的评价尤其重要。

然而，评估教师个人时，教师团队的协作性未必会变弱。评价应当使教育场所中的人际关系变得更紧密，分裂则是降低学校教育质量的讽刺结果。特别是学校有“荒废的学校”等有关学生指导问题时，克服此问题要求教师团队的评价。以学校再建为目标的实践不能缺少这种评价。借用第四章第四节的表述，这是对至今为止的“学校组织文化”的自我检查评价，以及面向“学校组织文化”变革的新课题设定。以学校为对象的组织文化等对学校整体的评价，与一般公务员评价在性质上不同。

要明确的是，教师团队的评价实际上至今也在进行。作为日本学校传统的校本研修的一环而频繁进行的课例研究，其实是评价本身的过程。即，公开“提案课”→讲课者的自我评价→参观者的相互评价→校外研究者和指导主事等的外部评价→全体参观者对自己的教学或该学校的“学校建设”等相关的学校自我评价，一系列评价过程构成了教学研究。换言之，日本教师文化也许在无意识中由积极评价而构成。依照公务员制度改革推进教师评价之前，先要重新审视日本教师评价活动的结构。

4. 业绩与报酬

下面对“业绩”与评价的“报酬”进行研究。

（1）关于业绩。政府机构业绩是按照自然年预算立案与据此的各种事务的执行进行的评价，其按照政策实施居民服务，用数值显示，成果也容易用数值评估。而学校业绩是按照日本全国学力测试（学力学习状况调查）成绩平均值、运动能力和健康状态评定、不上学人数、欺凌事件数量等的数值目标进行的评价，每个教师的业绩相对于每个学生的成长发展达到多少，有能够数值化的一面也有不能数值化的一面。

（2）关于报酬。仿效政府机构职阶制升职和加薪的方式，学校最近也有增加职位的措施。但学校本就不熟悉金字塔形的组织结构，职阶不能详细区分，升职及相应的加薪并不像政府机构一样。第一章第三节叙述的，升职和加薪是“外部报酬”，但对很多教师有意义的，不是优秀教师表彰等制度上的“外部报酬”，而是作为实践结果让每个学生有变化，因他们的学习成长以及受到尊敬而得到满足感的“心理报酬”。关于“心理报酬”，在很多涉及雇佣关系的职业中，没有如教师这样典型的工作表现。然而，因学校忙碌化不容易得到“心理报酬”的现状，成为教师真正的报酬问题。公务员改革中只有“外部报酬”，但如果不解决教师“心理报酬”问题，教师评价则沦为空谈。

5. 评价观点

下面要明确对从什么进行评价。第一章第四节中提到了构成“素质能力”的六要素。教师政策文本中写作“素质能力”，本书为了区分比较固定的“素质”与比较可变的“能力”的两个方面，写作“素质、能力”。六要素中主要的“能力”有①与教学指导、学生指导相关的知识与技术，②与班级、学校管理相关的知识与技术，③解决工作学校问题以及完成课题的能力。主要的“素质”有④与学生、家长、同事交流的能力，⑤对教师成长的态度、探究心、研究心。而属于“素质”和“能力”的有⑥教学观、学生观、教育观的培养。如果从评价对象来探讨这六要素为的话，涉及教师个人的主要是①②⑥，涉及教师团队的主要是④⑤③。

二、教师评价的新框架

对以上六要素进行整理，如表 9-2 所示。根据表 9-2 进行研究，今后的教师评价应当注意以下几点。

表 9-2　教师、教师团队的素质、能力与评价对象

力量	评价对象	
	教师个人	面向学校改进的教师团队
能力	①与教学指导、学生指导相关的知识与技术 ②与班级、学校管理相关的知识与技术 ⑥教学观、学生观、教育观的培养	③解决工作学校问题以及完成课题的能力
素质	⑥教学观、学生观、教育观的培养	④与学生、家长、同事交流的能力 ⑤教师成长的态度、探究心、研究心

教师评价不仅包括对通常理解的教师个人的素质、能力的评价，对以学校改进为目标的教师团队的自我评价、相互评价也很重要。最终是体现教师团队协作性的学校组织学习，对能否解决工作学校的问题，对完成课题的能力做出评价，通过学校组织学习而提高各教师的素质、能力。

在学校组织学习中，要求学校全体教师培养推动自我成长的态度、探究心、研究心。即使是对平时缺乏这种素质的教师，也期待通过学校组织学习逐渐发生变化。这点是六要素的基础。“持续学习的教师”，也应当在素质、能力中以“探究心”为核心。如果这一点不充分，其他要素也无法发挥作用，教师成长发展就会停止。因此，大学教师教育，相比①②⑥，更重要的是培养探究心。正是因为在大学，为了培养探究心，要求将①②⑥教授给学生。硕士课程和博士课程中的学习研究也是为培养探究心。取得更高学位不单是增加①和②的相关知识，更深层次的探究心也是素质扎根的见证。充分发挥素质的作用，才能解决工作学校的问题，完能课题。

除了⑤③，与学生、家长、同事交流的重要性越来越凸显，作为评价的角度不能忽略。21 世纪以后，学生和家长的多样化，成了校长们谈论的主要话题，反映了家庭、地区社会、经济社会、信息社会等的变化。如果没有对有着各种问题和课题的学生和家长的对人关系的研究，班级管理及学校管理就不会顺利进行。教师是独立工作，教师之间合作正是学校管理的要点，所以与同事的对人关系也很重要。大学的教师培养中，至今基本没有对人关系技能的学习，今后对于大学内的主动学习和大学外的志愿者、服务学习，以及课外活动，或者各种勤工俭学体验等，应当深入研究对人关系技能的学习方法。

第七章第三节中介绍了以“指导能力不足的教师”（被认定指导不适当的教师等）为研究课题写 EdD 论文的社会人院生事例。这是学校和大学都比较忌讳的课题，但对于教师教育是重要的研究，对于教师评价也是不能忽略的研究。在资料收集阶段，腹部和今津（2008）访问调查了全国教育中心，针对指导改善研究的实际情况采访中心长、退休校长等个别指导员，得到了意想不到的结果。

> 指导力不足的教师，如果缺乏教学能力，通过研修有可能在某种程度上得到改善。最大的困难是对人关系能力的欠缺，中心职员去沟通也不能促成对话的情况时常发生。这样的能力不足，在短期的教育实习和短时间的教师录用面试中很难发现。或许因为人际关系，笨拙的性格从成为教师开始很少被周围人提醒，没有接受支持的机会而长此以往封闭在自我世界。

与以学生和家长的信赖关系存在为前提进行学校管理的时代不同，家庭和地区发生变化，人们的生活方式也大不相同，信赖关系要从一开始建立，因此对人关系能力是教师评价的重要内容。

六要素包括以前的①②③要素，再加上在急剧变化的现代学校，作为对学校全体教师的评价而应当研究的④⑤⑥要素。教师评价在①～⑥的综合中进行才能得到更加合理的结果。作为手段的评价不是为了自我目的化，教师评价要有利于发现并阐明工作学校的问题，设定课题并完成的一系列改进过程。

根据以上探讨，总结教师评价论，分成 XY 两个评价类型。教师评价可以用两个轴进行整理。一是以教师个人评价（称为“个人模型”）、学校现场的教师团队评价（称为“协作模型”）为轴，二是以加薪、升职为目的的评价（称为“人事模型”）、一定教职目标下的变化评价（称为“发展模型”）为轴。将这两个轴交叉，教师评价基本上都可判定为对教师个人人事待遇的评价（“个人—人事模型”）。但是，教师指导力，实际上是个人能力，同时也表现为学校全体的指导力。学校教师经过一段时间的合作解决各种问题，从中个人也得到成长发展是现实情况（“协作—发展模型”）。然而，教师评价是以个人—人事模型为前提，基本没有考虑协作—发展模型。最近的人事评价制度开始采用协作—发展模型，但总体上还是依赖个人—人事模型。教师资格证更新制度也主要基于个人—人事模型，在学校中教师“素质、能力”的提高依旧很难。

至此论述的教师评价的两个轴（人事—发展、个人—协作模型）中加上两个评价主体（他人和自己）形成图 9-3（今津，2009a）。那么，大体上就会呈现出 X、Y 两个评价类型。X 是以教师个人为对象，以提高人事待遇为目的他人评价，Y 是以学校的教育实践改进为目的，以教师团队的变化为对象的自我评价。当然，这是单一的区分，实际上二者混杂在一起。只是，教师评价倾向于 X 类型，推进教育实践中实现教师素质能力的提高，取决于 Y 类型的教师评价是否能够实现。

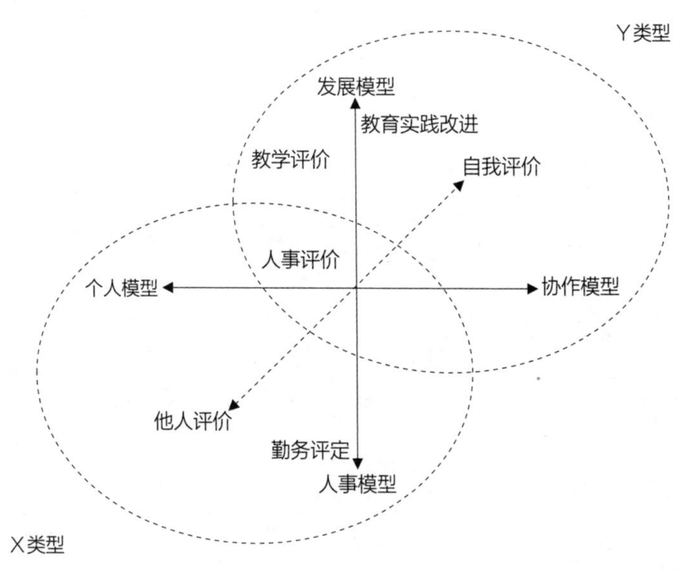

图 9-3　教师评价的类型

而且，学校为了不陷入自以为是的困境，且为了得到学校外的援助，在考虑安全问题的基础上，对外开放已成为理所当然的事情。学校评议员制度、学校管理协议会等外部人士对学校提意见等学校评价方式也成为新制度。应当留意的是，这也同教师评价一样，不是学校“评估”，而是根据持续的学校“评价”在全地区进行学校建设。

参考文献

愛知県東浦町立緒川小学校（1983）『個性化教育へのアプローチ』明治図書。

愛知県東浦町立緒川小学校（1987）『個性化教育のすすめ方——写真でみる緒川小学校の実践』明治図書。

秋田喜代美，キャサリン・ルイス編著（2008）『授業の研究　教師の学習——レッスンスタディへのいざない』明石書店。

安藤延男（1987）「社会的干预の社会心理学——コミュニティアプローチを中心に」三隅二不二（監修）『現代社会心理学』有斐閣。

安藤延男（2009）『コミュニティ心理学への招待——基礎・展開・実践』新曜社。

安藤延男編（1979）『コミュニティ心理学への道』新曜社。

朝日新聞（1990）「学校を歩く——ひとりの学習　三重県の小学校」11 月 7 日付（名古屋版）。

朝日新聞（1991）「学校を歩く——校門指導の現場で　千葉県の中学校」1 月 23 日付（名古屋版）。

朝日新聞神戸支局編（1991）『少女・15 歳——神戸高塚高校校門圧死事件』長征社。

朝日新聞編（1972）『いま学校で①』朝日新聞社。

麻生信子（1998）『私たちは，なぜ子どもを殴っていたのか。』太郎次郎社。

阿曽沼明裕（2009）「曖昧なEd.D」『高等教育マネジメント』第3号，名古屋大学大学院教育発達科学研究科・教育科学専攻・高等教育マネジメント分野。

中央教育審議会答申（2012）「教職生活の全体を通じた教員の資質能力の総合的な向上方策について」文科省ウェッブページ，審議会答申。

中央教育審議会答申（2015a）「これからの学校教育を担う教員の資質能力の向上について」文科省ウェッブページ，審議会答申。

中央教育審議会答申（2015b）「チームとしての学校の在り方と今後の改善方策について」文科省ウェッブページ，審議会答申。

中央教育審議会答申（2015c）「新しい時代の教育や地方創出の実現に向けた学校と地域の連携・協働の在り方と今後の推進方策について」文科省ウェッブページ，審議会答申。

藤永保（1995）『発達環境学へのいざない』新曜社。

古川久敬（1998）『組織デザイン論——社会心理学的アプローチ』誠信書房。

古川久敬（1990）『構造こわし——組織変革の心理学』誠信書房。

現代教職研究会編（1989）『教師教育の連続性に関する研究』多賀出版。

長谷川哲也・望月耕太・菅野文彦（2014）「教員養成における『学校現場体験活動』の意義に関する研究（1）」『静岡大学教育実践総合センター紀要』22。

橋本鉱市（2002）「米国における専門職学位プログラム——教育系プロフェッショナルスクールのEd.D.」『学位研究』16号，大学評価・学位授与機構。

蓮見将敏（1994）「教師のメンタルヘルスの歩み」武籐清栄編『教師のメンタルヘルス』現代のエスプリ，323号，至文堂。

腹部晃・今津孝次郎（2008）「『指導力不足教員』の現職教育——全国教育センター調査を中心に」『名古屋大学大学院教育発達科学研究科紀要（教育科学）』第54巻第2号。

早川操（1993）「教師・生徒間における反省的教授——デューイの相互反省的思考の展開」杉浦美朗編著『教育方法の諸相』日本教育研究センター。

姫野完治（2013）『学び続ける教師の養成——成長観の変容とライフヒストリー』大阪大学出版会。

市川昭午（1969）『専門職としての教師』明治図書。

池田秀男（1974）「教員養成学部におけるプロフェッショナル・ソーシアライゼーションに関する調査研究」『広島大学教育学部紀要』第23巻第1部。

今井むつみ（2016）『学びとは何か——〈探求人〉になるために』岩波新書。

今津幸次郎（1973）「深さの社会学の成立」『ソシオロジ』第18巻第2号，通巻58号。

今津幸次郎（1979）「教師の職業的社会化（1）」『三重大学教育学部研究紀要』第30巻，第4部。

今津幸次郎（1985）「教師の職業的社会化」柴野昌山編『教育社会学を学ぶ人のために』世界思想社。

今津幸次郎（1986）「教育危機の社会心理」間場寿一編『社会心理学を学ぶ人のために』世界思想社。

今津幸次郎（1988a）「教師の現在と教師研究の今日的課題」『教育社会学研究』第43集，東洋館出版社。

今津幸次郎（1988b）「キャリアの概念」『名古屋大学教育学部紀要教育学科』第34巻。

今津幸次郎（1989）「教師の能力を高めるために——第1回アジア太

平洋『教師教育』会議の討議から」『書斎の窓』1989 年 3 月号，no.382，有斐閣。

今津幸次郎（1990）「教師教育に関する国際比較のための理論枠組——序論的考察」名古屋大学環太平洋問題研究会『環太平洋圏における文化的・社会的構造に関する研究』名古屋大学。

今津幸次郎（1991）「教育——登校拒否を中心に」塩原勉ほか編『現代日本の生活変動——1970 年以降』世界思想社。

今津幸次郎（1993a）「教師教育」森岡清美ほか編『新社会学辞典』有斐閣。

今津幸次郎（1993b）「新版　生涯教育の窓——大人への成長と成長する大人」第一法規出版。

今津幸次郎（1993C）「かたい学校・やわらかい学校（Ⅰ）」『名古屋大学教育学部　教育学科』第 40 巻第 2 号。

今津幸次郎（1994）「かたい学校・やわらかい学校（Ⅱ）」『名古屋大学教育学部　教育学科』第 41 巻第 2 号。

今津幸次郎（1995）「社会化とライフコース——変動社会の人間形成」宮島喬編『現代社会学』有斐閣。

今津幸次郎（2006）「教員ストレスの実態と対処法としての『協働性』」『月刊生徒指導』2006 年 2 月号，学事出版。

今津幸次郎（2008）『人生時間割の社会学』世界思想社。

今津幸次郎（2009a）『教員免許更新制を問う』岩波ブックレット，753 号。

今津幸次郎（2009b）「ケータイのリスクに対する高校生のエンパワーメント——学校臨床社会学的事例研究」『金城学院大学論集（社会科学編）』第 6 巻第 1 号。

今津幸次郎（2011a）「学校臨床社会学の『干预参画』法」『教育学研究』第 78 巻第 4 号。

今津幸次郎（2011b）「教育専門職博士課程 EdD の可能性と課題」『日本教師教育学会年報』第 20 号。

今津幸次郎（2012a）『学校臨床社会学——教育問題の解明と解決のために』新曜社。

今津幸次郎（2012b）『教師が育つ条件』岩波新書。

今津幸次郎（2014）『学校と暴力——いじめ・体罰問題の本質』平凡社新書。

今津幸次郎・浜野隆（1991）「『部落』のサブカルチャーと学校文化」『名古屋大学教育学部紀要　教育学科』第 38 巻。

今津幸次郎・樋田大二郎編（1997）『教育言説をどう読むか——教育を語ることばのしくみとはたらき』新曜社。

今津幸次郎・樋田大二郎編（2010）『教育言説をどう読むか——教育を語ることばから教育を問いなおす』新曜社。

今津幸次郎・三浦真琴（1989）「教師調査研究の方法論的基本問題——教育社会学と教師の実践との関係をめぐって」『名古屋大学教育学部紀要　教育学科』第 36 巻。

今津幸次郎・新實広記・西崎有多子・柿原聖治・伊藤龍二・白井克尚（2015）「〔実践報告〕教員と保育士の養成における『サービス・ラーニング』の試み」『東邦学誌』第 44 巻第 1 号。

今津幸次郎・田川隆博（2001）「教員ストレスと教員間連携」『名古屋大学大学院教育発達研究科紀要（教育科学）』第 47 巻第 2 号。

今津幸次郎・田川隆博（2003）「校長・教頭職のリーダーシップとストレス——協働のマネジメントをめぐって」『名古屋大学大学院教育発達研究科紀要（教育科学）』第 50 巻第 1 号。

稲垣忠彦・寺崎昌男・松平信久編（1988）『教師のライフコース——昭和史を教師として生きて』東京大学出版会。

石川達三（1961）『人間の壁』上・中・下，新潮文庫。

石原善助（1996）『現代のプロフェッション』至誠堂。

伊津野朋弘（1993）「教師教育」奥田真丈ほか監修『現代学校教育大事典』第2巻，ぎょうせい。

門脇厚司・原喜美・山村賢明（1980）『変動社会の教育』現代のエスプリ別冊，至文堂。

海後宗臣ほか編（1955）『教育学事典』第3巻，平凡社。

唐木清志（2008）『子どもの社会参加と社会科教育——日本型サービス・ラーニングの構想』東洋館出版社。

苅谷剛彦・金子真理子編著（2010）『教員評価の社会学』岩波書店。

柏瀬宏隆ほか編（1988）『教職員のメンタルヘルス』メンタルヘルス実践体系9，日本図書センター。

勝俣暎史ほか（1983）『教師の自殺——学校ではなにが起こっているのか』有斐閣新書。

勝野正章（2003）『教員評価の理念と政策——日本とイギリス』エイデル研究所。

勝田守一（1955）「実践記録をどう評価するか」『勝田守一著作集第3巻　教育研究運動と教師』国土社，1972年。

河合準雄・鷲田清一（2003）『臨床とことば——心理学と哲学のあおいに探る臨床の知』TBSブリタニカ。

川上敬二（1983）『校内暴力の克服——絶望から希望へ』民衆社。

河上婦志子（1980）「教職千門職論の意義と限界」『日本教育経営学会紀要』第22号。

河上婦志子（1986）「外国の『教師＝専門職論』」市川昭午『教師＝専門職論の再検討』教育開発研究所。

河上婦志子（2014）『二十世紀の女性教師——周辺化圧力に抗して』御茶の水書房。

川本隆史（1998）『共に生きる』岩波　新・哲学講義⑥，岩波書店。

河野銀子（2014）「教員世界の実態」河野銀子・藤田由美子編著『教育社会とジェンダー』学文社。

河野銀子・村松泰子編著（2011）『高校の「女性」校長が少ないのはなぜか』学文社。

木村充・河井亨（2012）「サービス・ラーニングにおける学生の経験と学習成果に関する研究」『日本教育工学会論文誌』第36巻第3号。

小林幸一郎（1988）「組織の成長と変革」小林幸一郎・梅澤正編『組織社会学』サイエンス社。

児玉隆治ほか（1994）「教師のメンタルヘルス」武藤清栄編『教師のメンタルヘルス』現代のエスプリ，323号，至文堂。

小嶋秀夫（2006）「発達概念を再考するという課題」内田伸子編著『誕生から死までのウェルビーイング——』老いと死から人間の発達を考える」金子書房。

胡建華（2010）「中国のEDDプログラムについて」『大学職員と大学院』（高等教育マネジメント分野創立10周年記念シンポジウム，於・名古屋大学，12月14日）。

国立教育研究所内日本比較教育学会「教師教育」共同研究委員会編（1980）『教師教育の現状と改革——諸外国と日本』第一法規出版。

国立教育政策研究所編（2014）『教員環境の国際比較——OECD国際教員指導環境調査（TALIS）2013年調査結果報告書』明石書店，第6章。

越直美（2014）『教室のいじめとたたかう——大津いじめ事件・女性市長の改革』ワニブックス。

小柳正司（2010）『デューイ実験学校と教師教育の展開——シカゴ大学時代の書簡の分析』学術出版社。

久保島信保（1975）『ぼくたちの学校革命——山梨県巨摩中学校の記録』中公新書。

窪田真二・木岡一明編著（2004）『学校評価のしくみをどう創る

か——先進 5 ヵ国に学ぶ自律性の育て方』学陽書房。

熊坂崇（1993）『教育の日——女子高生校門圧死事件』リーベル出版。

久富善之編著（1988）『教員文化の社会学的研究』多賀出版。

久世礼子編著（1984）『中学生になぜ制服か』三一書房。

共同通信大阪社会部（2013）『大津中 2 いじめ自殺——学校はなぜ目を背けたのか』PHP 新書。

教師教育研究会編（1985–1987）『教師教育——教師と教師を志す人のフォーラム』第 1 ～ 8 号，東洋館出版社。

毎日新聞社編（1979）『教育を追う⑧先生をつくる』毎日新聞社。

牧昌見・牧田章編（1990）『30 代教師の自己啓発・研修』ぎょうせい。

真野宮雄編著（1991）『生涯学習体系論』東京書籍。

松尾睦（2006）『経験からの学習——プロフェッショナルへの成長プロセス』同文館出版。

松下晴彦（2010）「研究大学における Ed.D. プログラムの意義——名古屋大学『教育マネジメント』の事例」『名古屋高等教育研究』第 10 号，名古屋大学高等教育研究センター。

水月昭道（2007）『高学歴ワーキングプアー「フリーター生産工場」としての大学院』光文社新書。

宮本常一（1986）『旅にまなぶ』宮本常一著作集 31，未来社。

文部科学省（2015）『文部科学統計要覧』平成 27 年版，日経印刷株式会社。

モンゴメリー，パット＆コーン，クレア（1984）『フリースクール——その現実と夢』（日本版，吉柳克彦・大沼安史訳），一光社。

森昭（1977）『人間形成原論』黎明書房。

森岡清美（1993）「ライフコース研究の意義」『決死の世代と遺書——太平洋戦争末期の若者の生と死』補助版，吉川弘文館。

森田一寿（1998）「環境変化と組織変革」若林満・松原敏浩編『組織心理学』福村出版。

宗像恒次ほか（1988）『燃えつき症候群——医師・看護婦・教師のメンタル・ヘルス』金剛出版。

村松喬（1965）『教育の森・進学のあらし』毎日新聞社。

武藤清栄（1994）自殺まで考え遁走したある教師の事例」武藤清栄編『教師のメンタルヘルス』現代のエスプリ，323号，至文堂。

無藤隆（2007）『現場と学問のふれあうところ——教育実践の現場から立ち上がる心理学』新曜社。

永井聖二（1977）「日本の教員文化——教員の職業的社会化研究（1）」『教育社会学研究』第32集，東洋館出版社。

永井聖二（1986）「専門職化と学校教育」市川昭午編『教師＝専門職論の再検討』教育開発研究所。

永井聖二（1988）「教師専門職再考」『教育社会学研究』第43集，東洋館出版社。

長尾彰夫・池田寛編（1990）『学校文化——深層へのパースペクティブ』東信堂。

中留武昭編著（1984）『校本研修を創る——日本の校本研修経営の総合的研究』エイデル研究所。

中村雄二郎（1992）『臨床の知とは何か』岩波新書。

中内敏夫（1968）『教育実践記録の書き方』明治図書。

日本教育学会（2011）「第69回大会報告　現職教師教育カリキュラムの教育学的検討」『教育学研究』第78巻第1号。

日本教育経営学会・学校改进研究委員会編（1990）「学校改进に関する理論的・実証的研究」ぎょうせい。

日本教育社会学会編（1975）『教育社会学研究　特集・教育における社会病理』第30集，東洋館出版社。

日本教師教育学会（2010–2012）『日本きょうしきょういく学会年報課題研究 1 記録』第 19 ～ 21 号，学事出版。

西平直（1993）『エリクソンの人間学』東京大学出版会。

岡東壽隆（1990）「学校の組織文化と管理者のリーダーシップ」牧昌見・佐藤全編『学校改进と教職の未来』教育開発研究所。

奥地圭子（1989）『登校拒否は病気じゃない——私の体験的登校拒否論』教育史料出版会。

奥地圭子（1992）『学校は必要か——子どもの育つ場を求めて』日本放送出版協会。

大西忠治（1984）『実践記録の分析方法』明治図書。

大沢有作（1985）「学校メタファー」中内敏夫ほか編『国家の教師・民衆の教師』産育と教育社会史・5，新評論。

臨時教育審議会（1986）『臨教審だより』第 20 号，第一法規出版。

斎藤喜博編（1972）『教師が教師となるとき』国土社。

酒井朗（2009）「調査フィールドとしての学校——アクセスの困難さとアクションリサーチへの期待」『社会と調査』第 2 号，有斐閣。

坂本秀夫（1986）『「校則」の研究——だれのための生徒心得か』三一書房。

坂本忠芳（1980）『教育実践記録論』あゆみ出版。

桜井哲夫（1984）『「近代」の意味——制度としての学校・工場』日本放送出版協会。

佐藤郁哉（1992）「フィールドワーク——書を持って街へ出よう」新曜社。

佐藤学（1985）「カリキュラム開発と授業研究」安彦忠彦編『カリキュラム研究入門』勁草書房。

佐藤学（2015）「専門家としての教師を育てる——教師教育改革のグランドデザイン」岩波書店。

盛山和夫（2004）『社会調査法入門』有斐閣。

関根正明編（1992）『「教師を辞めたい」ときに』学陽書房。

柴野昌山（1977）「社会化論の再検討——主体性形成過程の考察」『社会学評論』第27巻第3号。

柴野昌山（1990）『教育現実の社会的構成』高文堂出版社。

島原宣男（1986）「教師像は文化の反映」『青年心理』1986年5月号，金子書房。

島原宣男・酒井朗（1990）「日本における教員研修と教育改革——過去と未来にむいた改革のゆくえ」『東京大学教育学部紀要』第30巻。

志水宏吉（2002）「研究VS実践——学校の臨床社会学に向けて」『東京大学大学院教育学研究科紀要』第41巻。

志水宏吉（2003）「学校臨床社会学とは何か」苅谷剛彦・志水宏吉編著『学校臨床社会学——「教育問題」をどう考えるか』放送大学教育振興会。

清水睦美（2006）『ニューカマーの子どもたち——学校と家族の間に日常世界』勁草書房。

清水義弘（1955）『教育社会学の構造——教育科学研究入門』東洋館出版社。

新堀通也（1973）「現代日本の講師——葛藤を中心として」『教育社会学研究』28集，東洋館出版社。

鈴木慎一編（1989）『教師教育改革の実践的研究——教師養成と現職研修の課題』ぎょうせい。

庄井良信（2002）「臨床教育学の研究方法論・探求」小林剛・皇紀夫・田中孝彦編『臨床教育学序説』柏書房。

高橋順一（1998）「フィールド研究におけるインタビュー」高橋順一・渡辺文夫・大渕憲一編著『人間科学研究法ハンドブック』ナカニシヤ出版。

高橋恵子・波多野誼余夫（1990）『生涯発達の心理学』岩波新書。

竹内洋（1972）「準・専門職としての教師」『ソシオロジ』第17巻第3号，通巻56号。

田中一世（1974）「新任教員の職業的社会化過程——学校組織論的考察」『九州大学教育学部紀要』第20集。

丁妍（2008）「中国における M.Ed と Ed.D 事情」「高等教育マネジメント分野オープンセミナー」（於・名古屋大学，12月3日）。

寺本義也ほか（1993）『学習する組織——近未来型組織戦略』同文館。

塚田守（2002）『女性教師たちのライフヒストリー』青土社。

上杉孝實・岸本幸次郎（1988）『生涯学習時代の指導者像』生涯学習実践講座④，亜紀書店。

馬越徹編（1989）『現代アジアの教育——その伝統と革新』東信堂。

梅澤正（1990）『企業文化の革新と創造——会社に知性と心を』有斐閣。

渡辺位編（1983）『登校拒否・学校に行かないで生きる』太郎次郎社。

山本和郎ほか編（1995）『臨床・コミュニティ心理学——臨床心理学的地域援助の基礎知識』ミネルヴァ書房。

山下英三郎（1991）「学校と子ども——消費をめぐる攻防」芹沢俊介編『消費資本主義論——変容するシステムと欲望のゆくえ』新曜社。

山崎準二（1994）「教師のライフコースと成長」稲垣忠彦・久富善之編『日本の教師文化』東京大学出版会。

山崎準二（2002）『教師のライフコース研究』創風社。

安井克彦（2014）『教師のライフコースと力量形成——教師道の探求』黎明書房。

横山兼二（1989）「オープンスクールの実践」柴田義松・安彦忠彦編『学習の個別化のめざすもの』日本標準。

吉田文編著（2014）『「再」取得学歴を問う——専門職大学院の教育と学習』東信堂。

油布佐和子（1985）「教師調査」松原治郎編『教育調査法』有斐閣，第五章。

油布佐和子（1988）「教員集団の実証的研究——千葉県A市の調査を手掛かりとして」久富善之編著『教員文化の社会学的研究』多賀出版，第3章。

油布佐和子（1990）「教員文化と学校改进」牧昌見・佐藤全編「学校改进と教職の未来」教育開発研究所。

油布佐和子（1994）「現代教師のPrivatization（3）」『福岡教育大学紀要』第43号第4分冊。

油布佐和子（2016）「教師教育の高度化と専門職化——教職大学院をめぐって」佐藤学編『学びの専門家としての教師』教育・変革への展望4，岩波書店。

Anderson, D. S. (1974) *The Deverlopment of Student−Teachers: A Comparative Study of Professional Socialization*, OECD.

Apple, M. W. (1982) *Education and Power*, Routledge and Kegan Paul. 浅沼茂・松下晴彦訳『教育と権力』日本エディタースクール出版部，1972。

Argyris, C. & Schön, D, A. (1978) *Organizational Learning: A Theory of Perspective*, Addison Wesley.

Aspinwall, K. (1986) Teacher Biography: The In−Service Potential, *Cambridge Journal of Education*, vol. 16, no. 3.

Ball, S. J. & Goodson, I. F., eds. (1985) *Teacher' Lives and Careers*, The Falmer Press.

Ballantine, J. H. (1983) *The Sociology of Education: A Systematic Analysis*, Printece−Hall.

Barth, R. S. (1990) *Improving Schools From Winthin*, Jossey−Bass.

Becker, H. et al. (1961) *Boys in White*, University of Chicago Press.

Bennis, W. G. & Berger, B. (1972) *Sociology: A Biographical Approach*, Basic Books. 安江孝司ほか訳『バーガー社会学』学習研究社，1979 年。

Bertaux, D., ed. (1981) *Biography and Society: The Life History Approach in the Social Sciences*. Sage.

Blau, P. M & Scott, W. R. (1962) *Formal Organizations: A Comparative Approach*, Chandler Publishing Company.

Bourdieu, P. & Passeron, J. C. (1970) *La Reprodaction*, Editon de Minuit. 宮島喬訳『再生産——教育・社会・文化』藤原書店，1991 年。

Bowles, S. & Gintis, H. (1976) Schooling in Captalist America, Basic Books. 宇沢弘文訳『アメリカ資本主義と学校教育——教育改革と経済制度の矛盾』Ⅰ・Ⅱ，岩波書店，1986–87 年。

Brockett, R. G. & Hiemstra, R. (1991) *Self–Direction in Adult Leaning: Perspectives on Theory, Research, and Practice*, Routlege.

Brookover, W. B. (1955) *A Sociology of Education*, American Book Company.

Carr, W. & Kemmis, S. (1986). *Becoming Critical: Education, Knowledge and Action Research*, The Falmer Press.

Cassell, J. (1982) Harms, Benefits, Wrongs, and Rights in Fieldwork, in Sieber, J. E., ed., *The Ethics of Social Research: Fieldwork, Regulation, and Publication*, Springer–Verlg.

Cohen, E. G. (1981) Sociology Looks at Team Teaching, *Research in Sociology and Socializaton*, vol. 2, Jai Press.

Cole, M. & Walker, S.ın eds. (1989) *Teaching and Stress*, Open University Press.

Combs, A. W., Avila, D. L. & Purkey, W. W. (1978) *Helping Relationships*, Allyn and Bacon. 大沢博ほか訳『援助関係——援助専門職のための基本概念』ブレーン出版，1985 年。

Corey, S. M. (1953) Action Research to Improve School Practices, Teachers College, Columbia University.

Corwin, R. G. (1974) *Education in Crisis*, John Wiley.

Cropley, A. J. & Dave, R. H. (1978) *Lifelong Education and the Traning of Teachers*, UNESCO.

Davis, F. (1968) Professional Socialization as Subjective Experience: The Process of Doctrinal Conversion among Student Nurses, in Becker, H. S. et al., eds., *Institutions and the person*, Aldine Publishing Company.

Dewey, J. (1899, 1915) *The School and Society*, The University of Chicago Press. 宮原誠一訳『学校と社会』岩波文庫，1957 年 / 市村尚久訳『学校と社会・子どもとカリキュラム』講談社学術文庫，1998 年。

Dewey, J. (1933) How we Think: A Restatement of the Relation of Reflective Thinking to the Educative Process, D. C. Heath and Company. 植田清次訳『思考の方法』春秋社，1950 年。

Dewey, J. (1938) Experience and Education, The Macmillan Company. 市村尚久訳『経験と学習』講談社学術文庫，2004 年。

Dworkin, A. G. (1987) *Teacher Burnout in the Public School*, State Universtity of New York Press.

Elliott, J. (1987). Teacher as Researchs, in Dunkin, M. J., ed., *The Inernational Encyclopedia of Teaching and Teacher Education*, Pergamon Press.

Erickson, J. A & Anderson, J. B., eds. (1997) *Learning with Community: Concepts & Models for Service−Learning in Teacher Education*, AACTE.

Erickson, E. H. (1950) Chidhood and Society, W. W. Norton. 仁科弥生訳『幼児期と社会』Ⅰ・Ⅱ，みすず書房，1977—80 年。

Erickson, E. H. (1968) Life Cycle, *Inernational Encyclopedia of the Social Sciences*, vol. 9, Crowell−collier and Macmillan.

Erickson, E. H. (1982) The Life Cycle Completed, W. W. Norton. 村瀬孝

雄・近藤邦夫訳『ライフサイクル，その完結』みすず書房，1989年。

Faure, E. et al. (1972) Learning to Be: The World of Education Today and Tomorrow, UNESCO & Harrap. 国立教育研究所内フォール報告書検討委員会訳『未来の学習』第一法規出版，1975年。

Featherman, D. L. (1983) Life–span Perspectives in Social Science Research, in Baltes, P.B. & Brim, O. G. Jr., eds., *Life–span Development and Behavior*, Academic Press. 日笠摩子訳「社会科学研究における生涯発達の観点」東洋ほか編・監訳『生涯発達の心理学［3巻］家族・社会』新曜社，1993年。

Fernandez, C. & Yoshida, M. (2004) Lesson Study: *A Japanese Approach to Improving Mathematics Teaching and Learning*, Lawrence Erlbaum Associates.

Foucault, M. (1975) Surveiller et Punir, Gallimard. 田村俶訳『監獄の誕生——監視と処罰』新潮社，1977年

Fromm, E. (1973) The Anatomy of Human Destructiveness, Holt, Rinehart and Winston. 作田啓一・佐野哲郎訳『破壊——人間性の解剖』上・下，紀伊国屋書店，1975年。

Fryer, D. & Feather, T. (1994) Intervention Techniques, in Cassell, C. & Symon, G., ed., *Qualitative Methods in Organizational Research*, Sage.

Fullan, M. G. (1982) *The Meaning of Educational Change*, Teachers College Columbia University.

Fullan, M. G. (1992) *Successful School Improvement*, Open University Press.

Giddens, A. (1993) *Sociology*, 2nd ed., Polity Press. 松尾精文ほか訳『社会学』改訂新版，而立書房，1993年。

Glickman, C. D. & Bey, T. M. (1990) Supervision, in Houston, W. R., ed., *Handbook of Research on Teacher Education*, Macmillan.

Goffman, E. (1961) On the Characteristics of Total Institutions, in *Asylums*, Doubleday & Co. 石黒毅訳『アサイラム——施設被収容者の日常世界』誠

信書房，1984。

Gold, Y. & Roth, R. A. (1993) *Teacher Managing Sress and Preventing Burnout*, The Falmer Press.

Good, C. V., ed. (1959) *Dictionary of Education*, 2nd ed., McGraw−Hill.

Goodson, I. F. (1982) Life Histories and the Study of Teaching, in Hammersley, M., ed., *The Ethnography of Schooling*, Nafferton Books.

Gross, N et al. (1971) Implementing Organizational Innovations, Basic Books. 河野重男ほか訳『学校革新への道——教育イノベーションの普及過程』第一法規出版，1973年。

Hallman, H. L. & Burdick, M. N. (2015) *Community Fiedwork in Teacher Education: Theory and Practice*, Rouledge.

Hargreaves, A. (1992) Cultures of Teaching: A Focus for Change, in Hargreaves, A. & Fullan, M. G., eds., *Understanding Teacher Development*, Cassell.

Hargreaves, A. (1994) *Changing Teachers and Changing Times*, Cassell.

Hargreaves, A. (2003) *Teaching in the Knowledge Society: Education in the Age of Insecurity*, Teachers College Columbia University. 木村優・篠原岳司・秋田喜代美監訳『知識社会の学校と教師——不安定な時代における教育』金子書房，2015年。

Holly, M. L. H. & Mcloughlin, C. S. (1989) Professional Development and Journal Writing, in Holly, M. L. H. & Mcloughlin, C. S., eds., *Perspectives on Teacher Professional Development*, The Falmer Press.

Holt, J. (1969) *How Children Fail*, Perican Book. 大沼安史訳『教室の戦略——子どもたちはどうして落ちこぼれるか』一光社，1987年。

Holt, J. (1972) *Freedom and Beyond*, Dutton & Co. 山崎真稔訳『学校　その自由と権威』玉川大学出版部，1977年。

Hopkins, D., ed. (1986) *Inservice Training and Educational Development: An*

International Survey, Croom Helm.

Hopkins, D., ed. (1987) *Improving the Quality of Schooling: Lessons From the OECD International School Improvement Project*, The Falmer Press.

Hoyle, E. (1980) Professionalization and Deprofessionalization in Education, in Hoyle, E. & Megarry, J., eds., Professional Development of Teachers: *World Year Book of Education*, Kogan Page.

Hoyle, E. (1982) The Professionalization of Teachers, *British Jouranl of Educational Studies*, vol. XXX, no. 2, June, 1982.

Illich, I. (1971) *Deschooling Society*, Harper & Row. 東洋・小澤周三訳『脱学校の社会』東京創元社，1977。

Illich, I. et al. (1977) *Disabing Professions*, Marion Boyars. 尾崎浩訳『専門家時代の幻想』新評論，1984 年。

Jacoby, B. (2015) *Service–Learning Essentials: Questions, Answers, and Lessons Learned*, Jossey–Bass.

Kam, H, W. (1990) Research on Teacher Education in Singapore (1968–1988), in Tisher, R. P. & Wideen, M. F., eds., *Research in Teacher Education: International Perspectives*, The Falmer Press.

Kemmis, S. (1985) Action Research, in Husen, T. & Postlethwaite, T. N., eds., *The International Encyclopedia of Education*, vol. 1, Pergamon Press.

Kieviet, F. K. (1990) A Decade of Reasearch on Teacher Education in the Netherlands, in Tisher, R. P. & Wideen, M. F., eds., *Research in Teacher Education: International Perspectives*, The Falmer Press.

Klinzing, H. G. (1990) Research on Teacher Education in West Germany, in Tisher, R. P. & Wideen, M. F., eds., *Research in Teacher Education: International Perspectives*, The Falmer Press.

Kyriacou, C. & Sutcliffe, J. (1978) A Model of Teacher Stress, *Educational Studies*, 4.

Lacy, C. (1977) *The Socialization of Teachers*, Methuen.

Landsheere, G. De (1985) Teacher Education, in Husen, T. et al., eds., *The International Encyclopedia of Education*, vol. 9, Pergamon Press.

Lazarsfeld, P. F. & Reitz, J. G. (1975) An Introduction to Applied Sociology, Elsevier Scientific Publishing. 斎藤吉雄監訳『応用社会学——調査研究と政策実践』恒星社厚生閣，1989 年。

Lengrand, P. (1965) L’education permanente, UNESCO. 波多野完治訳『生涯教育について』日本ユネスコ国内委員会編『社会教育の新しい方向——ユネスコの国際会議を中心として』日本ユネスコ国内委員会，1967 年。

Lengrand, P. (1970) An Introdaction to Lifelong Education, UNESO. 波多野完治訳『生涯教育入門』全日本社会教育連合会，1971 年。

Levinson, D. J. et al. (1978) *The Seasons of A Man’s Life*, Alfred A. Knopf. 南博訳『ライフサイクルの心理学』上・下，講談社学術文庫，1992 年。

Lieberman, M. (1956) *Education as a Profession*, Prentice-Hall.

Littele, J. W. (1990) Teachers as Colleagues, in Lieberman, A., ed., *Schools as Collaborative Cultures*, The Falmer Press.

Lortie, D. C. (1959) Laymen to Lawmen: Law School, Careers, and Professional Socialization, Harvard Educational Review, 29.

Lortie, D. C. (1975) *School Teacher: A Sociological Study*, The University of Chicago Press.

Loughran, J. & Hamilton, M. L., eds. (2016) *International Handbook of Teacher Education*, vol. 1-2, Springer.

Magsino, R. F. (1990) Professionalization and Foundational Studies in Teacher Education, in Mirand, E. O. & Magsino, R. F., eds., *Teaching, Schools & Society*, The Falmer Press.

Marilyn, C. S., Sharon F.N., Mclntyre, D. J. & Demers, K. E., eds. (2008)

Handbook of Research on Teacher Education: Enduring Question in Changing Contexts, 3rd ed., Routledge, 2008, p.1354.

Marklund, S. (1976) Toward a New Teacher Professionalism, in Lomax, L. E., ed., *European Perspective in Teacher Education*, John Wiley.

Mcpheson, G. H. (1985) Teacher Bashing and Teacher Boosting: Critical Views of Teachers between 1965 and 1975, in Barton, L. & Walker, S., eds., *Education and Social Change*, Croom Helm.

Merriam, S. B. (1998) *Qualitative Research and Case Study Application in Education*, Revised & Expanded ed., John Wiley & Sons, Inc. 堀薫夫・久保真人・成島美弥訳『質的調査法入門——教育における調査法とケース・スタディ』ミネルヴァ書房，2004 年。

Merton, R. K. (1957) *Social Theory and Social Structure*, The Free Press. 森東吾ほか訳『社会理論と社会構造』みすず書房，1961 年。

Moore, W. (1969) Occupational Socialization, in Goslin, D. A., ed., *Handbook of Socialization Theory and Research*, Rand McNally.

Morrish, I. (1976) *Aspect of Educational Change*, George Allen & Unwin.

National Association for the Study of Educational Method, ed. (2011) *Lesson Study in Japan*, KEISUISHA.

Nias, J. (1985) A More Distant Drummer: Teacher Development as The Development of Self, in Barton, L. & Walker, S., eds., *Education and Social Change*, CroomHelm.

Nias, J. (1989) *Primary Teachers Talking: A Study of Teaching as Work*, Routledge.

Nias, J. & Groundwater-Smith, S. (1989) *The Enquiring Teacher*, The Falmer Press.

Nias, J., Southworth, G. & Yeomans, R. (1989) *Staff Relationships in the Primary School: A Study of Organizational Cultures*, Cassel.

OECD(1974a) *The Teacher and Educational Change: A New Role*, General Report.

OECD(1974b) *New Pattens of Teacher Education and Tasks*, General Analysis.

OECD(2005) *School Safety and Security: Lessons in Danger*, OECE. 立田慶裕監訳『学校の安全と危機管理——世界の事例と教訓に学ぶ』明石書店，2005年。

Oja, S. N. (1989) Teachers: Age and Stages of Adult Development, in Holly, M. L. & Mcloughlin, C. S., eds., *Perspectives on Teacher Professional Development*, The Falmer Press.

Ozaga, J. & Lawn, M. (1981) *Teachers, Professionalism and Class: A Study of Organized Teachers*, The Falmer Press.

Payne, G. & Payne, J. (2004) *Key Concept in Social Research*, Sage Publications. 高坂健次ほか訳『ソーシャルリサーチ』新曜社，2008年。

Pedersen, J. S. & Sørensen, J. S. (1989) *Organizational Cultures in Theory and Practice*, Gower Publishing.

Pitcher, G. D & Poland, S. (1992) *Crisis Intervention in the Schools*, The Guilford Press. 上地安昭·中野真寿美『学校の危険干预』金剛出版,2008年。

Popkewitz, T., Tabachnick, B. & Zeichner, K. (1979) Dulling the Senses: Research in Teacher Education, *Journal of Teacher Education*, vol.30.

Reimer, E. (1971) *School is Dead: An Essay on Alternatives in Education*, Doubleday. 松居弘道訳『学校は死んでいる』晶文社，1985年。

Reitman, S. W. (1981) *Education, Society and Change*, Allyn and Bacon.

Reynolds, D. (1988) The Consultant Sociologist: A Method for Linking Sociology of Education and Teachers, in Woods, P. & Pollard, A., eds., *Sociology and Teaching: A New Challenge for the Sociology of Education*, CroomHelm.

Rogers, E. M. (1962) *Diffusion of Innovations*, The Free Press. 藤竹暁訳

『技術革新の普及過程』培風館，1966 年。

Rohlen, T. P. (1983) Japan’s High Schools, University of California Press. 友田泰正訳『日本の高校——成功と代償』サイマル出版会，1988 年。

Schein, E. H. (1980) *Organizational Psychology*, 3rd ed., Prentice-Hall. 松井賚夫訳『組織心理学』岩波書店，1981 年。

Schein, E. H. (1985) *Organizational Culture and Leadership*, Jossey-Bass. 清水紀彦・浜田幸雄訳『組織文化とリーダーシップ——リーダーは文化をどう変革するか』ダイヤモンド社，1989 年。

Schön, D. A. (1983) *The Reflective Practitioner: How Professionals Think in Action*, Basic Books. 柳沢昌一・三輪健二監訳『省察的実践とは何か——プロフェッショナルの行為と思考』鳳書房，2007。

Schön, D. A. (1987) *Educating the Reflective Practitioner*, Jossey-Bass Publisher.

Senge, P. M. et al. (2000) *Schools That Learn*, Doubleday. リヒテルズ直子訳『学習する学校——子ども・教員・親・地域で未来の学びを創造する』英治出版，2014 年。

Sharpes, D. K., ed. (1988) *International Perspectives on Teacher Education*, Routledge.

Shimahara, N. & Sakai, A. (1992) Teacher Internship and the Culture of Teaching in Japan, *British Journal of Sociology of Education*, vol. 13, no. 2.

Sikes, P. J. (1985) The Life Cycle of the Teacher, in Ball, S. & Goodson, I. F., eds., *Teachers’ Lives and Carees*, The Falmer Press.

Sikes, P. J., Measor, L. & Woods, P., eds. (1985) *Teacher Career: Crisis and Continuities*, The Falmer Press.

Silberman, C. E. (1970) *Crisis in the Classroom*, Random House. 山本正訳『教師の危機——学校教育の全面的再検討』上・下，サイマル出版会，1973 年。

Simpson, I. H. (1979) *From Student to Nurse: A Longitudinal Study of Socialization*, Cambridge University Press.

Smyth, J. (1991) *Teacher as Collaborative Learners*, Open University Press.

Stebbin, R. S. (1970) Career: The Subjective Approach, Sociological Quarterly, vol. 11.

Stenhouse, L. (1975) *An Introdaction to Curriculum Research and Development*, Heinemann Educational Books.

Stevenson, H. W. & Stigler, J. W. (1992) *The Learning Gap: Why Our Schools Are Falling and What We Can Learn form Japanese and Chinese Education.*

Stones, E. (1984) *Supervision in Teacher Educaiton*, Methuen.

Super, D. E. (1957) *The Psychology of Careers*, Harper & Brothers. 日本職業指導学会訳『職業生活の心理学——職業経歴と職業的発達』誠信書房，1960 年。

Suzuki，S. & Edward, R. H., eds. (2010) *Asian Perspectives on Teacher Education*, Routledge.

Tayler, W. (1978) Research and Reform in Teacher Education, NFER Publishing Co.

Tisher, R. P. & Wideen, M. F., eds. (1990) *Research in Teacher Education: International Perspectives*, The Falmer Press.

Toffler, A. (1970) *Future Shock*, Bodley Head. 徳山二郎訳『未来の衝撃——現代社会の条件』角川文庫，1976 年。

Townsend, T. & Richard Bates, R., eds. (2007) *Handbook of Teacher Education: Globalization Standars and Professionalism in Times of Change*, Springer, 2007.

Troman, G. & Sikes, P. (1989) True Stories: Life History as a Strategy for Initial Teacher Education, Presented in the Department of Education, University of Warwick, 16 March, 1989.

Watkins, C. (1993) *Mentoring: Resources for School–based Development*, Longman.

Webb, R. B. & Sherman, R. R. (1989) *Schooling and Society*, 2nd ed., Macmillan.

Weber, M. (1921–1922) Wesen, Voraussetzun und Enfaltung der b ü rokratischen Herrschaft, Wirtshaft und Gesellschaft. 濱島朗訳「官僚制的支配の本質，諸前提および展開」『現代社会学体系　5　ウェーバー・社会学論集』青木書店，1971 年。

Wideen, M. F. & Holborn, P. (1990) Teacher Eduation in Canada: A Research Review, in Tisher, R. P. & Wideen, M, F., eds., *Research in Teacher Education: International Perspectoves*, The Falmer Press.

Wilson, J. D. (1988) *Appraising Teaching Quality*, Hodder & Stoughton.

Woods, P. (1987) Life Histories and Teacher Knowledge, in Smyth J., ed., *Educating Teachers: Changing the Nature of Pedagogical Knowledge*, The Falmer Press.

Woods, P. (1990) *Educational Reform and Educational Sociology in The United Kingdom: Collected Papers Presented in Japan*, 名古屋大学教育学部教育社会学研究室。

Woods, P. (1992) The Conditions for Teacher Development,『教師教育研究』第 5 号，全国私立大学教職課程研究連絡協議会。

Woods, P. & Pollard, A., eds. (1988) *Sociology and Teaching: A New Challenge for the Sociology of Education*, Croom Helm.

Zeichner, K. M. (1983) Alternative Paradigms of Teacher Education, *Journal of Teacher Education*, vol. 34.

Zeichner, K. M. (1988) Reforming Teacher Education through the Development of Inquiry–oriented Approachs, A Paper Presented at the 1st Asia–Pacific Conference on “Teacher Education” .

再版后记

我在写初版《变动社会的教师教育》过程中曾有过动摇，这些在初版的“后记”中已经进行了详细记述，不再重复。这里要介绍之后的研究过程，对初版没有研究的四个课题进行了探究。

第一，初版的侧重点是教师教育后期的“教师培训”。因为以前的教师研究过于将焦点放在前期的“教师培养”，对“教师培训”阶段中的教师专业性发展，或者素质、能力的成长进一步深入研究成为遗留的课题，对此需要重新思考。

初版发行后（1996 年 10 月），因文部省需要长期在外研究，我马上去了英国，并逗留了 10 个月。其间与以前只通过文献接触的两位教育社会学者见了面并进行了交流。一位是开放大学彼得·伍兹教授，另一位是伦敦大学皇家学院史蒂芬·博尔教授。伍兹教授领我参观了中小学和教育中心，并提到了“教师的学习”的微观视角。博尔教授通过政策研究，向我展示了教师教育政策分析的宏观理论视角。

从宏观和微观两大视角中，我受到很大启发，提出将发展的人类科学与时间的社会学相结合的“人生时间表”框架，作为分析教师发展的基础理论，并写作了《人生时间表的社会学》(『人生時間割の社会学』)，这是对初版第二章“教师发展”内容的补充。

第二，《人生时间表的社会学》发行后，日本有了教师资格更新制这个在世界上其他国家还没有的制度。20 世纪 80 年代的临时教育审议会指出，针对“指导力不足的教师”的教师政策存在不足之处，引起较大争论。教师持续学习过程与教师政策矛盾，推动教师教育转变。

在该制度实施之前，我急忙写了《问教师资格更新制》(『教員免許更新制を問う』)，指出这个制度内容的含糊之处，并提出建议：如果要实施教师资格更新讲习，就要有效运用成人学习原理，从根本上重新认识教师评价。这是初版第六章“自己教育与教师教育”所论述内容的应用。

第三，初版第四章“学校组织文化”、第五章“学校的组织学习与教师教育”、附章“学校组织学习与教师发展”中论述的学校组织文化问题，得到更大的关注。不是一般性论述教育社会学所熟知的“学校文化”和“教师文化”，而是依据个别具体的“学校组织文化”概念，阐明教师发展课题，这也是我一直以来关注的地方。对这个课题的探究，是像组织社会学主张的站在“临床”视角，对这个问题的关注也与初版第七章“教师教育研究的方法论”所提及的研究方法论有关，是对第一点中的“教师培训”课题的深入研究，研究的焦点逐渐集中到个别学校的教育实践。

加强对“临床”方法的关注，同时也要建构“学校临床社会学”的理论。我在名古屋大学论述了自己的想法后，把对小学、初中、高中的实践研究深入探究的成果等综合起来，撰写了《学校临床社会学——为教育问题的阐明与解决》(『学校臨床社会学——教育問題の解明と解決のために』)。

第四，初版中原理性、理论性地论述了教师教育，因此有必要准备具体记述日本教师和学校现实状况的下一个著作。基于以退休校长为对象的访谈调查，2012 年出版了《培养教师的条件》(『教師が育つ条件』)，这是与《学校临床社会学》同时写的。而“学校临床社会学”的具体应用问题，即学校欺凌与体罚问题，也是教师不得不从正面面对的深刻社会问题，因此，我从学校潜藏的暴力的新视角进行论述，撰写了《学校与暴力——欺凌、体罚问题的本质》(『学校と暴力——いじめ・体罰問題の本質』)。

为探索以上四个课题，初版发行近 20 年后，感觉有必要进行全面修订。

而且，二战后最大规模的“教师培养”政策改革，使我想要全面修订的想法更加强烈。2015 年中央教育审议会发布咨询报告，2016 年《教育职员资格法》修改，2017 年教职课程新编，都与《学习指导要领》修改有关。这样快速的变化中，本书对教师个人的终身学习过程，以及学校现状如何接受和适应政策变化等多方面进行研究。如果再版能成为从根本上重新认识教师教育基础的参考文献，我会感到非常高兴。

开始构想再版时，我获得了 2014—2016 年度科学研究费助成金，研究“以社会人为对象的教师培养项目的开发”(「社会人を対象にした教員養成プログラムの開発」)，并得到了与 5 个合作者进行广泛议论的机会。由于受到了他们的启发，在此向加藤润、田川隆博、林雅代、白山真澄、长谷川哲也等合作者表示感谢！

第六章提到的“服务学习”的具体实践，是与我工作的爱知东邦大学教育学部同事的共同研究。没有与同事的共同活动，就不会有实践。此外，我也与年轻的学生一起以成为教师为目标、对大学应怎样培养教师的素质能力等课题进行共同的探索，也表示感谢！

再版还得到名古屋大学出版会编辑部长桔宗吾先生的全面支持。桔先生审阅了书稿，认真地指出问题，并提出建议，对此表示衷心感谢！校对工作也得到编辑部山口真幸先生的帮助。

参考文献部分得到了妻子和学生的帮助。谢谢！

今津孝次郎

2017 年 4 月